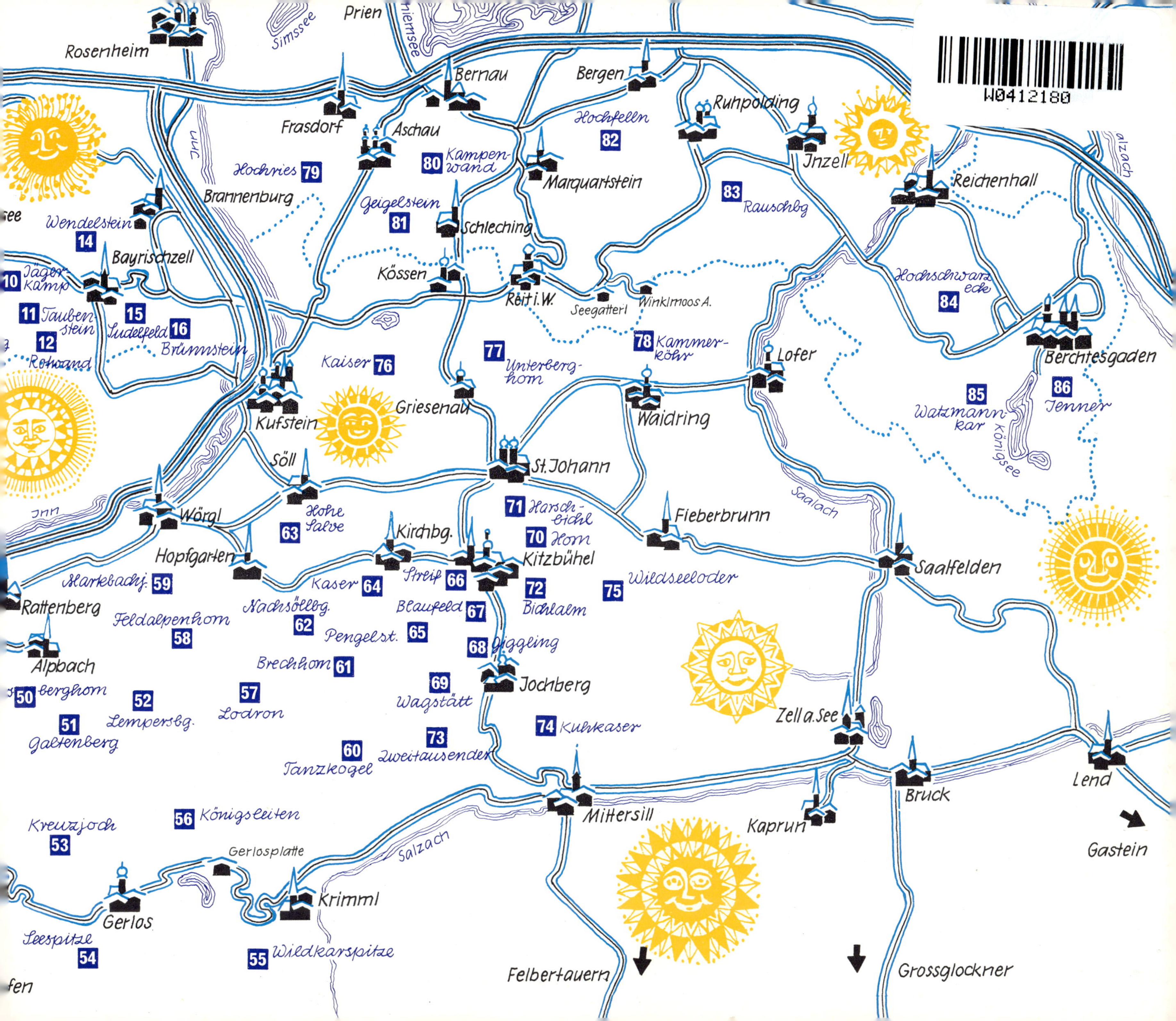
Rosenheim
Simssee
Prien
Bernau
Bergen
Ruhpolding
Frasdorf
Aschau
Hochfelln
82
Inn
Hochries
79
80
Kampen-
wand
Inzell
Marquartstein
Reichenhall
Brannenburg
Geigelstein
81
83
Rauschbg
Wendelstein
14
Schleching
Bayrischzell
10
Jäger-
kamp
Kössen
Reit i.W.
Seegatterl
Winklmoos A.
Hochschwarz-
ecke
84
11
Tauben-
stein
15
Sudelfeld
16
12
Brünnstein
Rotwand
Kaiser
76
77
Unterberg-
horn
78
Kammer-
köhr
Lofer
Berchtesgaden
Griesenau
Waidring
85
Watzmann-
kar
86
Jenner
Kufstein
Königsee
Söll
St. Johann
Saalach
Inn
Wörgl
Hohe
Salve
63
71
Harsch-
bichl
Fieberbrunn
Kirchbg.
70
Horn
Hopfgarten
Kitzbühel
Saalfelden
Markbachj.
59
Kaser
64
Streif
66
72
Wildseeloder
75
Rattenberg
Nachsöllbg.
62
Blaufeld
67
Bichlalm
Feldalpenhorn
58
Pengelst.
65
68
Ziggling
Alpbach
Brechhorn
61
Jochberg
50
berghorn
52
57
69
Wagstätt
51
Lempersbg.
Lodron
Zell a. See
Galtenberg
74
Kuhkaser
73
60
Zweitausender
Tanzkogel
Lend
Bruck
Königsleiten
56
Mittersill
Kaprun
Kreuzjoch
53
Gastein
Salzach
Gerlosplatte
Krimml
Gerlos
Seespitze
54
55
Wildkarspitze
Felbertauern
Grossglockner

BLV
MÜNCHEN
BASEL
WIEN

Walter Pause

Münchner Skiberge

1.–5. Auflage

Einband- und Vorsatzzeichnung: Renate Maier-Rothe
Tourenskizzen: Hellmut Hoffmann
Fotos: Max Pause Tour 3, 76 links; H. Steinmayr Tour 76 rechts;
Kurverein Ruhpolding Tour 83; alle übrigen von Franz Thorbecke
Gesamtherstellung: Richterdruck, Würzburg
Printed in Germany · ISBN 3 405 10963 9

Die Natur verstummt auf der Folter
Goethe, Maximen

Die Münchner Skiberge

einst nur auf das Vorgebirge zwischen Ammergau und Schlierseer Berge beschränkt, haben sich geschwind vermehrt. Die neuen Straßen, die Autobahnen, das Auto des Normalverbrauchers haben die Grenze der »Münchner Hausberge auf Skiern« bis Berchtesgaden, ins Zillertal, in das Sellraintal und den Außerfern gerückt. Das ist um so schöner, weil wir heute auch über ein längeres Wochenende als früher verfügen. Wer am Freitagabend aufbricht, kann zwei volle Tage »auf haut's drein« skifahren . . . Pistenlauf oder Tourenlauf, beides findet unter freiem Himmel statt, beides ist gesund. An Pistenbergen stellen wir ungefähr 45 vor, an Skitourenbergen ungefähr 33. Dazu kommen ein gutes Halbdutzend Tiefschneeabfahrten. »Ungefähr« sage ich, weil manche Pistenberge auf der drenteren Seite eine Tiefschneeabfahrt bieten, oder auch Piste und Tour zugleich, so wie bei Wildseeloder, Birgitzköpfl, Rotwand, Königsleiten oder Unterberghorn. Mancher wird erstaunt sein, weil in diesem Buche auf 33 Skitouren nur 45 Pisten kommen – denn ganz augenscheinlich gehört doch dem Pistenlauf die schöne Zukunft und dem Skitourenlauf die schäbige Vergangenheit. Eben dies will ich aber nicht glauben. Nicht weil mir 10 000 Wasa- und Oberammergauer Skilangläufer einen interessanten Deut gegeben haben. Nein, ich meine nur, daß alle unsere geliebten Hausberge, seitdem man sie mit Drahtseilen und Masten überspannt hat, doch immer noch Hausberge geblieben sind. Die Goethesche Maxime »Die Natur verstummt auf der Folter« steht nicht umsonst über diesem Vorwort. Sie soll uns alle warnen: uns Münchner Skifahrer, die Kurdirektoren, die schlauen Geldsammler aus dem neuen Alpengeschäft! Je turbulenter der Pistenbetrieb wird durch das nicht abzuwehrende Massenzeitalter, desto mehr wird es den Liebhaber der Berge wieder in die entlegene Stille der Bergnatur ziehen. Dies ist keine romantische Phrase. Nichts gegen die Eleganz, die stilistische Virtuosität des neuen Pistenfahrens, nichts gegen den herrlichen Rausch der Schnelligkeit – aber dann bitte auch nichts gegen den Hochgenuß eines dreistündigen Aufstieges zwischen den letzten Fichten und Almrücken, zwischen Hütte und hohem Gipfel. Und daher auch nichts gegen eine sorgfältige und zugleich unerbittlich strenge Trennung von gut eingerichteten, wirklich aufnahmefähigen Pistengebieten und Regionen unberührter Bergnatur. Ich wünschte, diese Forderung nicht erst im Jahr 1980 verwirklicht zu sehen! Dieses Schwesterbuch zu den »Münchner Hausbergen« der Bergwanderer und Sommerbergsteiger ist die erste Gemeinschaftsarbeit mit meinem ältesten Sohn Max, der sich damit einen Zuschuß für eine Hindukuschfahrt verdienen wollte. Für mich ist es damit zum freudigen Ereignis geworden. Denn alle diese Berge habe ich in über 40 Jahren als Skifahrer, Skirennläufer, Skitourenfahrer und Pistenfahrer kennengelernt und sie stehen mir alle deutlich vor Augen, während ich über sie schreibe. Denn wie kein Menschengesicht einem anderen gleicht, so auch kein Berg einem anderen. Jeder trägt sein ganz bestimmtes Profil. Dieses Profil eines Berges und zugleich sein Schicksal in unserer Zeit der großen Verwandlungen und Ekstasen suchen meine Texte darzustellen. Sohn Max hat, mit der technischen Recherche beauftragt, sämtliche Touren und Pisten nochmals aufmerksam abgefahren, alle Veränderungen registriert, und Eigentümliches und Kurioses nicht übersehen. Oft war er aus Zeitgründen mit Langlaufskiern unterwegs und hat auf Hochplatte, Gilfert, Längentaler Weißenkogel und anderswo die Leute »derschreckt«. Aber das Buch der »Münchner Skiberge« ist doch fertig geworden und nun darf ich sagen: wir sind stolz, daß es ein kritisches Buch geworden ist. Keine Sammlung von Werbetexten aus Wintersportprospekten. Was ärgerlich, zuweilen auch katastrophal ist im winterlichen Umkreis unserer Münchner Hausberge, das haben wir hingeschrieben und auch mal dem und jenem Regierenden angekreidet.

Walter Pause und Sohn Max

Inhaltsverzeichnis

P=Piste T=Tour TS=Tiefschneeabfahrt

1 Am Blomberg über Bad Tölz

Ein »schneller Waldberg über dem Isarbett«

Piste 48 km 527 m HU Nord Bis gegen Ende März

Wer Blomberg sagt, meint Rodelbahn. So war das bis vor wenigen Jahren, drei Münchner Generationen lang. Die gut 500 Höhenmeter vom alten Blomberghaus zur »Blockhütte« herabziehende »Rodelbahn« mit ihren zum Teil gefürchteten Kurven hat sich lange als äußerst beliebt erwiesen. Dann kamen die Skifahrer. Die irrten zuerst zwischen Blomberg und Zwiesel hin und her, machten am Südhang vor dem Wirt Versuche mit Stangen und Telemark, und etliche versuchten sich dann in kühnen, ja abenteuerlichen Tiefschneeabfahrten vom Zwiesel zur Isar hinunter. Da war auch mein Vater dabei, und die ihn begleitenden Kinder haben sich ausgezeichnet amüsiert... Denn schon im Sommer ist die Südflanke des Zwiesel ein Irrgarten, und wer über die Lehenbauernalm bis zur Gassenhoferalm findet, kann schon stolz sein. Aber wenn er jetzt vernünftigerweise ostwärts strebt – immer »im Holz«, wie der Münchner zum Bergwald sagt –, dann muß er unter einer bewaldeten Bergkante plötzlich nordwärts, im rechten Winkel abdrehen, um zu den zwei Lichtungen auf der Moaralm zu finden, unter denen die Baumalm wartet. Nein, es ist ein Kreuz, aber vielleicht richten das die neuen Blombergbahnbauer, vielleicht erfinden sie Stecken mit Markierungstafeln, die einem weiterhelfen... Aber zur aktuellen Hauptsache: Seit etlichen zehn Jahren hat man in etwa parallel zur »Rodelbahn« (die immer noch als normaler Aufstiegsweg gilt) eine Abfahrtsschneise ausgeschlagen und leidlich hergerichtet, auf der man sogar Jugendrennen ausrichtet. Wir haben da zweimal zugeschaut, als die Söhne starteten, und es war schon ein bisserl grausam. Aber warum sollte man das nicht richten können? Richten müssen, wenn's schon ums Geldverdienen geht. – Diese für gute Abfahrer zwar kurze, aber wirklich interessante Nordabfahrt verläuft folgendermaßen: Von der Bergstation muß man erst flach zu einer steilen Kante nahe dem Gipfel, unter der der Bergwald beginnt. Es beginnt mit einer gut 100 Meter langen schnellen Schneise, auf die eine steilere S-Schleife folgt, dann wieder eine Querfahrt bis zum »Tölzer S« – das ist ein mit kleinen Bäumen bestandener Steilhang mit zusätzlichen zwei Steilstufen. Wer die untere Stufe nicht richtig erwischt bei der großen Fahrt, den haut es aus der Piste und aus dem Rennen. Es folgt ein interessantes Stück, das (immer in Waldschneisen) beim Rennen in der Fallinie gefahren wird, der sogenannte »Gehirnerschütterer« – den Namen merkt man sich. Nach dem »Gehirnerschütterer« wird es auf allerliebste Weise ganz eben, und man schießt ziemlich froh, aber ahnungslos in einen schmalen Weg hinein, der in der »Tölzer Kurve« ganz plötzlich rechts und dazu scharf abbiegt. Da haben wir einen von uns gesehen, der hat da im Rennen über die zwei vor ihm gestarteten Buben drüberspringen müssen. Er hat Glück gehabt. Es folgen drei flachere Hänge, frei durch Wiesen, nur kurz durch Wald, und dann schießt man in hoher Fahrt auf die »Blockhütte« zu – auf die Stoppuhr in der Hand des Zielrichters. – Es ist also erwiesen, daß ein kleiner Vorberg auch seine Meriten haben kann. Die Tölzer waren noch nie schlechte Skifahrer, die haben sich ihren Blomberg gut hergerichtet und – eigentlich ist es schad, daß er jetzt allein den Pistenfahrern überlassen wird. Denn ich glaub', der Blomberg sieht niemals mehr einen Skibergsteiger.

TALORT Bad Tölz, 658 m. – Parkplatz an der Blockhütte, 710 m, an der Straße nach Bad Heilbrunn. Hier Talstation des Blombergliftes. Der Sessellift führt von 723 auf 1237 m Höhe, die Bergstation steht in der Nähe des alten Blomberghauses, das ganzjährig bewirtschaftet ist. – Im Bau (1970) 1 Schlepplift an Talstation, 100 m HU (950) – 1 Schlepper auf Blomberg, 60 m HU – 1 Skischulschlepper.

CHARAKTER Der Blomberglift ist im Bau, die bisherige Rennstrecke (für Jugendrennen) vom Blomberggipfel zur Blockhütte, also von 1237 auf 710 m Höhe = 527 m HU, dürfte bald ausgebaut werden. Im alten, jetzigen Zustande (1970/71) handelt es sich um eine nicht ausgebaute, gar nicht leichte Strecke mit mehreren kniffligen Stellen. Zu größerer Breite ausgeschlagen, könnte sie eine unverhofft ergiebige Nordabfahrt ergeben. – Zur Piste kommt die klassische Münchner Skitour bzw. Skiwanderung zum Zwiesel, 1348 m, und zurück: eine reizende Familiensache mit Kindern! Gute Tourenfahrer mit noch besserer Nase können auch vom Zwiesel über Lehenbauer-, Gassenhofer-, Moar- und Baumalm im Tiefschnee abfahren.

BILD Das Luftbild zeigt das altvertraute Blomberghaus auf dem stadtnächsten Vorberg über Bad Tölz und »Blockhütte«. Oben der Ostkamm des Zwiesel mit der Schnaiteralm, darüber Brauneck, Kirchsteinköpfe, Achselköpfe und Benediktenwand.

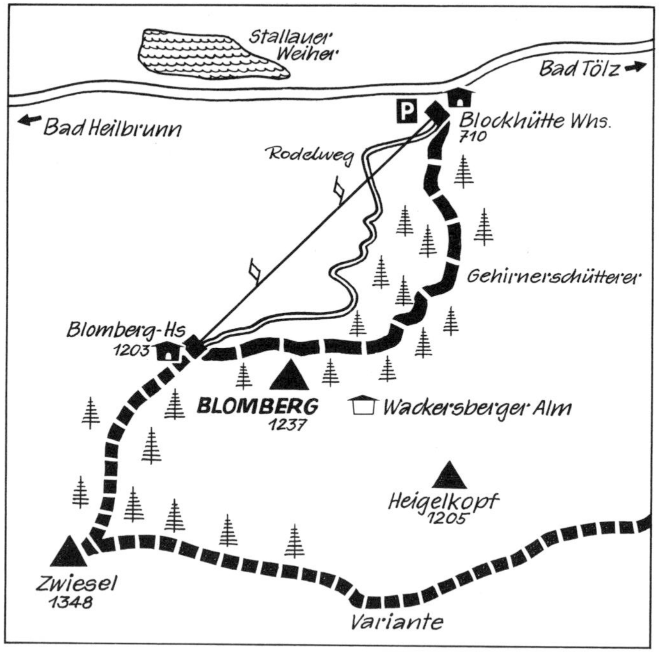

2 Der Pistenzirkus am Brauneck

Garland, Maximiliansstraße und Idealhang

Pisten 56 km 830 m HU Nordost Bis Anfang April

Es war immer eine richtige Gaudi, aber immer auch ein rechtes Kreuz mit diesem »Brauneck« – diesem Pistenzirkus mit seinen waldigen und grabenreichen Südost- und Osthängen, die so gar nicht für den modernen Skilauf geschaffen scheinen. Ein spannender Vorgang: Nachdem die Leiden der Münchner Skifahrer, die ja dem Brauneck niemals untreu wurden, gesättigt schienen durch die zahllosen Tragödien am stets vereisten »Milchhäuslhang«, kurz vor einer weltweiten Blamage, da wurde dieser elendige Hang endlich abgeschafft... das wäre alles früher möglich gewesen, aber weniger effektvoll. Man muß die Unternehmer kennen, um zu wissen, daß moderne, dem Ski-Boom gerechte Maßstäbe einfach nicht durchzusetzen waren. Jetzt also ist es soweit, 1970 bedeutet das Brauneck den am besten erschlossenen Münchner Skizirkus, in dem sich an einem Wochenende tatsächlich viele Tausende verteilen und verlaufen können. Der gerade noch, wenn auch nur leidlich gut gelöste Ausbau der zweiten Brauneck-Region zwischen Kotalmsattel und Wegscheid hat endlich Luft geschaffen. Da nimmt man die Schönheitsfehler halt hin: daß es zu keiner logischen Koordination von Kotalmregion und Garland kommen konnte, und zu keiner Koordination von Wegscheid+Kotalm+Idealhang, daß Lenggries viel zu tief liegt für eine Skistation, und daß der sonntägliche Druck aus der Riesenstadt die regelmäßigen Warteschlangen einfach verewigt... Nachdem der neue Fahrstil immer mehr gute Münchner Abfahrer hervorbringt, wollen wir kurz »die Garland« vorstellen, die offizielle Rennpiste zwischen Bergstation (oben Mitte am Kamm) und Talboden. Man fährt steil nach rechts in den freien Hang ein, den »Großen Garland«, schwingt herab, schießt bei den ersten Fichten flach geradeaus und schwingt dann scharf in den sehr steilen, aber kürzeren »Kleinen Garland« hinein. Dabei passiert man die Talstation des schnellen, steilen und ergiebigen Garlandliftes! Also in den Trichter des Kleinen Garland hinab und nun mit großer Fahrt in den Wald nach rechts an die Kante des stets vereisten, stets schweren Steilhanges. Der mündet (man sieht alles gut im Bild) in eine schnelle Querfahrt, man schwenkt zum Niederleger ein, kommt in den neuerdings verbreiterten »Schlauch« und zum langen Zielhang! Um drei Minuten für Klasseläufer, um 30 Minuten für gut abfahrende Naturfreunde. – Die höchste Höhe wird im Brauneckbereich nicht mit der Gondelbahn, sondern mit dem Idealhanglift erreicht: 1605 statt 1530 Meter..., aber zu diesem Idealhanglift muß man erst hinkommen. Das war einst eine abwechslungsreiche Berg- und Talskiwanderung ab Bergstation. Jetzt führt uns eine mühsame Liftschaukel hinüber: man fährt ein Stückerl ab, fährt mit einem Lift auf, fährt wieder ab, man kann da drei Lifte ab Bergstation, und sechs Lifte ab Wegscheid einspannen. Also nicht ideal – aber wir haben hier Vorbergverhältnisse. Lifte und Pisten müssen sich an die vorhandenen Platzerln mit Schnee halten, und so braucht es die alte Münchner Gemütlichkeit, um am Brauneck trotzdem zurecht zu kommen. Die Grantler unter uns halten sich an die Zukunft, die vielleicht auch mal beginnt, indem man eine Verbindung zwischen Garlandkesseln und Bayernhang–Idealhang herstellt. Auch eine reine Nordflanke wartet am Brauneck auf eine ausgebaute Piste.

TALORTE Lenggries, 679 m (1200 Betten). – Wegscheid. 701 m. – Überall große Parkplätze! – Zufahrt Stachus – Grünwald – Bad Tölz.

LIFTE/BAHNEN ① Brauneckbahn (Gondel), 830 m HU, 480 Pers./Std. – ② Kotalmlift, 400 m HU, 750. – ③ Kotalm II, 100 m HU, 500. – ④ Kotalmlift III, 80 m HU, 500. – ⑤ Garlandlift, 230 m HU, 720. – ⑥ Kapellenlift, 90 m HU, 500. – ⑦ Zirkuslift, 90 m HU, 680. – ⑧ Gamsleitenlift, 65 m HU, 480. – ⑨ Idealhanglift, 145 m HU, 750. – ⑩ Florianslift, 110 m HU, 700. – ⑪ Bayernhanglift, 110 m HU, 850. – ⑫ Streidlhang, 125 m HU, 950. – ⑬ Zielhanglift, 80 m HU, 400. – ⑭ Zielhangschlepper, 80 m HU, 400. – ⑮ Übungslift, 100 m HU, 900.

UMSTÄNDE Preise: Tageskarte 15,– DM für alle Lifte. Großer Block (= 18mal Seilbahn) 60,– DM. Kleiner Block (= 8mal) 35,– DM. – Sonntagswartezeit an Seilbahn über eine Stunde! An Schleppern weniger. – Werktags keine Wartezeiten! – 5 Walzen, sehr gute Pistenpflege! – Seilbahn verkehrt bei starkem Föhnsturm nicht!

BILD Wir sehen auf diesem Luftbild nur die »Rennfahrerseite« des Brauneck mit der Abfahrtsstrecke über Großen und Kleinen Garland (alles gut im rechten Bildteil zu verfolgen). Links Bahntrasse, rechts oben Brauneck, Latschenkopf und Kirchstein, Benediktenwand. Das bürgerliche Pistentreiben findet zwischen Idealhang, Bayernhang, Kotalm und Wegscheid statt, also in den Bergfalten links der Trasse.

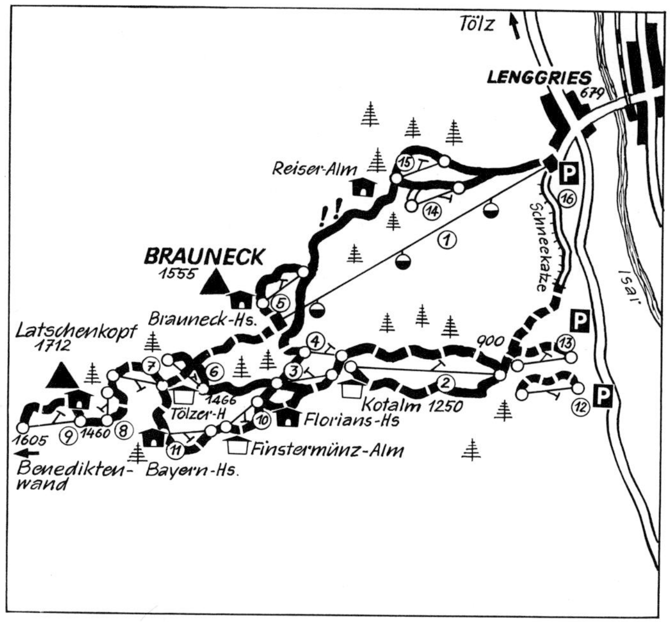

3 Seekarkreuz und Schönberg

Stiller Vorbergbummel um die Lenggrieser Hütte

Tour 58 km 923 m HU Nord + Nordwest Bis Mitte April

Vor 30 und 40 Jahren war diese Skitour das tägliche Brot vieler Münchner Sonntagsskifahrer, die mit der Dampflok nach Lenggries kamen ... Kaum auszudenken, daß man heute im Zeitalter des Massenskilaufes und der feingebügelten Pistenteppiche dort oben immer noch Skigenüsse sammeln sollte. Man sammelt sie mit Sicherheit! Sammelt sie gerade dort hinten im vergessenen Isarwinkel, und zwar trotz perfektem Brauneck-Zirkus schräg gegenüber, sammelt sie bei dreieinhalb und dann gar noch mal eineinhalb Stunden Aufstieg mit Fellen, und mit dem Gewinn einer 200-Höhenmeter-Musterabfahrt zu den Rauhalmen und mit einer 900-Höhenmeter-Westabfahrt hinaus zum »Papyrer« in Fleck. Den Tiefschnee muß man halt »derstehen«, und die Stille muß man verkraften. Das ganze Rundherum hat etwas altbayrisch Abenteuerliches, denn der Gang ins schwarze Hirschbachtal hinein, dann das steile Hin und Her zur Lenggrieser Hütte hinauf, das Auf und Ab von den Rauhalmen zum Schönberg hinüber mit den Felszackerln überall, dann der garche Riesensteilhang ins Holz hinunter und die lange Abfahrt ... Ich sag' nur: Wer Geschriebenes lesen kann und einmal den »Jagerloisl« vom Ludwig Thoma studiert hat, der meint auf dieser versteckten Tour bei jedem Waldeck, daß der Jagerloisl selber daherkommt, oder der alte Jagdgehilf' Sylvester Rauchenberger, oder epper gar der Kreillinger Hans, der Lump, der Wilddieb, der traurige ... Heute kommen wir mit 120 Sachen auf der Schnellstraße von Tölz daher, mitten im Bett der Isar, der sie alle Wasser gestohlen haben, und dann geht es hinterm Schloß Hohenburg am breiten Forstweg ins Hirschbachtal hinein – aus dem Brauneckgewurl heraus. Ganz plötzlich ist alles stad, Stachus- und Autogetriebe sind schnell vergessen, und langsam fängt man mit dem Denken von vorne an. Wo man in aller Herrgottsruh das erste Mal den Bach überquert, geht es rechts durch steilen Mischwald lang und mühsam zur Seekaralm und dann zur Lenggrieser Hütte, wo man seine aufgesparten leisen Flüche vor der Tür ablegen kann. Nur 45 Minuten geht's dann zum Seekarkreuz hinauf, wo das »Fernsehen« noch ganz etwas Einfaches ist. Dann fahren die alpinen Guten steil und direkt zur Rauhalm ab, die anderen schön brav erst vom Nordostsattel weg. Nach der zweiten Rast (zehn sind erlaubt!) geht es mal steiler, mal flacher zur Zinnerleite hinauf und in den Maria-Eck-Sattel zwischen Seekarkreuz und Schönberg. Nur bei lawinensicheren Verhältnissen geht (nur) der gute Abfahrer in Gratnähe hinauf zum Schönberg und auf ihm vor bis zum großen Kreuz, wo es rechts steil, steil, aber schön hinuntergeht, und unten von Waldlichtung zu Waldlichtung, bis man auf die ausgefahrene Forststraße trifft zum »Papyrer«. Wer nicht auf den Schönberg gehen mag, fährt aus dem Sattel direkt zum »Papyrer« hinaus, lang, lustig, mit einem neuen schönen Ausblick – diesmal auf eine Radlermaß. – Drei kleine Tips: 1. Wer die Variante Hirschbachtal – Auerkamp – Seekarkreuz macht, also den großen schönen Kammweg, fährt einen Pfundssteilhang zur Lenggrieser Hütte hinab – und steigt dann schnell noch mal auf, um zur Rauhalm zu kommen. – 2. Das letzte Stück zum »Papyrer« muß man schieben. Gut, wenn einer nach Hohenburg vorausrennt und das Auto holt. – 3. Der eigentliche Trumpf dieser Tour heißt natürlich Schönberg!

TALORT Lenggries, 680 m. Parkplatz klein, vor der scharfen Rechtskurve und dem Brückerl über den Hirschbach. Hier beginnt man den Aufstieg und geht nicht die Rechtskurve, sondern geradeaus, am Kfz.-Verbotsschild vorbei. – Lenggrieser Hütte, DAV, 1338 m (bewirt.).

CHARAKTER Eine immer noch einsame Rundtour im schönsten stillen Vorgebirge über dem Isarwinkel, Aufstieg bis zum Seekarkreuz, 1601 m, etwa knapp $3\frac{1}{2}$ Std. plus Übergang zum Schönberg $1\frac{1}{2}$ Std. Dafür werden in reizvoller Weise eine Ostabfahrt von 200 m HU und dann eine Nordwestabfahrt von gut 900 m HU eingehandelt, zusammen also 1100 m HU. – Heikle Stellen: nur der Nord-Steilhang vom Schönberg bei unsicheren Schneeverhältnissen bzw. mangelndem Standvermögen im Tiefschnee! Man kann den Schönberg auslassen und dafür direkt vom Maria-Eck-Sattel nach Fleck abfahren. Schönster Rastplatz: die in kostbarer Stille liegenden Rauhalmen, nach der Abfahrt vom Seekarkreuz!

BILD Ausblick von der Hochplatte am Roß- und Buchstein gegen Westen auf den Schönberg, 1621 m (links), den wir beim Übergang vom Seekarkreuz und den Rauhalmen von rechts her erreichen. Rechts der Bildmitte der Sattel Maria-Eck, von dem aus wir direkt jenseits nach Fleck abfahren können. Das heißt Plateau Zinnerleite.

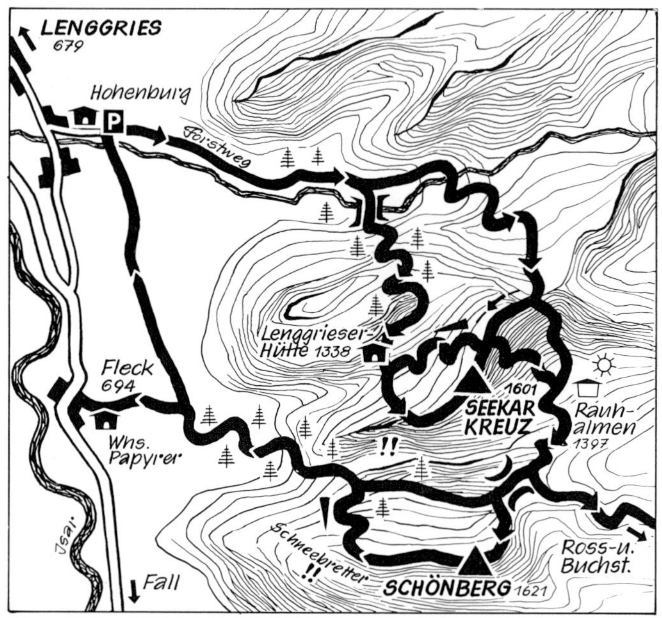

4 Auf den Hirschberg

Kleine Skitour mit großen Varianten

Skitour 62 km 904 m HU Ost + Südost Bis Anfang April

Der Hirschberg steht zuhinterst im Tegernseer Tal und bildet mit Ross- und Buchstein, Seekarkreuz, Fockenstein und Leonhardistein ein kleines Wald- und großes Jagdgebirge zwischen Isarwinkel und Kreuther Weißachtal. Schwarzenbachtal und Söllbachgraben – mit Schwarzentennalmen als stillem und Bauer in der Au als attraktivem Rastplatz – durchschneiden die dunklen Jagdgründe und beherbergen mindestens drei Dutzend Tatorte aus Ludwig Thomas Jagd-, Wilderer- und Kurgastgeschichten. Über dem Hirschberg droht auch bei allerschönstem Wetter immer eine dunkle Wolke: Das ist die Drohung der nimmermüden »Erschließer« des geschäftstüchtigen Tales mit einer Bergbahn. Gott sei Dank hat jetzt endlich auch der höchste bayerische Staatsbeamte begriffen, daß man die oberbayerische Erholungslandschaft einer Katastrophe aussetzen würde, wenn man sie weiter an die »Erholungsindustrie« verramschen läßt. – Die Hauptsache also: Er steht noch im Stande der Unschuld, unser Hirschberg über Scharling, und von den gut zweieinhalb Stunden Aufstieg wird uns nichts geschenkt, und von dem Durst, Appetit und von der Selbstachtung, die wir beim Aufstieg fleißig sammeln, auch nichts. Es bleibt bei einer reizenden Skifamilienunternehmung mit nur kleinen Kataströphchen, wenn bei der Abfahrt Tochter oder Mama an der Rauheckalm oder beim engen Durchlaß im »Gründ« Hemmungen zeigen ... Man geht also vom hübschen Gasthof in Scharling aus, trägt die Skier am besten auf der meist festgetretenen Trasse zur Kreuther Rodelbahn, und dann an der Holzpointalm vorbei zum Sattel an der Hirschlacke. Ab dort geht es steiler, oft auf abgeblasenem Gratkamm hinauf zum Hirschberghaus – oder 20 Minuten gleich weiter zum Gipfelgrat. Hierher kommt man auch, wenn man von Scharling nach Point fährt (oder geht), den Lift nimmt und von dessen Bergstation aus unsere Abfahrt (das ist die normale Rennstrecke) hinauftrabt. Hier wie dort braucht man zwei bis zweieinhalb Stunden, mit Kindern etwas länger. Der Gipfelblick hat etwas Anheimelndes, man fühlt sich »daheim«, weil man alle Gipfel und Abgründe ringsum kennt, das Tegernseer »Herzogliche Bräustüberl« eingeschlossen. Vom östlichen Vorgipfel (im Bild rechts oben) geht es dann steil und schön zur Rauheckalm herab, wo man scharf rechts – in einem riesigen S – den prachtvollen Südhang nimmt, um dann flacher und immer schneller in die »Gründ« einzufahren bis zum engen Durchlaß. Bald öffnen sich die breiten freien Schlußhänge, und dann fährt man schon neben der Lifttrasse dahin, der Idealhang wird zur reinen Piste, und wir können sogar ein da capo riskieren. Diese Abfahrt ist von unterschiedlicher Schwierigkeit: Im ganzen ist sie leicht, wenn man nicht alles stur schießt. Nur die Einfahrt von der Kante des Vorgipfels zu den Rauheckalmen und das erste S unter diesen auf einem Hangeck stehenden Almen ist mittelschwer. Wenn abgefahren, muß man auch am ersten steileren freien Hang unter den »Gründ« das Tempo etwas wegnehmen. – Und jetzt noch eine tolle Variante für ganz narrische Abfahrer: vom Vorgipfel fährt man nicht direkt zur Rauheckalm, sondern gleich links in den gewaltigen und gewaltig verlockenden Steilhang hinab zur Holzpointalm, 1120 Meter. Da hat man 400 Meter Platz für Wedelspuren – muß aber wieder 1 Stunde herauftragen! Es zahlt sich aus!

TALORT Kreuth, 802 m (1300 Betten). Besser: Scharling, 765 m, links, westlich der Straße nach Kreuth. Netter Gasthof! Parkmöglichkeiten. Skilift in der Nähe, genau dort, wo unsere Hirschberg-Abfahrt endet (137 m HU). Hirschberghaus, 1510 m, ist wieder bewirtschaftet.

CHARAKTER Diese ziemlich stark frequentierte Vorgebirgstour mit ihrem leichtem Tegernseer Charme weist eine ungepflegte, aber meist sehr gut eingefahrene Ostabfahrt auf, die über ansehnliche 904 Höhenmeter direkt hinaus nach Scharling bzw. Point führt, also zurück zum Parkplatz. Sehr interessante Abfahrt, sehr abwechslungsreich, die Ost- und Südosthänge durch Waldkulissen gut geschützt.

BESTE KARTE Topograf. Karte 1:25 000, 8336/8436, Rottach-Egern.

BILD Unser Bild ist von Osten aufgenommen und zeigt im Vordergrund das Zwischenstück der großen Ostabfahrt »im Gründ«, kurz bevor sich die großen steileren Schlußhänge öffnen. Rechts oben der Hirschberggipfel, 1669 m, ihm dicht links vorgelagert der Vorgipfel, 1652 m, an dem wir (vertikal im Bild) herab starten zur Rauheckalm (die im Bild am ersten, mit einem Waldpelz besetzten, rechts freien Buckel versteckt liegt). Von diesem Buckel geht es dann links (im Bild) auf freien, steilen, hier leider von Wald verdeckten Hängen in die »Gründ« hinab. Rechts oben sieht man auch den Start zur Steilhangvariante in den Holzpointboden (nach rechts) hinab. Links im Hintergrund: Roßstein mit dem Grat zur Hochplatte (siehe Tour 5), Plattel. Links davon das ganze Wetterstein mit der Zugspitze.

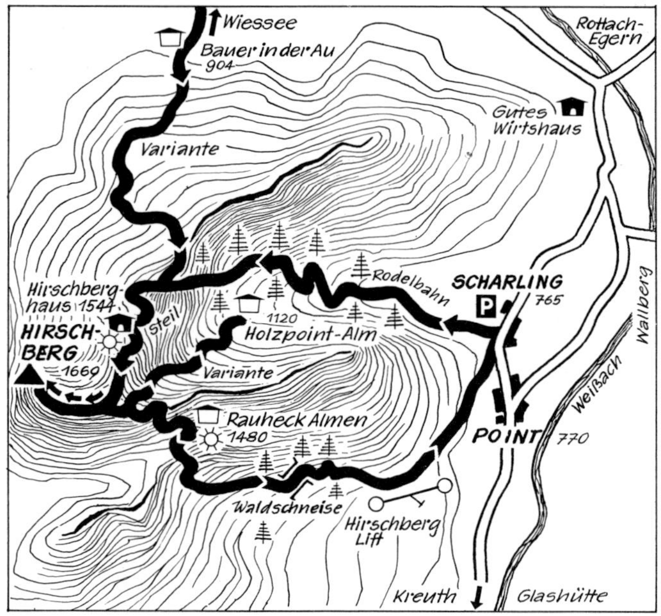

5 Zum Roß- und Buchstein

Skitour alpin 65 km 871 m HU Nord+Nordost März+April

Kleine alpine Skitouren über Schwarzentenn

Man muß ihn kaum vorstellen: Der ungleiche Zwilling Buchstein und Roßstein zwischen Kreuther Weißbachtal, Lenggrieser Isarbett und Hirschberg ist als Sommertour gut bekannt, ja beliebt. Der Buchstein weist leichte Kletterei vom Sattel her und dazu sehr schwierige Kletterei in der fast senkrechten Südwand auf – der Roßstein ist dagegen fast langweilig, versteckt aber hinter seiner Südflanke die elegante, narrisch spitzige Roßsteinnadel. So kennt man die zwei – im Sommer. Im Winter darf sich ihnen nur nähern, wer als Skibergsteiger Erfahrung besitzt und jene untrügliche Schlauheit beim Taxieren von Wetter, Lawinenhängen und Schneebeschaffenheit, die Lebensversicherungen überflüssig macht... Aber wir bieten auch schon dem kleinen Mann auf Skiern und gehtüchtigen Skifamilien eine Chance: Das ist die vier Kilometer lange, fast flache Skiwanderung von Klamm im Weißachtal hinein und hinauf zur Schwarzentennalpe, ganzjährig von der Schneekatze gespurt. Sie gleicht einem Gang ins Himmelreich, so stad ist es da zwischen den Bergwaldwänden. Als gäbe es draußen keine permanente, von hunderttausend Gashebeln erzeugte Lärmwolke... Übrigens kann man schon vor der Schwarzentennalm links abzweigen und hinauf zum ganzjährig bewirtschafteten Buchsteinhaus steigen: ab Klamm gut zwei Stunden! Und dann könnte einer bei ganz sicherem Frühjahrsfirn sogar steil und exponiert bis in die Scharte zwischen Roß- und Buchstein steigen, die Skier stehenlassen und auf einen der Gipfel gehen: plus eine Stunde! Die Aussicht ist entzückend, man ist mitten im Tegernseer Waldgebirge, schaut auf den silbernen Achensee hinein und ins Vorland hinaus. – Aber unser Hauptplan bei sicherem Schnee geht doch anders! Man kommt also von Klamm herauf, geht vor der Schwarzentennalm nicht mit dem Weg über den Bach, sondern links die 500 Meter weiter zur Alm selbst. Hier wendet man sich westwärts und kommt auf einer Forstwegtrasse nicht zu steil, dabei lichten Wald und zwei Lawinenrinnen querend, plötzlich auf die freie Hochbödenlichtung – siehe Bildmitte unten. Von dieser Lichtung geht es streng südlich sehr steil die schmale Rinne hinauf – wir sehen Aufstiegs- und Abfahrtsspuren genau im Bild! – und aus dem oberen Kessel auf den weißen Kammrücken. Hier sieht man dann schon, wo man den Grat zwischen Hochplatte (rechts) und Roßstein (links) am besten anpackt. Meist entdeckt man Spuren. Man steigt so oder so mit besonderer Vorsicht an, denn der Südosthang kann gefährlich sein, er darf weder bei viel Neuschnee noch bei großer Wärme angeschnitten werden. Später, nach der Rast auf der hübsch gelegenen Roßsteinalm, kann man am Grat noch den Roßstein von Süden her angehen, im Felsbereich ohne Skier, versteht sich, und wer ganz gut beieinand ist, der kann sogar den Klettersteig neben der Roßsteinnadel in den Sattel zur Tegernseer Hütte ausnützen: eine kleine, aber bärige Unternehmung! Dabei wäre auch einer der beiden Gipfel fällig, falls der Fels nicht vereist ist. – Unser dritter Tip: Die Hochplatte kann von der Schwarzentennalm auch in einer Nord- und Westschleife angegangen werden, wobei man bei Erreichen ihres Westgrates in die Südflanke steuert, um mit der günstigsten Spur über die nahe Ampertalalm dem gefährdeten Südhang auszuweichen. Dann Vorsicht am Wächtengrat bis zum Gipfel!

TALORT Winterstube Klamm, 826 m, 2 km südlich Kreuth auf der Achenpaßstraße München–Tegernsee–Achensee. Kfz nur neben Bus-Haltestelle stehenlassen, sonst prompt Strafzettel! Der folgende Anmarschweg bis Schwarzentennalpe von Schneekatze gespurt.

BROTZEIT nur bei einer Variante zum ganzjährig bewirtschafteten Buchstein-Haus, 1520 m, nördlich unter Roß- und Buchstein. – Beste Rastplatzerl bei Sonne: Roßsteinalm am Grat zwischen Hochplatte und Roßstein (Bild!). Oder am Sockel des Roßstein-Westgrates.

CHARAKTER Der Charakter dieser relativ kleinen, dafür stadtnahen Unternehmung ist vielfältig. Bis zur Schwarzentennalm führt ein leicht steigender, gut gespurter Wanderweg. Alles weitere durchaus alpin, sogar ernst, wenn einer von Wetter, Lawinenhängen, Wächten am Grat und verschneitem Fels nichts versteht! Eine schneidige alpine Kleintour führt direkt auf die Hochplatte, 1596 m, supersteil durch den Nordttobel. Die Varianten zu Roßsteinnadel und evtl. Roßsteingipfel über Buchsteinhaus NUR für erfahrene Skibergsteiger!

BILD Wir schauen von Norden auf den hübschen Tegernseer Doppelberg Buch- und Roßstein (links oben, im Sattel die Tegernseer Hütte) und auf die ihm vorgelagerte Hochplatte (rechts). Am leicht überwächteten Sattel Roßstein-Hochplatte sieht man die für die Rast wichtige Roßsteinalm. Auf- und Abfahrtsspuren im Vordergrund von unserer steilen Nordvariante direkt in den Hochplattekessel.

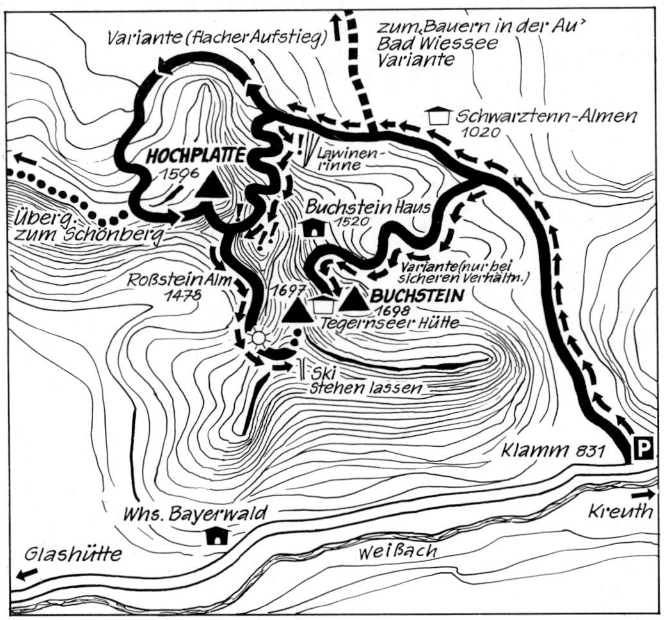

6 Neureuth und Gindelalmschneid

Skitour 52 km 576 m HU Ost + Süd + West Bis Ende März

Schön altmodisch über Tegernsee und Bräustüberl

Wenn einer die Buckelpisten am Setzberg und Wallberg satt hat, wenn ihm langsam graust vor den Anstehschlangen und dem Gewurl – dann steige er vom Tegernseer Bahnhof (wo sein Wagen gut Platz findet), in kleinen zwei Stunden gemütlich auf die Neureuth hinauf. Das ist der lange, oben flache Waldkamm, gleich über Dorf Tegernsee und dem »Schererhof« des Olaf Gulbransson, der sich mit Ostinberg, Gindelalmschneid und Auersberg bis zum Huberspitz über dem Schliersee fortsetzt. Von dieser zunächst recht unscheinbaren Neureuth aus schaut man hinaus bis zum Fernsehturm, aber auch hinab zu jenen dreihundert wunderschönen alten Miesbacher Bauernhöfen, die wie Bauernburgen ein jeder auf seinem eigenen Buckel sitzt, und die den »Preißen«, wie der Münchner nun einmal zu sagen pflegt, so gut gefallen, daß sie weggehen wie die warmen Semmeln ... So kommt altbayerische Kultur unters deutsche Volk – denkt man sich droben am Kamm der Gindelalmschneid, und schaut dann lieber wieder ins Gebirg hinein, von der Rotwand bis zum Schinder, vom Jägerkamp bis zum Hirschberg und Fockenstein ... Mit dem lieben alten Neureuthhaus auf seinen 1264 Meter Berghöhe, an dessen Hüttenhang der Autor dieses Skibuches seinen ersten Skitag verbrachte und auch gleich die ersten Kristianias herumriß, ist heute wenig los. Es war einmal so gemütlich dort droben. Aber warum soll das nicht wieder kommen? – Man spurt also ostwärts in den Waldweg hinein, der sich am Waldkamm hält und in leichtem Auf und Ab bis zur Gindelalmschneid führt. Dort muß man gleich nach dem Wald den freien Hang hinauf, passiert oben in luftiger Höh das Kreuz, und wandert noch ein Trumm, bis man vor der Kante eines der allerschönsten Skihänge steht – dem großen steilen Südosthang hinunter zur Kreuzbergalm. Drunten folgt noch ein kleiner Gegenanstieg zur Alm, dann hat man, alles zusammen, seine drei Stunden hinter sich und läßt es laufen ... bei einigen Schildern geht es abfahrend in den Wald hinein und südwärts gute 500 Meter dahin, ein bisserl schmal, aber lustig, und schon ist man am alten »Prinzenweg«, auf dessen faulen langen Schlingen man Tegernsee zufährt. Man könnte zwar oben am »Prinzenweg« noch den Abstecher zur Baumgartenschneid machen auf 1449 Meter Höhe – aber das ist eine Frage der Kalkulation. Es wäre eine Stunde mehr Zeit vertan, und es ist vielleicht eine Frage, ob damit Hunger und Durst noch schöner werden können. Wenn es bereits ausreicht, »rast« man also am »Prinzenweg« nach Tegernsee hinunter, sucht sich sein Platzerl im Herzoglichen »Bräustüberl« und erzählt der Kellnerin, man komme gerade vom Guffert herunter. Dann gibt es also programmgemäß einen Radi, Preßsack, Butterbrote, Weißlackerkas und Bier, und wem es jetzt so richtig schmeckt, der mag noch so ein komischer Linker sein, der wird jetzt ganz langsam – man kann zuschaun dabei! – und spätestens bei der zweiten Maß Bier, ein strenggläubiger Monarchist und Katholik dazu: denn, muß er sich doch mal fragen, wer hätt' schon so ein »Bräustüberl« anders schaffen können als Kirche und König! Oder daß ich's richtig sag': als Abt und Herzog ... Die Familie des Autors kann das nie so ganz glauben. Deshalb geht sie oft auf die Berge um den Tegernsee und hernach ins »Bräustüberl«, um den richtigen Glauben zu bekommen.

TALORT Tegernsee, 758 m (Parkplatz Bahnhof!). Anfahrt Autobahn. Holzkirchen oder Grünwald–Bad Tölz–Gmund–Tegernsee.

RASTPLÄTZE, BROTZEIT Das alte Neureuth-Haus, 1264 m, gut 2 Std. ab Bahnhof, schöner über den alten Weg, schneller und fader über den Fahrweg (Westerhof). Ab Neureuth-Haus Orange-Sportschuster-Markierung! (Neureuth-Haus z. Z. im Winter nicht zu empfehlen. Das kann sich aber ändern). Am besten, man spart sich Durst und Appetit bis zum »Bräustüberl« im Herzoglichen Schloß.

CHARAKTER Eine gemütliche Familien- und Kommune-Skitour, auch mit Kindern ab 6 Jahren leicht zu machen. Für Abfahrtsspezialisten nur zwei, allerdings sehr schöne Hänge! Wer seine Langlaufskier richtig wachst, macht das Ganze in knapp 2½ Std. – Sonst bummelt man 3–4 Std., kann bei 4–5 Std. aber auch die Baumgartenschneid mitnehmen, 1449 m hoch!

BILD Das Luftbild ist interessant, weil es so viele unserer nächsten Haus- und Skiberge zeigt. Vorne rechts unten ist erst einmal der Ostiner Skilift am Nordhang zwischen Gmund und Hausham, jeder kennt ihn. Darüber der waldige Kamm der Neureuth mit dem weit ins Land hinaus sichtbaren weißen Trapez der Gindelalmschneid, 1334 m (Bildmitte). Genau darüber das Kreuzbergköpfl, rechts von diesem die Baumgartenschneid, über ihr die Bodenschneid. Links oben im Hintergrund die komplette Gruppe Miesing-Jägerkamp-Rotwand, dazu ganz rechts oben der Schinder.

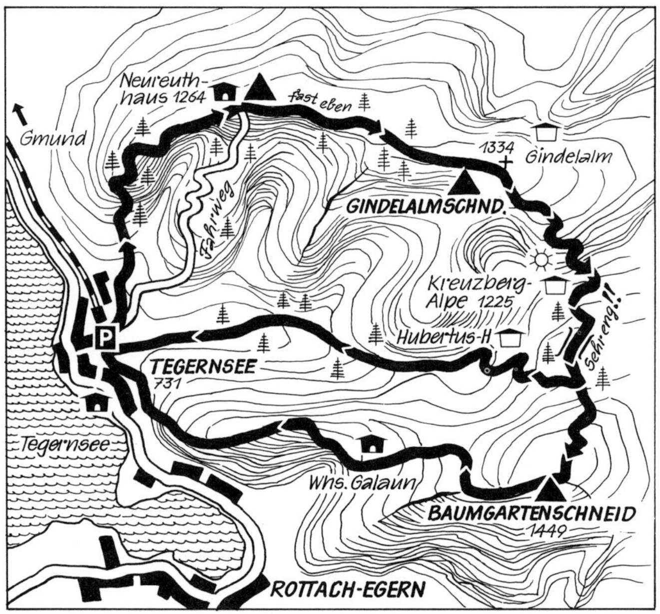

7 Wallfahrt zum Setzberg

mit Glaslhang und Kanonenrohr

Pisten 56 km 910 m HU Nord Bis Mitte April

Der Wallberg mit seiner flachen Glatze gehört zum Tegernsee wie sein Kircherl, das Herzogliche Bräustüberl, Schloß, Paraplui, laute Durchgangsstraße und versteckte Traumplatzerl. Man mag ihn auch als Skifahrer, weil er in gut dreiviertel Stund zu erreichen ist und, wenn auch mühsam, seine 820 und auch 910 Höhenmeter liefert. Natürlich auf bayerisch: mit vielen Ecken und Haken. Wenn man vorausschickt, daß der sonnige Kircherlhanglift, der steile Setzberglift und das Pistenloch am Phönixlift viel zum Amüsement unseres Begleitpersonals beitragen und von Anfang Dezember bis Mitte April ein rund 1600 Meter hochliegendes, hübsches, schnee- und aussichtsreiches Pistenquartier abgeben, dann kann man von den zwei Hauptpisten reden... Die Wallberg-Nordabfahrt, auch Standard genannt, zählt zu den populärsten Münchner Abfahrten, gefürchtet, berüchtigt – geliebt, immer wieder gefahren. Die Münchner Liebe zum Wallberg wurde nie belohnt: Während sich die Skifahrer ums Zwanzigfache vermehrt haben, ist es am Wallberg bei den ewigen sonntäglichen Anstehschlangen geblieben. Was Wunder, daß viele abdrehen und zum Achensee oder ins Inntal fahren. Die Strecke selbst ist kaum mit Walzen zu pflegen und wird ewig holprig und eingedenk ihrer Steilheit gefährlich bleiben. Man hätte sie längst noch besser ausbauen können, zeitgemäßer. Man würde eine hochinteressante Münchner Teststrecke für Rennfahrer und andere gute Abfahrer schaffen: Wenn man die erste Traverse nach dem Erlenhang besser ausbaut, den Ziehweg verbreitert, vor allem aber die Einfahrt in den Glaslhang verändert. Man kann sich doch nicht nur auf die guten Abfahrer verlassen, die diese Glaslhangabfahrt gerne anpeilen! Der moderne, körpergerechte Stil hat die Zahl der brillanten Abfahrer vervielfacht, nicht nur in den Westalpen, auch in Oberbayern. Ja gerade in Oberbayern, weil unsere waldigen Steilhänge mit ihren Gräben und Buckeln zum standfesten Abfahren erziehen. Schön ist die Glaslhangabfahrt nur bei Neuschnee und im März, wenn aus Harsch und Eis eine schöne Sulz wird. – Etwas anders ist es bei der großen Abfahrt vom Setzberg über den Stockhang und das Moos zur Wallbergstraße. Da hat man den unbeliebten steilen Stockhang in der Mitte, an sich einen idealen Steilhang – wäre er nur zeitgemäßer hergerichtet! Aber der Hang bleibt sogar für den gutabfahrenden Durchschnitt der Münchner Skifahrer »ein Kreuz«. Und man fühlt sich gar nicht getröstet von der Aussicht, unterm Moos auf der Wallbergstraße anschieben zu müssen. Man nimmt es hin. Münchens Skifahrer sind nicht verwöhnt, weder hier noch anderswo. – Wer sich zu sehr ärgert, kann an der Bergstation unter zahllosen Zugereisten sein Bier trinken oder ihnen auf liebe Weise erzählen, das dort drüben sei die Zugspitze und das andere das Zuckerhütl. Auch im Wallberghaus läßt sich Trost finden, von den besseren Möglichkeiten in Tegernsee einmal nicht zu reden. Ein richtiger Bergfreund steigt auch mindestens einmal im Winter von der Bergstation zum Gipfelkreuz hinauf – man ist allein, endlich allein. Es ist ein Kreuz mit dem Wallberg, dabei bleibt es, aber es ist ein doch schönes Kreuz, man kommt immer wieder. Auch wenn es eisig hergeht, auch wenn man in stets waschbrettartig zugefrästen Setzberghang und im Stockhang zu Artisten gedrillt wird.

TALORT Rottach-Egern, 730 m (3500 Betten, Hallenschwimmbad, gute Wirte). Kleiner Parkplatz an Talstation, sonst an der Straße.

BAHNEN/LIFTE (siehe Skizze) ① Wallbergbahn (Gondeln zu 4), 830 m HU/500 Pers./Std. – ② Lift am Kircherlhang, 112 m HU/320 Pers./Std. – ③ Setzberglift, 210 m HU/320 Pers./Std. – ④ Phönixlift am Wallberghaus, 130 m HU/650 Pers./Std. – Wallbergbahn Einzelfahrt 5 DM, Tageskarte 20 DM. – Sonntagswartezeit vormittags über 1 Std.! Werktags günstiger. Pistenpflege an vielen steilen Hängen unmöglich, daher viele hohe Buckel, stark abgekratzt, stellenweise eisig. –Bei starkem Wind wird die Gondelbahn eingestellt.

CHARAKTER der Pisten Die berühmte Glaslhangabfahrt, die kürzeste Verbindung von Berg- zur Talstation, reiner Nordhang, vielfach extrem steil, ist sehr schwierig. Eine ideale Teststrecke für sehr gute Abfahrer und Rennfahrer. – Die Abfahrt Setzberg–Wallbergstraße–Talstation ist nur stellenweise schwer, so im großen Stockhang, auch der abgefahrene Setzberg-Gipfelhang ist meist schwer.

BILD Blick aus dem Flugzeug auf Wallberg-Bergstation (links, genau darüber der felsige Plankenstein und der runde Risserkogel). Rechts am Wallbergkamm das Kircherl, ganz rechts Setzberg mit der Einfahrt zum Stockhang. Diagonal von links oben nach rechts unten der erste Teil der Glaslhangabfahrt mit (verdecktem) Erlenhang, Traverse zum ersten Steilhang und langem S zum Ziehweg.

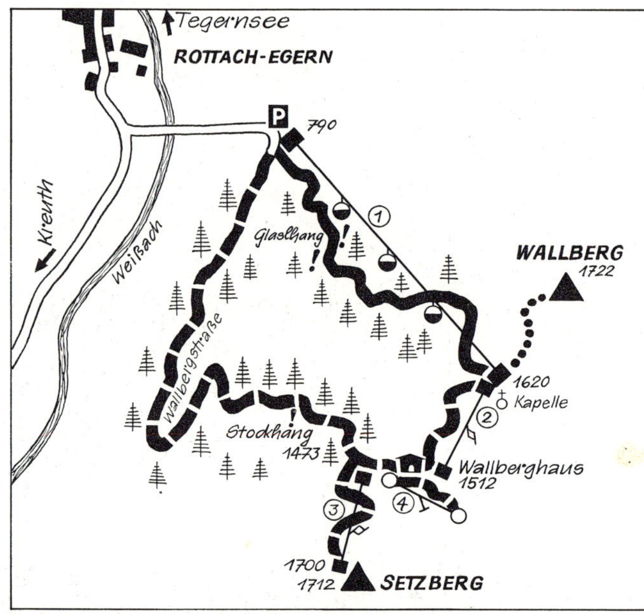

8 Auf die Brecherspitze

Ein Schlierseer Skiberg mit Zukunft

Skitour 53 km 905 m HU Nord Bis Anfang April

Was wird aus unserer Münchner Brecherspitze zwischen Spitzingsee, Scheißgraben, Freudenreichsattel und Dürrnbachtal? Die Schlierseer wollen eine Gondelbahn hinaufbauen und links und rechts von der Ankelalm je einen Lift anhängen, von denen der westliche über den Grat und drüben hinunter bis zur Freudenreichalm laufen soll. Viele Münchner und Miesbacher Skibergsteiger sind dagegen. Es ist ja auch eine Frage, ob die im oberen Teil alpine bis heikle winterliche Brecherspitze so »zubereitet« werden kann, daß man in den Prachtskessel der Nordflanke gefahrlos einfahren kann. Und unterhalb der Ankelalm wäre sowieso ein gewaltiger Ausbau erforderlich... Noch steht die schöne Brecherspitze einsam und hoch über der belebten Spitzingstraße, und die gewaltigen Sandreissen (links im Bild) bergen immer noch Gemsen wie gegenüber auch der Jägerkamp. Im Winter steigen einige verzweifelte Freunde der Stille aus dem Fürstalmwirbel zum Wintergipfel auf, und zwar über den am Freudenreichsattel endigenden mächtigen Südwesthang, und dann lassen sie die Skier am Grat und stochern mit den Stökken hinüber zum Gipfel. Der bildet immer einen von wunderbarer Stille umwehten Feldherrnhügel, hoch über dem Gewurl des Spitzingkessels... Als 17jähriger, als ich die für den Pasinger Skihüttenbau bestimmte Abortschüssel die Spitzingstraße hinauftragen mußte, habe ich diese am Sattel einfach abgestellt und bin den im Bild sichtbaren, teils felsigen, teils von Latschendickicht bedeckten Ostgrat hinauf und dann über Nordschulter und Reissen wieder hinunter gerannt. Ich habe in einem kritischen Seelenzustand auch alle Köpfln und Schrofenrippen der im Bild rechts sichtbaren, »nie« endigenden Dürrnbachschneid abgeklettert. Und ich bin einmal am Wintergipfel mit dem berühmten Rittler Leo zu einem Skirennen der Pasinger und Hoch-Emporler gestartet, »Langlauf« hieß das, wo es steil hinab zur Fürstalm, dann hinauf zum Stümpfling, dann hinab zur Valeppalm und hinauf zum Spitzingsattel ging, auf Langlaufskiern, in 51 Minuten, o mei! Vorläufig ist die Brecherspitze wie die Rotwand vom Liftewesen noch verschont, und vielleicht schlafen unsere Naturschützer nicht... Wer in diesem Vorgebirge eine richtige, eine bärige Skitour machen und sich dabei austoben will, der geht vom Bahnhof Neuhaus die Waldschmidtstraße hinein in den Ankelgraben und steigt dann auf Fellen den steilen Waldweg hinauf, in großen Serpentinen, über den steilen »Wasserfall«, hinauf bis zur Ankelalm und von dort auf die linke (Ost-)Schulter. Recht weit hinauf! Dann steckt er die Skier in den Schnee und schlägt sich vorsichtig und tapfer mit den Gratwächten herum. Wer alpin erfahren ist, der derpackt das. Da sind freilich gute drei bis dreieinhalb Stunden drin! – Es geht auch andersherum: Man fährt mit dem Auto bis zum Spitzingsattel, steigt dann mit Fellen zur Oberen Fürstalm (Lifthilfe im Stümpfling- und Dreitannengebiet möglich), und geht weiter, am Freudenreichsattel rechts vorbei zum Wintergipfel hinauf. Im ersteren Fall ist er ganz allein, im letzteren Fall findet er dann und wann Gesellschaft. – Die 900-Meter-Nordabfahrt über die Ankelalm ist wirklich großartig für einen sehr guten Abfahrer, oben relativ leicht, dann aber immer schwieriger und anspruchsvoller. Dies kann sich nach Erbauung einer Bahn grundlegend ändern.

TALORT Schliersee-Neuhaus, 775 m. – Josefstal, 800 m. – Anfahrt Stachus – AB Weyarn – Schliersee, 1 Std.

CHARAKTER Die von einem Liftesystem bedrohte Brecherspitze zwischen Schliersee und Spitzingsee steht abseits des Pistenwirbels um Spitzingsee, Fürstalm und Taubenstein. Sie bietet eine oben alpine, dann schwere bis mittelschwere reine Nordabfahrt über volle 905 Höhenmeter. Wie das Bild zeigt, wird die teils ausgebaute Strecke nach dem Stockhang etwas haklig, wozu auch das noch nicht ausgeräumte Buschwerk beiträgt. Die Besteigung des Gipfels, ob über die Nordostschulter oder über den sehr steil anzugehenden Sattel zwischen Haupt- und westlichem Wintergipfel (hier soll auch die künftige Bergstation stehen) ist in jedem Falle schwierig, oft sogar heikel. Trittsicherheit und eine gewisse alpine Erfahrung sind unerläßlich. – Das künftige, von den Schlierseern angestrebte Liftesystem ist in der Skizze als Planung eingezeichnet.

BILD Die Brecherspitze, 1685 m (links oben) mit ihrem in einer Schneeschulter abbrechenden Nordostgrat (links) und dem flachen Wintergipfel (rechts, ohne Bäume). Im Nordkar die Ankelalm. Rechts oben im Hintergrund der Guffert, rechts anschließend (am Bildrand) ein Teil von Bodenschneid und (vorgelagerter) Krettenburg. Der gut dreistündige, selten gemachte Nordanstieg führt aus dem linken unteren Bildeck ziemlich genau in die Bildmitte, wo die Ankelalm steht.

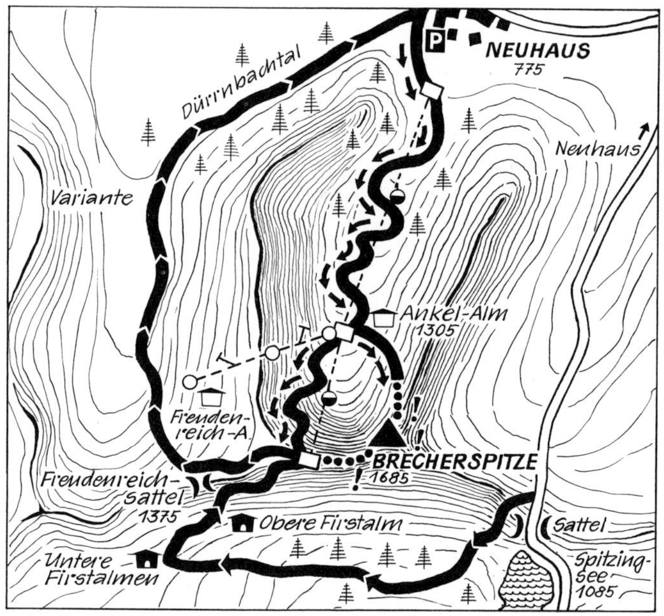

9 Zwischen Stümpfling und Stolzenberg

Lust und Leid im ältesten Münchner Skigebiet

Pisten 64 km 565 m HU Ost+West+Nord Bis Ende März

Es ist schon ein Kreuz! Seit 15 Jahren warten die Münchner Skifahrermassen auf ein vernünftig ausgebautes Pistengebiet am Spitzingsee, wo sie seit Generationen daheim sind. Es kommt nichts. Ungute Kleinunternehmer bieten seit 15 Jahren langsame kalte Lifte und überlange Wartezeiten an – bei guten Preisen. Erst ab 1971 winkt Hoffnung durch den bereits teilweise durchgesetzten Plan des Schlierseer Bürgermeisters. (Siehe auch Text der Touren 8, 10, 11 und 12!) Die Erbauung der Taubensteinlifte bringt eine starke Entlastung für die Stümpflingsituation. Hier, im klassischen Münchner Übungsgebiet zwischen Freudenreichsattel, Firstalmen, Stümpflingsattel, Stolzenberg und Valepper Almen, sind schon einige neue Lifte montiert, – schon ahnt man die ersehnte Koordination zwischen Dreitannenabfahrt, Lyra und Valepp. Wenn nun gar noch der Roßkopflift von der Valepp herauf dazukommt und der Stolzenberglift, dann wird durch den Spitzingkessel ein ungeheures Hurra erschallen. Kein kriegerisches mehr, sondern ein zufriedenes. Die bisher beste Entsatzleistung bedeutet zunächst der neue Valepperalmlift, der den Anschluß an die Lyralifte vermittelt. Eine prima Sache ist auch der in Betrieb gegangene Roßkopflift aus den Donnerlöchern herauf: Da kann man also die schöne steile Abfahrt Roßkopfgipfel–Valepperalm mit 555 Meter Höhendifferenz öfters fahren und braucht hinterher nicht zum Lyralift hinaufzustapfen. Kommt nun noch der Stolzenberglift, dann haben wir zwei Steilabfahrten nebeneinander, 565 Höhenmeter kommen dazu, und vor allem ein supersteiler Nordhang, die klassische Münchner Rennstrecke. Hier, am Stolzenfels, erblickt der Vertraute des Münchner Rennlebens 1000 Denkmale für Sieger und Gestürzte, für tapfer frierende Starter und Zielrichter, für Riesenwürfe unterhalb von Schanze und Haushameralm, und für viele erfrorene Skikindeväter – man muß nur ganz genau hineinschauen. Vater und Kinder Pause sind hier ihre dramatischen Abfahrtsrennen gelaufen und laufen sie noch, ein Münchner Brauch, ein Stück Münchner Skileben. So wie der Ausbruch aus dem Münchner Pistenrevier, wenn man mal ganz allein vom Roßkopf über die Grate zum Rotkopf und Stolzenberg marschiert – wie schön und friedsam! Das gibt es heute noch. – Lyra- und Suttenpisten markieren das Urmünchner Skistadion für den anspruchslosen Mittelstand. Dementsprechend sind die Pisten. Daß sich unser tüchtiger Oberbürgermeister nicht rechtzeitig eingemischt hat, um mit einem Sackerl Geld dem bejahrten Elend im beliebtesten Münchner Skierholungsraum abzuhelfen, ist schad! Wer sich abseits der vorgestellten Pisten erholen will, um allein zu sein, der hat noch viele Möglichkeiten: Da geht man von der Firstalm auf den Grat der Brecherspitze, oder über den Freudenreichsattel zum Bodenschneidhaus, und dann über die Krettenburg zurück. Da macht man die erwähnte köstliche Gratwanderung vom Roßkopf zum Stolzenberg hinüber. Da steigt man vom Stümpflingsattel auf die Bodenscheid. Oder man fährt ganz einfach 60 Meter aus der überfüllten Lyrapiste heraus in die Donnerlöcher und »ins Romantische« – das sind geheime Rastplatzerl in der steilen, teils bewaldeten Nordostflanke des Roßkopfes, dort, wo die riesigen Kletterfelsen übereinander liegen. Dort pflegt man intime Rendezvous mit verirrten Sonnenstrahlen . . .

TALORTE Spitzingsee, 1085 m (500 Betten). Große Parkplätze im Ausbau. – Enterrottach-Monialm, 985 m (am besten in Enterrottach parken, sonst Mautgebühr, an Monialm unzureichende Parkplätze).

LIFTE ① Lyra-Doppelsessel, 360 m HU, 500 Pers./Std. – ② Sutten-Doppelsessel, 485 m HU, 350. – ③ Dreitannenschlepper, 160 m HU, 500. – ④ Stümpfling-Ost, 146 m HU, 500. – ⑤ Roßkopf-Sessellift 150 m HU, 750. – ⑥ Firstalmschlepper, 104 m HU, 600. – ⑦ Oberer Firstalmlift, 60 m HU, 600. – ⑧ Bayernhanglift, 45 m HU, 280. – ⑨ Lyralift, 70 m HU, 720. – ⑩ Valepperalmlift, 165 m HU, 600. – Dazu geplant: Roßkopflift II, 230 m HU. – Javalift, 160 m HU. – Stolzenberglift, 565 m HU.

UMSTÄNDE Tageskarte 15,– DM. Wintersportpunktekarte mit 200 P. 20,– DM. Überall noch zu lange Wartezeiten, meist unfreundlicher Service. Pistepflege keinesfalls durchgängig gut, trotz drei Walzen. Erst nach Errichtung des Javaliftes gibt es eine leidliche Koordination der Lifte. – Suttenlift kalt und langsam, Lyralift etwas schneller. – Ideallift Stolzenberggipfel im Kommen: 565 m HU!

BILD Im Vordergrund die große Lyraabfahrt. Links oben Roßkopf (man sieht den neuen Lift zum Gipfel), rechts oben Bodenschneid, darunter die Firstalm, unter ihr die Dreitannenabfahrt. Im Hintergrund Setzberg und Wallberg. Die leichte hübsche Suttenpiste zielt von der sichtbaren Stümpfling-Bergstation jenseits hinab.

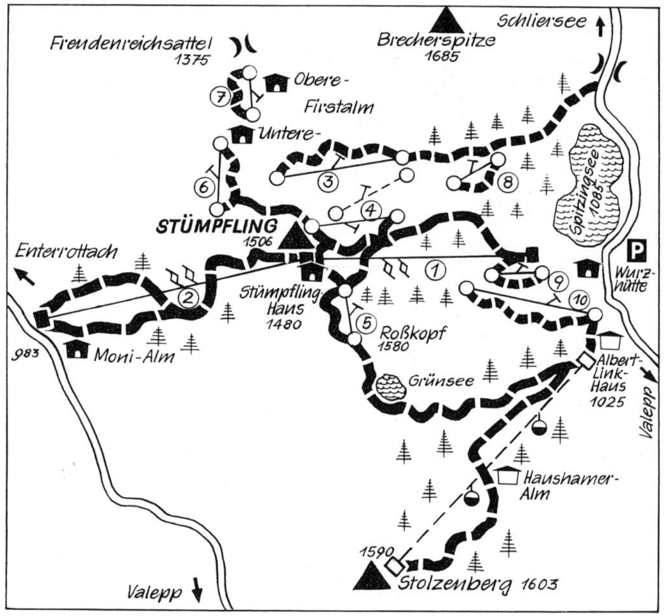

10 Jägerkamp und Aiplspitz

Stille Abwege im Spitzingrevier

Skitour 64 km 660 m HU Nord + Nordwest Bis Ende März

Wir können wirklich nicht sehr viel gegen die neue Gondelbahn vom Spitzingsee zum Taubensteinsattel sagen und deren beide Trabanten rechts und links vom Rauhkopf. Die Münchner Skifamilien stürmen dieses Gebiet! Aber niemand verbietet es, nach Ruhe und Abseitigkeit dürstenden Giesingern, Schwabingern, ja selbst Skifahrern von der Schwanthaler Hochebene, zu Fuß vom Spitzingsee aufzusteigen, oder von den Schönfeldalmen oder vom Unteren Lochgraben aus. Überall hier können sie der lauten Welt »Pfüa di Good« sagen, die Felle anlegen und abhauen... Zum Beispiel also auf den Jägerkamp oder den Aiplspitz, 1746 und 1758 Meter hoch. Zwischen den beiden liegt die Schnittlauchmoosalm, genau gesagt liegt sie zwischen Benzingspitz und Tanzeck, das sind sozusagen die Vorzimmerdamen beider Hauptgipfel, an denen man einfach nicht vorbeikommt. Also, daß ich es recht sag', zwischen Benzingspitz und Tanzeck liegt gut versteckt in einem Sattel und grad 1650 Meter hoch, diese Schnittlauchmoosalm, ein strategischer Punkt für Freunde der Stille, ein stilles Ende dieser Welt. Wer seinem Mädchen etwas zu gestehen hat, oder meinetwegen auch umgekehrt, hier redet niemand umsonst. Ich hab' es selber ausprobieren müssen. Übrigens ist man von hier schnell am Jägerkamp droben über den schmalen Ostgrat, den man bei Nebel abfahrend niemals verlassen darf, und man ist bei eisfreien Felsen (Kinder und verzagte Damen herunten lassen!) auch schnell auf dem Aiplspitz, der ganz schön spitzig und frech zum Wendelstein hinüberschaut. Man schaut selber weit ins Land hinaus und auf den Venediger dazu. – Ob man vom Spitzingsee ab Wurzhütte den Rotwandweg heraufkommt, an der Maxlrainer Alm und an der Jubiläumshütte vorbei, dann über den wunderbar freien Hang zwischen Rauhkopf und Tanzeck – oder ob man vom Tunnel am Seeufer den Unteren Lochgraben direkt (in getretener Trasse) heraufmarschiert und über die Obere Schönfeldalm weiter steigt – oder ob man gar im Rücken der Wilden Fräulein frech in die Scharte hinter ihrem mageren Rücken steigt, weglos, spurenlos, und dann nach Indianerart den ganzen Grat zum Vorgipfel und zum Jägerkampf persönlich erobert, einmal eine »Erstbegehung« riskiert – das alles wird hier geboten, und Abfahrt muß hinterher überall sein, und sie ist lustig. Niemand wird abfahrend zur Schnittlauchmoosalm den Rauhkopf und seinen pulvrigen reinen Nordhang übersehen, der kostet ja nur 20 Minuten Gegenaufstieg. Ein begabter Außenseiter kann auch vom Tanzeck einen gewaltigen steilen Südosthang zur Krottentaler Alm hinunterwedeln, um sich hinterher über den Taubensteinsattel wieder in bewohntes Land zu retten. Zwischen Taubenstein und Spitzingsee ist alles klar – geworden: Wo einst im Unteren Lochgraben Holz, Wurzeln, Dickicht und Strünke die Abfahrtstechnik hochgezwirbelt haben, da findet man jetzt eine Art Pistenteppich, etwas zerrupft, etwas provinziell ostalpin. Aber zünftig ist es doch! – Außerdem soll man ein ganzes Münchner Skifahrerleben lang nicht vergessen, daß die allerschönste Ski-Expedition eines langen Sonntags so verläuft: Aufstieg Jägerkamp, dann ab und auf Tanzeck – Taubensteinsattel – Taubensteingrat – Lempersberg – Kirchstein – Rotwand – Groß- und Kleintiefental, und dann erst hinüber zu Piste und Automobil.

AUSGANGSPUNKT Spitzingsee, 1085 m (500 Betten).

NICHT ÜBERSEHBARE BAHNEN/LIFTE (teils im Bau) Spitzingsee-Taubensteinsattel, 1090–1693 m (Gondel). – Rauhkopflift, 1370 bis 1680 m/600. – Taubensteinlift, 1325–1610 m/600. – Dieser Liftbereich darf weder in Richtung Lempersberg-Rotwand noch über den Kamm Rauhkopf-Taubenstein hinaus erweitert werden!

CHARAKTER Unsere Skitourenvorschläge abseits des teils bestehenden, teils im Bau befindlichen Pistenreviers um den Spitzingsee sind bequeme Schmankerln, sind aber nur relativ unbedeutende Fluchtwege in die Stille. Es gibt (neben Varianten) drei Möglichkeiten: 1. Rotwandweg – Winterstube – Jubiläumshütte – Schnittlauchmoos = 3–3½ Std. (bis Gipfel Jägerkamp). – 2. Direktaufstieg Spitzingsee – Unterer Lochgraben (Trasse) – Schnittlauchmoosalm = knapp 2½ Std. – 3. Die (künftige) Auffahrt bis unter die Schönfeldalm (dann Aufstieg 1–1½ Std.) bzw. zum Rauhkopf, dann schöne Querung 35–70 Minuten. – Von Jägerkamp und Aiplspitz Prachtsblicke auf Kaiser, Venediger und versteckte Leitzachtaler Bauernhöfe. Die Abfahrt, oben Tiefschnee, oft abgefahren, unten Piste, ist meist leicht.

BILD Ausblick vom Stümpfling (links unten Einfahrt zur Sutten) gegen Osten. Vorne Lyraabfahrt, darunter Spitzingsee, über diesem (von links): Rotspitz, Jägerkamp, Aiplspitz, Wilde Fräulein, Rauhkopfsattel, Rauhkopf, Oberer Lochgraben.

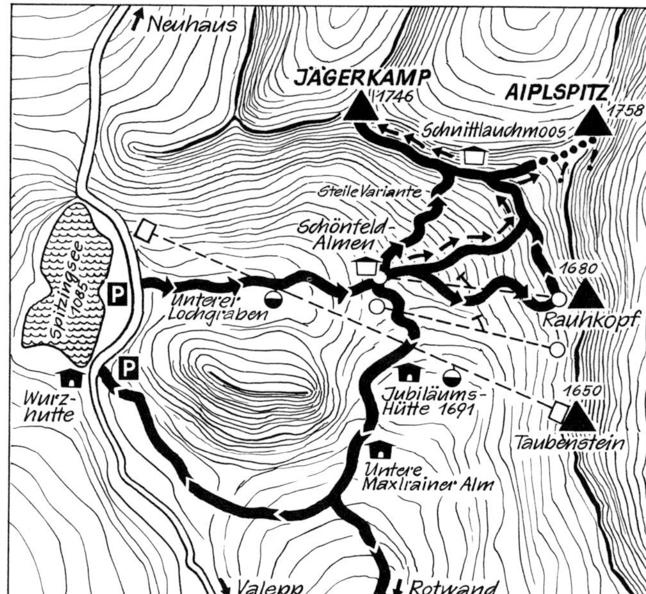

11 Zwischen Taubenstein und Valepp

Im neuen Skizirkus – abseits der Rotwand

Pisten 60 km 590 m HU Nordwest + West Bis Ende März

Man kann die neue Zeit und ihre Entwicklung nicht mehr zurückspulen. Wie München zur Entlastung seiner veralteten Verkehrsmittel unabdingbar seine U-Bahn braucht, so das stadtnächste Skipistenrevier zwischen Bodenschneid und Taubenstein die Ausdehnung der Lifte-Pisten-Kombination auf den (streng begrenzten) nördlichen Westbereich des Rotwandgebietes. Der unberührt bleibende Kern des Rotwandstockes im Süden, Osten und Westen bleibt als klassisches Münchner Skitourengebiet erhalten. Dies ist das Geschenk des »Naturschutzjahres 1970« – womit also die geliebten Skitouren-Idyllen um Lempersberg – Obere Wallenburgeralm – Kirchstein – Rotwand – Auerspitz – Soinsee – Groß- und Kleintiefental bis ins Krottental in unserem Besitz bleiben. Eine weitere Eskalation der Lifte im ganzen Rotwandgebiet verbietet die neueste politische Einsicht zur rücksichtslosen Trennung von Pistenrummel- und stillen Skitourengebieten, zur rücksichtslosen Erhaltung also der letzteren. – Unser Flugbild bedeutet nur einen Ausschnitt, kennzeichnet aber den reizendsten Bereich der neuen Situation: Im Vordergrund entwickeln sich die beiden Pisten um Rauhkopflift (links unten) und Oberen Lochgrabenlift (rechts des Fichtenriegels). Dicht über der Bildmitte ist die nun »ewige« Grenze zwischen Pisten- und Skitourenbereich: ein Beispiel und Paradefall für die stadtnahen Ostalpenregionen. Wenn wir die Kapazitäten der in der Skizze verzeichneten neuen und neuentstehenden Lifte dieses Gebietes zwischen Spitzingseeufer, Rauhkopf, Taubensteinsattel und Valepper Talboden zusammenzählen, kommen wir auf stündlich 3300 Personen. Das müßte ausgeben! Es käme später noch der neue Taubensteinlift ab Rotwandweg (Winterstube) – in der Skizze als Projekt eingetragen – dazu mit etwa 300 Meter HU und 800 Pers./Std. – Das müßte die Skifahrer der größten europäischen Skifahrerstadt endlich instand setzen, auf den bisher stadtnächsten gutausgebauten Skizirkus von Kitzbühel zu verzichten. Taubenstein und Spitzing sind nicht Kitzbühel, versteht sich, aber als Ski-Naherholungsstation, die schnell erreichbar ist und überlange Rückfahrzeiten erspart, ist der Spitzingkessel Gold wert. Nicht nur für Unternehmer! Die Pistenfahrer werden durch die glückliche Konstellation, daß nämlich Skipisten- und Skitourengebiet dicht aneinanderstoßen, nur profitieren: Es könnte schnell und sehr natürlich der Trend aufkommen, daß die Steigfelle auch zur Ausrüstung des Pistenfahrers gehören, damit er als Gast von Rauhkopf-, Lochgraben- und Telegrafenhangpisten überall »ausbrechen« kann. Das neue Glück einmal versuchen ... Übrigens bleibt die Hauptabfahrt, und die mit dem längsten Höhenunterschied, jene vom Rauhkopf, 1681 Meter, bis zum Spitzingseeufer am Tunnel, also am »Ziel« des Unteren Lochgrabens, 1090 Meter – das macht nach Adam Riese runde 590 Höhenmeter. Wie schön, wie rasant, wie reizend diese kleinen runden Summen sind, möge sich jeder Leser selber erfahren oder im Text der anderen Rotwandtouren dieses Buches »herauslesen«. Der Obere Lochgraben jedenfalls (im Bild rechts) ist heute schon ein Begriff für jeden Münchner Sonntagsfahrer samt Familie, und den Rauhkopf-Nordhang (im Bild links) kennt jeder begabte »Saubua«, falls ihn sein Verein alljährlich zum Eröffnungs- und Saisonschluß-Riesenslalom kommandiert.

TALORT Spitzingsee, 1085 m (500 Betten). – Stachus – AB Weyarn – Schliersee. Weitere Parkplätze im Ausbau.

LIFTE/BAHNEN (siehe Skizze) ① Ob. Maxlreinerlift, 160 m HU/800 Pers./Std. – ② Ob. Lochgrabenlift, 285 m HU/900 Pers./Std. – ③ Rauhkopflift, 310 m HU/900 Pers./Std. – ④ Taubensteinbahn (Gondeln), 550 m HU/700 Pers./Std. – Bahn-Liftpreise erst ab 1971. – Pisten werden ausgeholzt. Pflege versprochen.

CHARAKTER Der als Entsatz der Stümpflingpisten lange geplante und nun genehmigte Skizirkus zwischen Spitzingsee-Ostufer und Taubensteinsattel (1090–1660 m) wird sportlich interessanter sein als die Lyra-Sutten-Stümpflingpisten. Die Nordwestlage und die bis auf wenige Ausnahmen freien Hänge prädestinieren diese Region zum idealen Naherholungsgebiet für Münchens zahllose Skifamilien.

BILD (siehe auch Bild von Tour 10) Einblick von Norden auf den oberen und schönsten Teil der neuen Lifte- und Pistenregion um den Taubensteinsattel (links besonnt) und den Taubenstein (dunkler Fels in Bildmitte oben, 1693 m hoch). Rechts über dem Taubenstein der große breite Rücken des Lempersberg, 1789 m, links davon die Rotwand, 1885 m, unter dieser der besonnte Miesingsattel und die Ruchenköpfe. Ganz rechts außen der Felskopf des Kirchstein. Links unten der Rauhkopf mit seinem berühmten Nordhang. Rechts vorne der Obere Lochgraben.

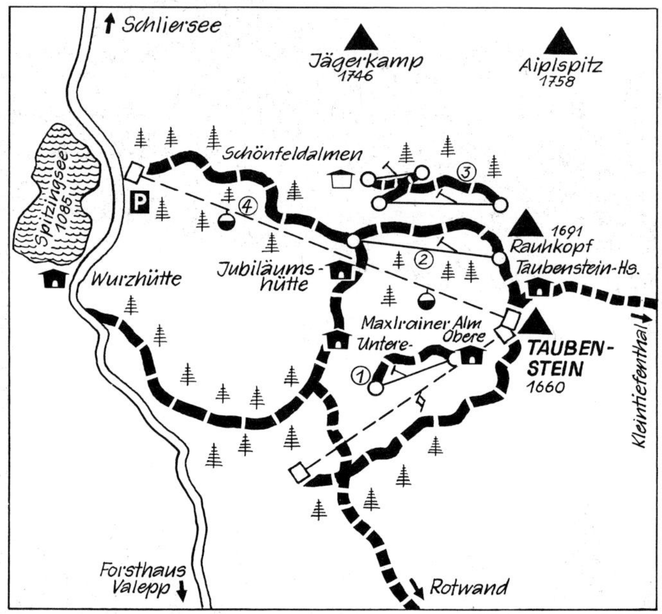

12 Rings um die Rotwand

Die Lieblingsskitour aller Münchner

Skitour 64 km 1200 m HU Nord + Nordwest Bis April

Die Rotwand ist als Tourengebiet gerettet, die Bayerischzeller Pläne sind gescheitert. Die Münchner Skibergsteiger haben den Münchner Pistenfahrern das Spitzingrevier zwischen Firstalm, Stolzenberg und Taubenstein endgültig zugestanden, der Preis heißt: unversehrte Rotwand für alle Zukunft. Die Baupläne der Bayrischzeller hätten den Kern des kostbaren, noch heute stillen Skiwandergebietes um Groß- und Kleintiefental, Auerspitz und Rotwand vollkommen zerstört. Die Spitzingunternehmer dürfen die Grenze Taubensteinsattel, Untere Wallenburgeralm niemals mehr überschreiten ... Unsere klassische Rotwandtour bedeutet für den besinnlichen Mann eine reizende Folge romantischer bis dramatischer Effekte. Gut abgefahren wird sowieso! Man wendet sich also vom Spitzingparkplatz nahe der Wurzhütte sofort südostwärts zum Rotwandweg. Die Skier hat man an den Rucksack geschnallt. Dann umrundet man den Saugraben, schaut vom Weg auf die Valeppschlingen hinab, umrundet andersherum den Schwarzenkopf und kommt zur Winterstube. Dort zweigt 50 Meter weiter der Rotwandweg rechts ab. Kaum sind wir ihm 300 Meter nachgestiegen, enthüllt sich rechter Hand das Schinderkar, das Herz wird einem warm. Ein paar kurze Waldstücke stauen die Spannung, erste Felsbrocken am Wege, dann ein scharfes Eck nach links und wie ein Gemälde steigt das Hintere Sonnwendjoch vor uns auf. Sackradi! möchte man ausrufen vor Überraschung. Eine breite blaue Felsmauer von rechts bis links, ganz nah. Nochmals ein Trumm Wald, neue Ausblicke, der Wilde Kaiser läßt sich sehen, und dann wird alles frei. An der Wildfeldalm inszenieren letzte Stufen den Knalleffekt: plötzlich taucht gegenüber das Rotwandhaus auf, plötzlich schauen wir auf die Hohen Tauern. Zugegeben, das allerletzte Stückerl würde man sich gern tragen lassen, oder die Skier einem Diener übergeben. Aber dann schafft man es doch und nimmt von der Rotwandwirtin ein Bier an, erlaubt sich in Gott's Namen eine Brotzeit, und ein Schlaferl in der Sonne dazu, gleich hinterm Haus ... Drüben, ganz nah, wartet der Auerspitz, daneben strecken uns die Ruchenköpfe ihre pralle glatte Südwand entgegen. Nur wer einen gußeisernen Charakter hat, steigt jetzt noch auf den hohen Gipfel und fährt den Südhang ab. Die Bescheidenen entfernen sich unauffällig, fahren die kuriose Querung zur Kümpfelscharte ab und steigen – welch ein Charakter! – in 20 Minuten auf den Auerspitz. Das Schicksal belohnt sie mit dem schönsten Schneeteppich an der Rotwand, dem Riesen-Parsenn-Hang hinab ins Großtiefental (allein schon guate 400 Meter!). Ende März klettern junge und alte Liebhaber blitzschnell über Westgrat und Weiberschreck auf die Ruchenköpfe, und schnallen wieder die Skier an. Der Zwischenanstieg vom Großtiefental, wo man laut auf die Bayrischzeller schimpfen darf, zum Miesingsattel kostet 25 bis 35 Minuten Schweiß. Angeber zählen nur 16 Minuten. Eine reizende Abfahrt ins Kleintiefental, noch ist die Welt still und leer, und dann geht es einfach zum Taubensteinhaus und weiter zum Sattel: und da kommt die Piste, da ist alle Zukunft frei von Zwischenaufstiegen, der Strudel hat uns wieder. Nichts gegen schnelle Pisten, erklärt einem der kalte Verstand, und so schwingen wir begeistert den Oberen und den Unteren Lochgraben ab – fast 600 Höhenmeter, mit dem allerbesten Gewissen.

TALORT Spitzingsee, 1085 m (großer Parkplatz vor der Wurzhütte).

CHARAKTER Diese uralte, geliebte Rotwand-Skitour führt sofort aus dem Spitzingrummel heraus, man ist über 4–6 Stunden allein, benützt nur bei der letzten Abfahrt vom Taubensteinsattel die Piste von Oberem und Unterem Lochgraben. Aufstieg Spitzingsee-Rotwand sehr bequem und schön, knapp 3 Std. Dazu kommen 20 Minuten Gegenaufstieg zum Auerspitz, und weitere 30 Minuten vom Großtiefental zum Miesingsattel. Die Abfahrtsmeter addieren sich aus den 200 m HU Rotwandgipfel – Kümpfelscharte, den reichlichen 400 m HU Auerspitze – Großtiefental, und den 700 m HU Miesingsattel – Spitzingsee. – Das Rotwandhaus ist gut bewirtschaftet, aber an schönen Sonntagen ziemlich voll. Vom Spitzingsee über den alten Rotwandweg zum Rotwandhaus meist Trasse, man trägt die Skier (mit dem modernen Skirucksack) am Rücken. Verkürzte Anstiegsvariante: ab Lift Taubensteinsattel über Lempersberg–Kirchstein, dann abfahrend zum Rotwandhaus.

BILD Wir schauen aus dem Flugzeug, knapp über dem Gipfel des Miesing, in den Idealkessel der Großtiefentalalm (vom Wächtengrat eben noch verdeckt). Links die Ruchenköpfe mit ihrer harmlosen Seite, dahinter und rechts anschließend der zu besteigende Auerspitz. Rechts das Rotwandhaus

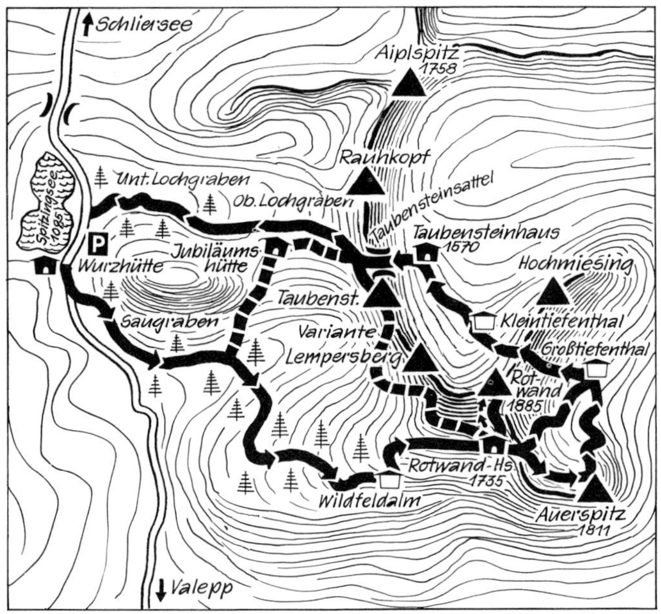

13 Im Schinderkar über der Valepp

Eine klassische Münchner Osterskitour

Skitour 70 km 930 m HU Nord Nur März-April

Eigentlich müßte einen die Blasmusi hinaufbegleiten ins Schinderkar, und ganz droben im Schindertor, wo man nach einem tiefen Schnaufer seine Skier in den Schnee steckt, da müßte sie einem aufspielen ... So gemütlich, so boarisch effektvoll und zünftig geht es bei diesen kleinen Skitouren in den versteckten Vorbergen zwischen Guffert, Valepper Forsthaus und Spitzingsee zu. Man hat manchmal seine Sorgen mit der Anfahrt über eine der beiden Mautstraßen ab Spitzingsee oder ab Enterrottach über die Monialm, aber meist sind die Straßen um Ostern herum frei – und der Schinder ist halt einmal eine Ostertour. Die drei Mark Maut zahlen sich aus, das sei gleich gesagt, obschon man auch vom Spitzingsee auf Skiern bis dorthin kommen kann, wo Weiße und Rote Valepp endlich zusammenkommen. Genau dort, wo man nur noch fünf Minuten vom zeitweilig bewirtschafteten Forsthaus entfernt ist, geht man ein paar hundert Meter Richtung Monialm bis zu dem DAV-Taferl »Zum Schinder«. Anschnallen, auf geht's! Nach zwei kleinen Reibn ist schon die helle Schlagalm da, dann geht's an einem Hangweg in den Wald und oben wieder heraus, genau dort, wo man im letzten Karauslauf einen kleinen Ahornboden findet. Aus dem Schatten uralter Veteranen schaut man das erstemal in die weiße Riesenarena des Schinderkares und erschrickt. Tiefblaue Schlagschatten liegen unter senkrechten Felsaufbauten, und aus der schmalen Scharte des Schindertores zieht ein scharfer Sonnenstrahl herab. Darunter weitet sich das ungeheure Halbrund des Firns, blendend weiß, wo ihn die Sonne trifft, kühles Blau daneben. Das Schinderkar teilt sich in ein unteres Parterre zwischen letzten Latschengassen, und in einen gewaltigen freien Rang, der sich bis zu den Sockelfelsen der beiden Gipfel immer mehr aufsteilt. Man denkt sofort an Lawinengefahr, aber wir sind in einer schattigen Nordflanke, und wo die Sonne morgens hinzielt, im rechten westlichen Karboden, nur da faulen die Leichen der Lawinen. Wir halten uns im Aufstieg an die schattige Karzone links, also unter den Wänden des Österreichischen Schinders. Dort ist man relativ sicher. Dann steigt man in den engen Schlauch ein, über dem das Schindertor steht, eine schmale Fuge, durch die in blendenden Schwällen das Sonnenlicht schießt ... Scharfe Atemzüge, engmaschige Spitzkehren in der immer steileren Rinne, eine erste Felsrampe – die Dame unter uns hat bereits abgeschnallt. Wir tun es auch und treten mit einem letzten Stoßseufzer hinaus ins Freie, Ebene, in das »Tor des Südens« ... der Guffert, was für eine pralle breite Nordwand! Und dahinter die Festungsmauern des Rofan über dem Ampmoosboden ... Das Skidepot wird errichtet. Dann geht es links durch die steilen Firn- und Latschengassen der Südseite. Bald steht man keuchend am Grat, geht hinüber zur Gipfelstange und sucht lange nach den saftigen Orangen, die man doch schon bei der ersten Rast genossen hat. Abwärts hantelt man sich an den Latschenbesen bis zum Schindertor, schnallt an, und rutscht die ersten Meter ab, bis man den ersten Schwung riskieren kann, die erste Schwunggirlande. Die Jubelschreie hallen von den dunklen Mauern rechts und links über uns zurück, und bald schwingt man das weite Kar hinab mit Platz für tausend Varianten ... landet überglücklich an den alten Ahornen, an der Schlagalm, im Talboden, nahe einem Wirt.

TALORT Forsthaus Valepp, 872 m. Anfahrt je nach Schneelage und Jahreszeit ab Rottach über Monialm, bzw. ab Spitzingsee möglich (Maut 3,– DM). – Anfahrt: München – Autobahn – Weyarn – Miesbach – Rottach bzw. Schliersee – Spitzingsee.

CHARAKTER Diese reine Frühjahrsskitour birgt bei 3–4 Std. Aufstiegszeit, gerechnet bis Gipfel zum Österreichischen Schinder, 1808 m, auch einige Risiken! Der Hochgenuß, vom Schindertor durch das riesige Nordkar abzufahren bis zum Ahornboden, ist nur sicher, wenn kein später Neuschnee, und die Grundlawinen abgefahren sind. Man halte sich im Anstiegssinne links der Fallinie des Schindertores (Scharte)! An Werktagen absolut einsam, an Sonntagen eine reine Münchner Skifamilien-Unternehmung! Die Skier bleiben in der Scharte stehen! Ab Skidepot zu Fuß durch die latschenbewachsene kurze Südflanke zum Gipfel des Österreichischen Schinder. Der Bayerische Schinder lohnt sich nicht. – Keine Hütte. Die Forstwirtschaft Valepp, einst das klassische Ziel nach der Schindertour, ist nicht immer geöffnet.

BILD Links das große, rein nordseitig abfließende Schinderkar, über ihm – vom Schindertor gespalten – links der Österreichische, rechts der Bayerische Schinder, 1808 bzw. 1790 m hoch. Genau über dem Schindertor ist im Hintergrund die Rofankette, genau rechts vom Bayerischen Schinder der wuchtige Guffert zu sehen.

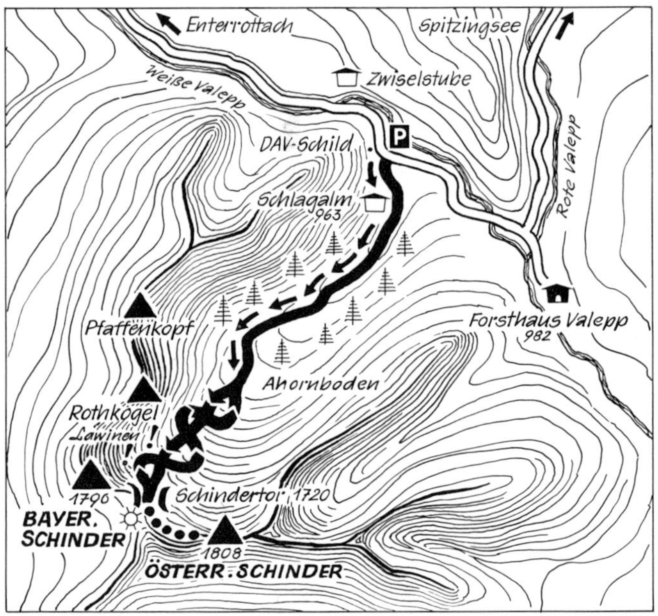

14 Der alte Wendelstein auf ganz neu

Die neue Kabinenbahn öffnet Südosthänge

Pisten 58 km 932 m HU Südost + Süd Bis Ende März

Der gute alte Wendelstein, 1837 Meter über dem Meer, 1300 Meter über dem nahen Inntalboden, liegt auch 1000 Meter über Bayrischzell. Er rühmte sich einst der ersten bayerischen Bergbahn und wurde von der Brannenburger Inntalseite her immer stark besucht: Das machte eben jene uralte Standbahn mit ihrem Zahnradgestänge, das unsere Kleinstkinder mit Museumsaugen bestaunen. Bayrischzell und sein Tal lagen bisher ungefähr 1000 Kilometer vom Wendelstein entfernt – alles kam nur von Osten her auf den Gipfel. Sogar die Brautpaare, die sich von einer Heirat im Wendelsteinkircherl ein extra langes Glück versprachen... Jetzt plötzlich ist der Wendelstein auch ein Bayrischzeller Berg geworden, und volle 932 Höhenmeter kann man vom Hotel an der Bergstation zu den Bayrischzeller Wirten hinunterfahren, wedeln, schwingen, schießen, roasen. Das muß dem Bayrischzeller Bürgermeister ein großer Trost sein, weil ihm seine Spekulationen auf ein Bahnensystem im naturgeschützten östlichen Rotwandgebiet nicht hinhauen werden. Weil unsere Politiker langsam aus der Patriarchenhaut fahren und den Naturschutz endlich ernst nehmen. So oder so, der Wendelstein ist interessanter geworden, auch wenn die neue Riesenabfahrt – die größte im ganzen Schlierseer- und Bayrischzeller Gäu – über Südhänge verläuft. Und auch wenn der steile Starthang nur die guten Abfahrer begeistert, die schlechten aber konsterniert. Man sollte ihnen beibringen, daß nach ihren fünf Spitzkehren an diesem Hang bald leichtere Hänge kommen, und daß die ganze weitere Abfahrt jenseits der Zeller Scharte bis Osterhofen besonders schön hergerichtet wird. Man muß ihnen zudem verraten, daß im Kessel der Wendelsteineralm zwei schöne und sogar recht ergiebige Lifte pendeln. Brotzeiteln und Speisen kann man gut im alten Wendelsteinhotel. Die guten Abfahrer werden sich an der neuen Strecke erfreuen, weil sie viele Höhenmeter hergibt und schnell ist. Sie werden auch damit spekulieren, daß man mit der Tageskarte auf allen Bahnen und Liften, also auch auf der Zahnradbahn, fahren kann: da muß man natürlich die geliebte alte Ostabfahrt über die Soinalm bis zur Station Aipl machen, das ergibt ja auch über 700 Meter Höhenunterschied! Man kann so zwischen Südpisten und Ostpisten hin und her pendeln und bringt es – metermäßig – an einem Tag sicher auf 6000 bis 8000 Meter Höhenunterschied... das wäre die Abfahrt vom Nanga Parbat oder vom Mount Everest. Die Ostabfahrt ist natürlich steiler als die Südabfahrt nach Osterhofen. Was die Pistenstruktur der Südabfahrt betrifft, so trifft man nur auf den im Bild sichtbaren Starthängen bis zur Zeller Scharte große Buckel. Da werden viele Leute sauer werden. Aber von der Scharte ab wird alles besser, die Piste kann gepflegt werden und ist im Durchschnitt nur leicht kupiert. An der Wendelsteineralm, wo die Lifte fahren, rastet man in einem richtigen Sonnenkessel und kann mit viel Vergnügen das Gewurl auf den kleinen, ach so kurzen Pisten auf dem Sudelfeld wahrnehmen. Auch den Verlauf unserer Tour 16 (vom Feurigen Tatzelwurm zur Brünnsteinschanz) kann man in aller Gemütsruhe studieren. – Ärgerlich ist an der neuen Bahn: daß sie von Anfang an eine völlig unzureichende Kapazität aufweist! Man vergaß: Sommergäste fahren einmal, Pistenfahrer aber fünfmal am Tag aufwärts.

TALORT Bayrischzell, 800 m. – Talstation der Kabinenbahn (50-Mann) in Osterhofen, 792 m. Parkplatz.

LIFTE/BAHNEN ① Neue Kabinenbahn, 932 m HU, 450 Pers./Std. – ② Bocksteinlift an der Wendelsteinalm, 140 m HU, 600 Pers./Std. – ③ Lacherlift, 266 m HU, 300 Pers./Std. – PREISE der Kabinenbahn: Berg Einzel 6 DM. Tageskarte 14 DM. Wochenkarte 55 DM. 40-Punkte-Karte = 4 Bergfahrten 20 DM. – Sonntagswartezeit bis 1 Std.! – Pistenpflege oben wegen der steilen Hänge schwierig, also nicht gut. Ab Zeller Scharte vorzüglich. – Beide Schlepplifte liegen an der Hauptabfahrtsstrecke. Anfänger sollten am Sudelfeld bleiben.

CHARAKTER Die neue Kabinenbahn erschließt die einzige wirklich lange Abfahrt des ganzen Schliersee-Bayrischzeller Skigebietes: 932 m sind enorm für Vorberge! Der Preis: Man kann nur Südost-, dann Südhänge abfahren. Der Schnee ist im Hochwinter vorzüglich, aber der Winter ist auf Südflanken zu kurz. Die Südabfahrt nach Osterhofen wurde ungewohnt großzügig angelegt.

BILD Die Bergstationen von Stand- und Kabinenbahn am Wendelsteinhotel unter dem Gipfel. Unten ein Teil der alten Standbahn von Brannenburg herauf und der steile Starthang, der mit den folgenden leichteren Hängen nicht zu vergleichen ist. Die Spur nach links führt zur Zeller Scharte, die direkt hinter der schattigen Vordergrundkuppe versteckt ist. Hinten der Doppelgipfel des Miesing. Links der Guffert.

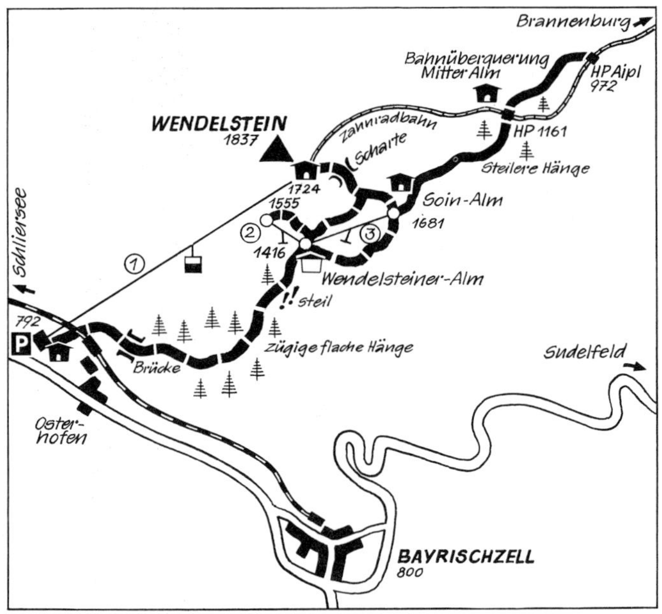

15 Im Skizirkus am Sudelfeld

Der Skikindergarten aller alten Münchner

Pisten 55 km 640 m HU Nord Dezember bis Anfang April

Bayrischzell, du bist mei' Freud! heißt es von diesem alles andere als exklusiven Fremdenort, der im Sommer von den Norddeutschen beherrscht wird. Die kommen auch im Winter herunter, aber es gibt keinen Zweifel, daß auf Schnee immer nur die Münchner am Sudelfeld dominieren. Der ganze brave Mittelstand der Münchner Skifahrer hat zwischen Larcheralm, Grafenherbergalm und Vogelsang das Skifahren gelernt – drei Generationen lang! Und wahrscheinlich hat auch der Müller Gustl aus Bayrischzell, viermal deutscher Skimeister in der Kombination Langlauf und Sprunglauf, am Sudelfeld seine ersten Schwünge gerissen. Er war eine Kraftnatur, und wenn mich nicht alles täuscht, hat er für das andauernde Zurückhängen der Bayrischzeller als Skiunternehmer recht starke Worte gefunden. Wenn es heute im Zeitalter der modernen alpinen Skistationen mit perfektem, auf die Kundenwünsche zugeschnittenem Service noch möglich ist, daß Münchens Skifahrer-Vorort Bayrischzell für sein Dutzend Skilifte am Sudelfeld noch keine überall gültige Tages- bzw. Wochenkarte durchgesetzt hat, dann ist das peinlich. Es ist auch undiskutabel, daß man jahrzehntelang »beliebte« Eng- und Gefahrenstellen einfach nicht aus der Welt schafft. Dabei haben Bayrischzell und sein Sudelfeld einen sagenhaften Ruf! Sie sind ja nicht ohne guten Grund so überlaufen, daß es am Wochenende dort zugeht wie in einem Bienenschwarm. Tausende Münchner Skifahrer steuern die lächerlichen 55 Kilometer mit sturer Regelmäßigkeit ins Leitzachtal, fühlen sich am Sudelfeld daheim, sind zufrieden mit dem sonnigen, wenn auch kleinkarierten Auslauf im Bereich der zwölf Lifte und vermissen nicht einmal die hier fehlende große Abfahrt. Die größtmögliche Abfahrt vom Vogelsang herunter bis Bayrischzell könnte sowieso nur knapp 640 Höhenmeter einbringen, die aber werden zerhackt durch die berüchtigten Schikanen des Stockhanges und der auf ihn folgenden blödsinnigen Waldschneisen ... Wer schlau ist, und das sind doch bestimmt viele Münchner Skifahrer, der pfeift von vornherein auf die Talabfahrt. Er fährt gleich zum Parkplatz am unteren Sudelfeld hinauf, schnauft langsam fünf Liter frische Bergluft ein und kauft sich dann eine Halbtageskarte für die Waldkopflifte: gültig bis 12.30 Uhr! Damit pendelt er genußreich auf und ab, bis die Warteschlangen zu lang werden. Jetzt steigt er um auf die Sudelfeldkopflifte, wofür er sich eine Zehnerkarte kauft zu 10 Mark. Dann kann er zwischen Vogelsang, oberem und mittlerem Sudelfeld weiterfahren und zwischendurch in einem Wirtshaus rasten, oder theoretisch weiter wedeln ... Daß die so treuen Münchner Sudelfeldfahrer herzlos zur neuen Wendelsteinbahn überwechseln, ist nicht wahrscheinlich. Ein kleiner Nordhang ist ihnen lieber als ein großer Südhang. Münchner sind mißtrauisch. Aber vielleicht druckt der Bayrischzeller Bürgermeister doch seinen harten Plan durch, das östliche Rotwandgebiet samt Großtiefental, Auerspitze und Miesing mit Bahnen zu besetzen und dort endlich – die Skibergsteiger auszutreiben. Das wäre schlimm für das Sudelfeld – und für die Rotwand. Die bayerische Regierung hat im Naturschutzjahr 1970 endlich begriffen, daß nicht zehn Geschäftsleute an einer kaputten Rotwand verdienen dürfen, damit Zehntausende Skifahrer die Rotwand als stilles Skitourengebiet verlieren.

TALORT Bayrischzell, 800 m (mit Sudelfeldhotels 2000 Betten). Günstigster Parkplatz am unteren Sudelfeld!

LIFTE/BAHNEN ① Sessellift Sudelfeld I, 370 m HU, 450 Pers./Std. – ② Sessellift Oberes SF, 210 m HU, 550 Pers./Std. – ③ Rosengassenlift, 340 m HU, 350 Pers./Std. – ④ Mittlerer SF-Lift, 85 m HU, 825 Pers./Std. – ⑤ Groß. SF-Lift, 261 m HU, 800 Pers./Std. – ⑥ Walleralmlift, 40 m HU, 450 Pers./Std. – ⑦ Schönauerlift, 170 m HU, 350 Pers./Std. – ⑧ Vogelsanglift, 80 m HU, 800 Pers./Std. – ⑨ Grafenherberglift, 150 m HU, 800 Pers./Std. – ⑩ und ⑪ Zwei Waldkopflifte à 165 m HU, je 800 Pers./Std. – Zwei Babylifte.

ZUR LIFTE- UND PISTENSITUATION Koordination jetzt gut, keine Zwischenanstiege. – Sessellifte kalt und langsam. – Liftkartenpreise ungünstig. Keine überall gültige Tageskarte! – Sonntagswartezeiten Waldkopf 5 Min.. Ob. SF 10–20 Min., Sudelfeldkopf 10–20 Min. Werktags keine Wartezeit. – Pistenpflege sehr gut mit zwei Walzen, aber Stockhang und Rosengassenpisten meist schlecht, große Buckel.

CHARAKTER Höhenregion zwischen Sudelfeldstraße, 1010 m, und Vogelsang, 1500 m, mit zahlreichen flachen bis mittleren Hängen, Mulden und Rundbuckeln. Pisten kurz, anspruchslos, zum Üben und vor allem auch zum Schönfahren geeignet – nicht zum Rasen!

BILD Das Sudelfeld zwischen Bayrischzell (unten rechts), Sudelfeldstraße, Vogelsang und Kleinem Traithen (rechts oben).

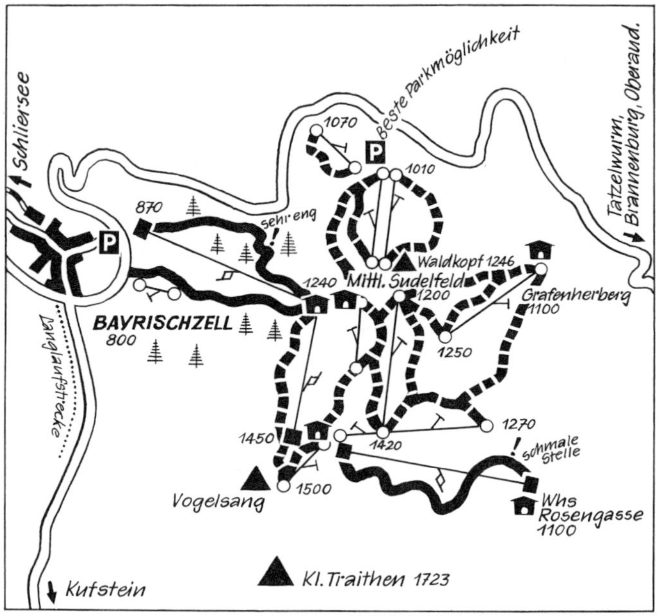

16 Auf die Brünnsteinschanz

und zum »Feurigen Tatzelwurm«

Skitour 81 km 809 m HU Nord Bis gute Mitte April

An der Queralpenstraße zwischen Bayrischzell und Brannenburg, die jetzt meist ganzjährig offen ist, gibt es zweierlei Reviere für Skifahrer: vorn, östlich über Bayrischzell, vom Traithen und Wendelstein eingesäumt, das Sudelfeld, eine Minilift– und Minipistenkonstruktion aus dem Mittelalter der Skifahrerzeiten. Dieser Sudelfeldskizirkus, seit eh und je der Skikindergarten der Münchner Vorstädter, hat den Ehrgeiz, den heutigen wie den dann achtmal so großen Skifahrerzustrom von 1980 mit Mini-Mitteln zu verkraften. Das ist ein System kurzer, unergiebiger und ungenügend koordinierter Skilifte (natürlich in Händen verschiedener Grundbesitzer), die einem auch bei kleinsten Liften Anstehschlangen von 20 Minuten kosten, um dann ein bis zwei Minuten abzufahren ... Ein Vorzug: Steht man lange genug in den Schlangen, und hat man es satt, das berüchtigte Vordrängeln anzusehen und sich dabei als Idiot vorzukommen, dann wird man schnell abhauen, verschwinden. Falls man nämlich zugleich sieht, daß abseits der Pisten feiner Pulver liegt. Wenn man jetzt die Steigfelle im Wagen hat, dann also nichts als hinüber zum »Feurigen Tatzelwurm« gefahren und angeschnallt. – Dasselbe tut der, der in einer Stunde von München über die Autobahn und die Brannenburger Ausfahrt zum »Feurigen Tatzelwurm« kommt. Also anschnallen und dann zweieinhalb Stunden gemütlich aufgestiegen, fast immer ganz allein – denn die Tour ist als altmodisch verschrien – und zwar so ... Vom Wirtshaus den Weg zu den Wasserfällen, aber nur 50 Meter, dann geradeaus (die Wasserfälle bleiben links) und in einer großen Serpentine am Ziehweg bergan (Schild »Zum Brünnsteinhaus«). Man kommt so bis vor die Schoißer Alm, 951 Meter, und hält sich da selbstverständlich scharf nach rechts. Denn dort winkt ein freier Hang, der immer steiler zu einem baumfreien Rücken hinaufzieht. Da gehts also hinauf (der Rücken ist von Fichten garniert und im Bild, von links unten aufziehend, gut zu sehen) – man spürt gerodeten Berg unter sich, entdeckt frische Pflanzungen, aber der gute Schnee der Nordlage deckt alles gut, und nach sehr guten zwei Stunden erreicht man den runden Kopf der Brünnsteinschanz – und das Münchner Herz schreit ganz unpassend »Hurra« dazu. Unter uns: eine ganz feine Situation! Sie müssen das Ihrer kleinen Dame, die Sie mit heraufgezarrt haben, gut erklären. Vor der Nase der felsige Brünnstein, lustig anzuschauen, aber den Ausblick etwas abdeckend. Daneben der Rotwandlkopf, den man in einer kurzen, gar nicht so einfachen Kletterei ersteigen kann. Man kann sich aber auch ein windgeschütztes Platzerl austreten, um besser schauen zu können, um seine Äpfel zu teilen und um der Begleiterin gewisse Dinge erklären zu können, die am Stachus ganz einfach nicht ernst genommen werden würden. Hier helfen die großen Gefühle, welche der Anblick der Urnatur vermittelt ... Dann kommt also die Abfahrt am Anstiegswege, immer den großen, sich immer steiler absenkenden Hang hinab. An einigen ganz steilen Stellen muß man auf Schneebrettgefahr achten – und dann muß man halt Tiefschneefahren können. Oder seufzend erlernen. Schön ist es auf jeden Fall. Heute noch, und heute vor allem, weil man ganz allein ist. – Als Variante wäre der Aufstieg zum Brünnsteinhaus zu empfehlen, aber die Abfahrt ist hakliger als die unsere.

TALORT Wirtshaus zum »Feurigen Tatzelwurm«, 765 m (sehr gemütlich). – Zufahrt Stachus – Autobahn Inntaldreieck – Ausfahrt Brannenburg – Mautstraße zum Tatzelwurm. Parken am Gasthaus!

CHARAKTER Eine relativ kleine, aber steile und interessante Vorgebirgstour bei 2–2½stündigem Aufstieg in reizender Landschaft über dem tiefen Inntalboden. Weil dicht gegenüber vom Skifahrer-Magnet Sudelfeld, steigt und fährt man glatt allein und hat Glück, wenn einer einem beim Trinken der wohlverdienten »zwei Halben« zuschaut. Vom Gipfel aus studiert man den Wilden Kaiser und die Schlangen an den gut einzusehenden Sudelfeldliten mit viel Genuß. Natürlich muß man im steilen Tiefschnee abfahren können. Und ein gutes Auge haben für Schneebrettgefahr am Steilhang!

BILD Wir schauen aus dem von Westnordwest anfliegenden Flugzeug auf das Obere Sudelfeld, ahnen im breiten Schatten die Rosengartenabfahrt, und sehen darüber das Brünnsteinmassiv. Dabei werden die besonnten, gegen Norden (nach links) abziehenden Schneekämme oben rechts von Brünnstein, 1619 m, und Rotwandlkopf, 1566 m, überragt. Genau unter dem spitzigen Brünnsteingipfel wölbt sich die »Brünnsteinschanze« auf, der eigentliche Skigipfel. Die Abfahrt hält sich (wie der Aufstieg) an den von der Sonne gut markierten, leicht wellig nach links unten abziehenden Kamm, den zeitweilig dünne Fichtenspitzen begleiten. Rechts der Wilde Kaiser.

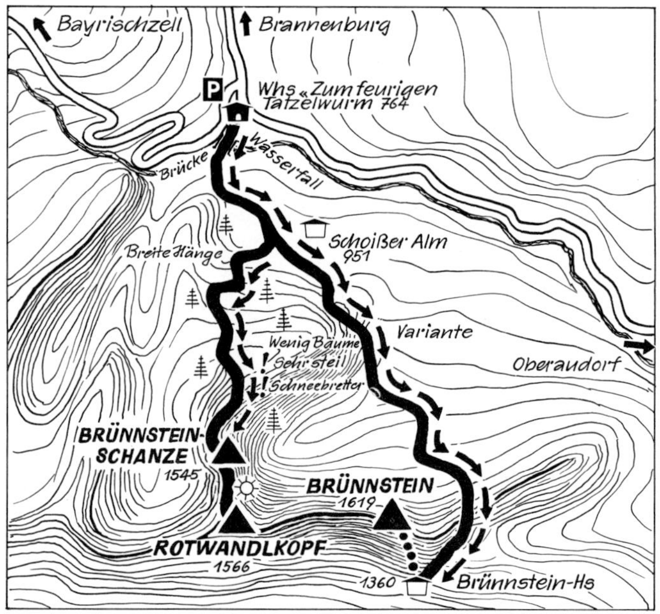

17 Die Christlum-Pisten

Schnelle Schlepper vor dem Achensee

Pisten Anfahrt 81 km 830 m HU Ost Bis Ende April

Die Österreicher werden anscheinend schneller schlau als die Bayern: Wer heute auf der ruhigsten und, ich behaupte, schönsten Straße in die Berge fährt, nämlich auf der über Grünwald, Tölz, Lenggries und Sylvensteinsee in Richtung Achensee, der kann jetzt schon nach 81 km die Bremse hineinhauen, um ein kleines Wunder wahrzunehmen! Er kann übrigens auch, etwas umständlicher, über Gmund, Egern, Kreuth und Achenpaß daherkommen. Jedenfalls, dort hinter der Grenze, wo man auf zwanzig Minuten recht sauer wird wegen der immer noch schmalen und kurvigen Staatsstraße, hat man kaum die neue breite Achenseestraße erreicht, wo von links oben der Guffert herunterschaut, da entdeckt man rechts drüben, hinter dem verstreuten Dorf Achenkirch, einen ganz neuen Skiberg, einen Pfundspistenberg, wie man sofort erkennt – auch auf unserem Luftbild. Da haben doch die Tiroler Baggerfahrer einen ganzen Karwendelberg so hergerichtet, daß ein richtiger Pistenberg herausgekommen ist. Reine Ostpisten zwischen 970 und 1770 m Höhe, das sind 830 m Höhenunterschied. Man denke: 970, das sind fast 1000 m Talhöhe! Also zieht sich der Winter bis Anfang Mai hinaus, und weil der ganze Winkel zwischen Unnütz und Karwendel ein »Schneeloch« ist, so wird die neue Masche immer noch interessanter. Nachteil: die Skifahrer merken die Geschichte zu schnell – die Christlum ist entdeckt, und schon drucken die Münchner herein! Da können die zwei Walzen noch so schön ins Gewurl der Pistenbuckel hineinsteuern, diese Christlum-Pisten bleiben »Piste«, meist abgefahren, aber kaum eisig. Die Ostlage kommt nämlich dazu, die überlange Morgensonne schadet dem Schnee, sobald es Mitte Februar ist. Dann muß man auf Firn und Sulz spekulieren. Unser Bild zeigt es ganz genau: Die Pisten sind in auffallender Breite aus dem dünnen Bergwald herausgeschlagen. Ist schon gut! Und sie legen sich über eine breite, runde Kuppe, so daß, wer gute Augen hat, immer ein bisserl in den Nordhang hineinschwingen kann, oder im rechten Augenblick auch auf den Südosthang. Die Lifte von 1970 vermehren sich: vier neue Lifte besetzen bald, vernünftigerweise nur in der Höhenregion zwischen 1250 und 1770 m, beide Kämme. Man schaue das auf dem Luftbild an: dann ist neben dem heutigen südlichen Ostkamm auch der nördliche Parallelkamm befahrbar, die Pistenfahrer teilen sich, die Sache wird freundlicher. Zwischen beiden Kämmen liegt eine tiefe, steile Grube mit Almen, die der gute Tiefschneefahrer bei ganz sicheren Verhältnissen, also bei sehr kaltem, gesetztem Pulver oder Firn, anzielen kann, aber: Augen auf! . . . Das Schönste zuletzt: Es ist die Kapazität der schnellen Schlepper mit 1000 Pers./Std.! Auch an dicken Sonntagen steht man verhältnismäßig wenig an, kommt kaum zu einem richtigen Ratsch, da ist man schon dran. – Wenn's wirklich mal schlimm wird, gibt es links und rechts der Achenseestraße Ersatzlifte, man sieht sie von der Straße aus; der bereits stadtbekannte Sonnberglift (prima gewalzt neuerdings!) auf der Rofanseite gehört dazu. Weniger gut bestellt bei großem Andrang ist es mit den Wirten; aber es wäre ja zum Lachen, wenn die Tiroler das gute Geschäft nicht riechen würden! Genug Wirte kommen mit Sicherheit! – Übrigens gibt es zwischen Montag und Freitag Sonderpreise am Lift. In Rottach, Tegernsee und Tölz warten abends Wirte . . .

TALORT Weiler Achensee, 55 m, zwischen Achenkirch, 923 m, und Scholastika, 924 m. Große Parkplätze an der Talstation.

BROTZEIT UND UNTERKUNFT Brotzeit an der Mittelstation (wird ausgebaut). – Wirte im verstreuten Dorf Achenkirch und in Scholastika.
CHARAKTER Bemerkenswert schnelle, moderne Schlepplifte von 970 bis 1300 m und von 1250 bis 1770 m ergeben gute freie Ostpisten. 1. = Unterer Lift, 330 m HU; 2. = Kleekopflift, 520 m HU. – Auffahrt schattig. Keine Koordination zu anderen Achenseepisten. Oberer Teil mittelschwer, unten leicht. 2 Raupen in Betrieb. Trotzdem oben oft hohe Buckel am breiten Kamm, unten flache Buckel. Vormittags lange Sonne. Normalzustand: gut abgefahren. Pistenbreite 50–80 m (oben) und 30–50 m (unten). Keine Angst vor Schlangen!

PREISE Auffahrt bis Kleekopf 24 Schilling. – Tageskarte: 120 Schilling.

NACHBARLIFTE Am schönsten Sonnberg, direkt an der Achenseestraße, reiner, geschützter Westhang, sehr gut gepflegt, ca. 250 m HU (Sessel). Kleinere Anlagen für Familienzwecke: Weinhauslift, 100 m HU, und Fuchslift, 120 m HU.

BILD Die ganze Christlum auf einen Blick aus dem Flugzeug. Rechts unten der Weiler Achenkirch, nach links oben ziehend oder Ostkamm über die Christlum-Alm, 1250 m, zum Kleekopf, 1770 m. Über und hinter dem Kleekopf Schrecken- und Sonntagsspitze, 2074 und 1923 m.

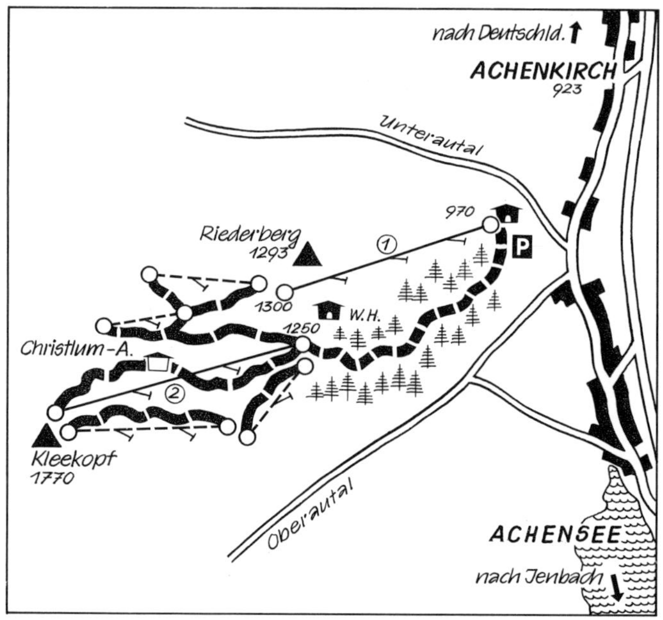

18 Unter der Lalidererwand

Johannestal – Spielistjoch – Laliderertal

Tour alpin 79 km 976 m HU Nordost-Nord spätes Frühjahr

Skizze und AV-Karte erklären die hochinteressante geografische Situation: Die beiden parallel laufenden Karwendeltäler, das Johannestal beim Aufstieg, das Laliderertal bei der Abfahrt, spannen die Falkengruppe ein, die ihrerseits durch das tiefe Spielistjoch mit der Laliderermauer verbunden ist. Was soll man dem Münchner noch viel sagen, wenn schon das Flugbild so starke Schwarzweißtöne ausdrückt! Es zeigt schwarz auf weiß ein menschenleeres Karwendelgebirg, das kann sich kein Mensch mehr ausdenken! Auf unserer Tour hat er es – wie vor 100 Jahren. Er ist absolut allein – mit den Lawinen ... Also man fährt vor Tagwerden vom Stachus über Tölz, Fall und Vorderriß bis zum Zoll bei Hinterriß, und dann gleich weiter bis zum Herzoglichen Alpenhaus ... Dann schiebt man seine Skier 15 Minuten den Rißbach hinauf, geht rechts über die Brücke und zielt das Johannestal an. Erst eine Stufe, dann drei Kilometer fast flach hinein zur Schwarzen Lacke und ein bisserl steiler rechts weiter zum Kleinen Ahornboden. Dort, am Hermann-v.-Barth-Denkmal, zieht man seine Spur (von Weg und Steig ist ja nichts zu sehen!) in einer Haarnadelkurve zurück und steigt, erst durch Wald, dann an freien Hängen zur Falkenhütte hinauf. Es ist gleich, ob man die eingeschneiten Ladizalmen berührt oder nicht, man geht fast besser rechts davon am Hang, aber in einem respektvollen Abstand von den Lawinenbahnen der »Ladizer Reissen«. Es gäbe die Möglichkeit, schon vor Erreichen der überm Spielistjoch stehenden Hütte den Mahnkopf anzuzielen, aber, ehrlich gesagt, es zahlt sich nicht recht aus. Das Erlebnis, auf das es diesmal ankommt, wird nicht geschmälert, wenn wir den Gipfel auslassen ... Je nach Schneequalität kann man nun in einem kolossalen weißen Amphittheater rasten, oder in einer – Hölle. Wenn plötzlich irgendwo ein scharfer Knall ertönt, und dann ein Rauschen, ein Poltern, Krachen und Donnern ... wir haben es erlebt. Eine Grundlawine, die ins Laliderertal zielte. Es hätten auch Staublawinen aus den Wänden der Sonnenspitze sein können. – Vor der Falkenhütte wird gerastet und Brotzeit gemacht. Man studiert die berühmte Wand, deren »Schmid-Krebs«- und »Rebitsch-Spiegl«-Extremführen sogar Winterbegehungen aufweisen, man erschauert, und haut langsam ab. Am besten, nein: nur in Richtung Hohljoch, also dicht unter der Laliderermauer hinab, bis man gefahrlos in den Talschluß schwingen kann – man sieht ihn flach und besonnt über der Bildmitte. Niemand riskiere es, vom Mahnkopf oder Ladizköpfl direkt ins Laliderertal abzufahren, niemand schneide bei der erwähnten Abfahrtsroute ab! Dabei droht absolute Lawinengefahr – denn in jene Südostmauern der Falkengruppe brennt ja seit Stunden die Sonne! Also: erst dicht unter den Wänden, dann gerade in den Talschluß hinab, und nun am besten in der Furche des Bachbettes – wobei man immer die Hänge zur Linken beobachten muß! Erst draußen beim hellen Jagdhüttchen, am Gumpen-Niederleger, wird es ungefährlicher. Man darf hier nicht gerade aus weiter, sondern muß rechts den Sommerweg anpeilen, um hinaus zum Rißbach zu kommen. Geradeaus, das hieße, in eine ungangbare Schlucht geraten! – Draußen im Tal, also auf einem ganz flachen »Schlauch« von gut 50 Minuten Dauer, kann einer Hirsche sehen, soviel er nur will. Bei uns waren es 39.

TALORT Hinterriß, 945 m. Hotel Herzoglicher Alpenhof.

KEINE UNTERKUNFT, keine Brotzeit unterwegs (Falkenhütte, 1846 m, evtl. Winterraum für Notfälle, wenn AV-Schlüssel dabei).

CHARAKTER Eine ernste, doch recht alpine Skitour unter der Riesenmauer der Lalidererwände. Dauer: 6–9 Std. Landschaftlich die schönste Skitour des Buches. Abfahrtsmäßig nicht immer sehr ergiebig. Bei zuviel Neu- bzw. Tiefschnee stellenweise ein Hatscher, bei Firn und Gries zur richtigen Stunde eine ideale Abfahrt, vor allem, wenn das flachere Schlußstück angefroren ist. Sichere »Umgangsformen« mit Neuschnee- und Grundlawinen erforderlich! Nie bei zuviel Schnee ansteigen! Die AV-Karte, 1:25 000, mitführen!

BESTE ZEIT ab Anfang April bis Ende Mai! Proviant mitnehmen! Die Tour ist nur für hochalpin erfahrene Skibergsteiger geeignet!

BILD Wir schauen von Norden in das Laliderertal, über dessen Talschluß sich die berühmte Kalkmauer der Lalidererwände aufbaut. Links darunter ahnt man das Hohljoch, rechts sieht man fast das Spielistjoch. Die Berge oben von links: Grubenkarspitze, Grubenkarpfeiler, Dreizinkenspitze 2602 m, Lalidererwand 2615 m, Lalidererspitze 2583 m. Rechts unter der im Schatten liegenden Lalidererkante liegt die Falkenhütte. Bei der Abfahrt ab Hütte müssen wir, komme was wolle, erst dicht unten den Wänden im Schatten, dann ostwärts abfahren, um bei den letzten Tännchen in den Talschluß zu kommen.

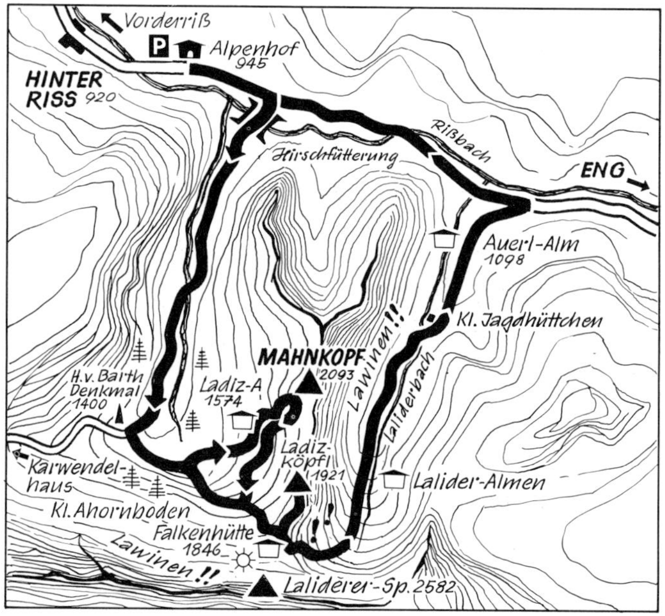

19 Vom Hörnle nach Kohlgrub

Kleine Verhältnisse mit großen Aussichten

Pisten 75 km 498 m HU Nord Bis Ende März

Auch wenn man wollte, man kann den Hörnlelift und seine hübschen bis schnellen Nordpisten nicht hochspielen. Es bleibt bei den 500 Metern Höhenunterschied, der reinen Nordflanke, der probaten Teilung in eine leichte reizende Familienabfahrt ohne Waldkulissen und eine wirklich elegante und anspruchsvolle – sagen wir ruhig – Rennpiste. Und bei der Stadtnähe! Nächstens fahren wir auf der Autobahn zum Staffelsee, und dann ist es nur noch ein Katzensprung. Wer also am Samstag oder Sonntag spät dran ist, der fahre ruhig einmal nach Bad Kohlgrub, wo er, was die guten Wirte betrifft, ohnehin zehnmal besser aufgehoben ist als am Spitzingsee. Und dann fahre er samt Familie, nach Können womöglich getrennt auf Standard- und Familienpiste, immer wieder ab. Wird die Schlange an der Talstation zu lang, dann kann man es mit dem Lift im Stockhang versuchen. Gibt es auch da zuviel Leut, legt man sich die Skier auf die Schultern und trabt in einer Trasse gemütlich zum ersten Vorderen Hörnle, und – weil es schon wurscht ist! – auch gleich weiter zum Hinteren Hörnle. Das ist 1548 Meter hoch. Tausendmal interessanter aber ist die Stille um dieses Hintere Hörnle und die Aussicht auf den ungeheuren platten Moosboden zwischen Murnau und Eschenlohe mit seinen runden Steinkögeln. Hinterm Staffelsee noch eine querlaufende Moränenkante und dann Hügel um Hügel, Zwiebeltürme, Heustadel, Höfe – und im Rücken das Oberammergauer Spielzeuggebirge um Kofel, Pürschling und Klammspitze. Man fährt also hochbefriedigt und bis zum Seelenrand ausgefüllt mit friedlichen und schönen Sonntagsgefühlen hinab zur Bergstation und reiht sich in die beiden Pisten ein. Auf der mit dem steilen Stockhang beginnenden, dann kapriziös in einen interessant gekuppelten Steilhang mit schnellem Auslauf mündenden »Standard« gibt es ein paar Waschbretter mit großen Buckeln, aber das gehört zum Zubehör einer vielbefahrenen schnellen Piste. Auf der viel flacheren Familienabfahrt, die sich in der oberen Hälfte an einen sanften runden Kamm hält, gibt es keine Buckel, dort herrscht beim Mittelstand der Fahrer stets helles Entzücken, aber natürlich ebensosehr das übliche Entsetzen bei den ewigen Anfängern. Da, was mir niemand glauben will, das Hinterher, also Hochstimmung und innerste Genugtuung, bei hervorragenden Abfahrern wie bei traurigen Anfängern gleich groß sind nach einem Skitag, ist es auch – mit Münchner Logik betrachtet – wurscht, ob man gut oder schlecht fährt. Am Hörnle darf man beides. Übrigens deutet das »Hörnle« anstelle des altbayrischen Hörndl die nahe schwäbische Sprachgrenze an. Vom Vorderen Hörnle sieht man den Ammergrund, ums Eck herum läge die Wies, und dann kommt schon der Lech und dort redet man schwäbisch. – Die Pistenpflege ist ganz gut am Hörnle, wer zwischen Ende November und Anfang April auf seiner schneereichen Nordflanke Ski laufen will, nehme sich Überhosen und Überjacken mit. Damit man den kalten Lift besser verträgt, und den Winter überhaupts. Auch allerschönste Bogneranzüge lassen sich unter Überanzügen verstecken, samt Eitelkeit und Prestigeflausen ... Noch ein Blick auf unser Bild: die sanfte Familienabfahrt führt über den von Fichten verdeckten, aber völlig freien (und breiten) Kamm nach rechts abwärts, zuletzt vom Kamm nach rechts in leichte Wiesenhänge mündend.

TALORT Bad Kohlgrub, 890 m. – Talstation 930 m, großer Parkplatz. – Wirte und Pensionen mit 1650 guten Betten.

LIFTE (siehe Skizze) ① Hörnle-Sesselbahn, HU 498 m, 400 Pers./Std. – ② Stockhanglift, 98 m HU, 900 Pers./Std. – Einzel-Bergfahrt 2,50 DM, Tageskarte 14 DM. Tageskarte für Kinder (beide Lifte) 7 DM. Sonntagswartezeit bis 30 und 40 Minuten in den Hauptzeiten, sonst keine. – Bei starkem Wind kann die Hörnlebahn NICHT verkehren! – Evtl. vorher anrufen. – Der Schlepper liegt an der Hauptabfahrt.

CHARAKTER Die neuerdings durch den Autobahn-Vortrieb verkürzte Anfahrt zum Hörnlelift macht ihn begehrenswert. Die fast 500 Höhenmeter sind nicht viel, aber sie sind rasant bis hübsch. Die mit Steilhängen durchsetzte Standard ist schwer bis mittelschwer, die Familienabfahrt ist leicht und reines Vergnügen für Frau und Kinder. Lift und Pisten im Schatten, dafür Nordhang. Hütte in der Sonne.

BILD Ausblick vom Flugzeug auf die Bergstation des Hörnleliftes bei Bad Kohlgrub. Rechts der große Starthang zur schweren, für gute Fahrer sehr interessanten Standardabfahrt. Ganz oben links im Hintergrund die Dreitorspitze, neben dem Gipfel der Notkarspitze (Mittelgrund) die Alpspitze, rechts Zugspitze und Kramer.

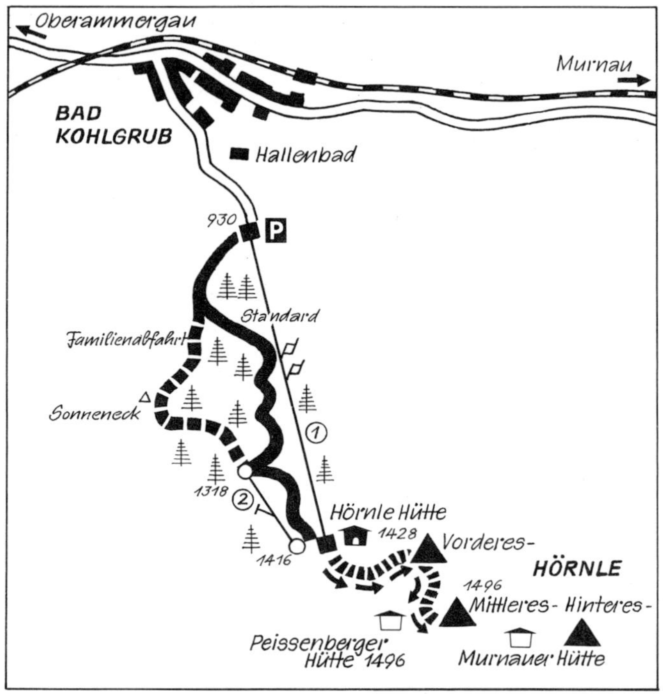

20 Steilpisten am Laber

Extremes Skifahren über Ettal und Oberammergau

Steilpiste 90 km 764 m HU Nordflanke Bis Ende März

Wer als Münchner etwas gegen einen anderen Skifahrer hat, der vielleicht gern angibt mit seiner Pistenkunst, dann stelle er den auf den Labergipfel und sag' ihm: »Jetzt fahrst einmal da hinunter!« Der Angeber wird nicht wenig derschrecken. Denn der erste rein nordseitige Steilhang verlangt soviel Standvermögen, daß es einen grausen könnte. Standvermögen, weil durch das pointierte Schwingen soviel hohe und schließlich auch ausgefräste Buckel entstehen, die keine Walze wegbringt – auch weil sie da einfach nicht hinaufkäme. Und feiges Ausweichen gibt es nicht. Spitzkehren sind unmöglich, man fällt sonst einfach den Hang hinunter. Wer es aber derpackt, der muß am Ende des Hanges in eine Waldgasse, die zwar brav dem markanten Felskopf ausweicht, aber steil anfängt und dann eng wird – man sieht es unten links der Bildmitte. Und schon ist man da in hoher Fahrt an einem neuen Steilhang. Erst dann kommt ein flacher Absatz, an dem man Hoffnung schöpfen kann. Aber nix da, vom Absatz geht es gleich in das supersteile Kanonenrohr hinunter, und das läuft erst unten flacher aus. Es entläßt uns auf zwei breite schöne Hänge und zu einem kurzen schnellen Ziehweg, der zur Talstation führt... Selbstverständlich ist diese Teufelsabfahrt, an deren Start ein Schild hängen könnte mit der Aufschrift »Nur Mut, Johann« (wie es seit Jahrzehnten an der Schlüsselstelle des Gimpel-Westgrates in den Tannheimern zu lesen ist) – ein »gmaht's Wies'l« für die Münchner Rennfahrer. Diese wegen ihrer durchgehenden Steilheit und wegen der Unerreichbarkeit mittels Walzen grobe Piste, die ebendeshalb auch oft eisig, abgefahren und steinig ist, gilt als ideale Teststrecke. Sohn Max behauptet, es sei seine Lieblingsstrecke. Gut' Nacht! werden da viele Münchner Leser sagen, denen bislang nur die frommen Kolbenabfahrten bekannt waren. Nun, auch die Masse der Skifahrer findet am Laber ihr relativ bedeutendes Skiglück, wenn sie bis zum Gipfelhaus gelangt ist, was nebenbei nicht einfach ist. Die Fehlkonstruktion dieser Bergbahn könnte einem die Aussicht von der Gipfelterrasse wirklich verleiden. Man schaut schließlich zur Zugspitze, zum Krottenkopfgebirge, über das riesige Ammergauer Gäu hinüber und mit gerührten Augen auch auf das Ettaler Manndl, das direkt unter uns liegt, ein felsiger Doppelgipfel, putzig, liab zwischen Fichten versteckt... Wer sich endlich vom Anblick der grauslichen Labernordabfahrt trennen kann, der schnallt an und fährt südwärts 30 Meter auf einen kleinen Sattel und von da einen nicht schwierigen Osthang zum Soilesee hinunter, von wo er zum Manndl direkt hinaufschauen kann. Das Weitere ist eine nette Tourenabfahrt, meist eingefahren. In jedem Fall hat man Ursache, sich hinterher in der »Rose« von allen Schrecken zu erholen. – Wer gute Augen hat, entdeckt auf unserem Luftbild die schnurgerade Nordschneise unter der Bergstation und sieht dort und selbst in der nächsten Parallelrinne Schwungspuren. Am Laber wird also wirklich Extremes geboten. – Schlußnotiz: Natürlich kann der berüchtigte Laber-Nordhang, wie das Luftbild beweist, durch die Abfahrt am Ostgratkamm und Rücktraverse durch den Wald bis zum Sattel vor dem Felskopf entschärft werden. Man sollte sich das im Luftbild einprägen, denn man landet so unterhalb des ersten Katastrophenhanges. Alles Weitere ist nicht mehr schlimm.

TALORT Oberammergau, 832 m. Gute Unterkünfte, gute Skifahrerbrotzeit in der »Rose«. – Stachus – Autobahn Penzberg – Murnau.

GONDELBAHN mit 2 Gondeln zu je 8 Personen von 920 auf 1684 m Höhe, Kapazität nur 200 Pers./Std., also völlig unzulänglich. Keine kalte, dafür lange Fahrtdauer. Sonntags 30–45 Min. Wartezeit, werktags selten. Wenn die Schlange außen am Brückchen steht, ist mit 40 Min. zu rechnen! – Berg Einzel 3,50 DM. – Tageskarte 14 DM.

PISTE/ABFAHRT Die Kitzlahnerabfahrt vom Laber ist nicht nur steil wie keine andere Abfahrt dieses Buches, sondern auch sehr schwer. Zeitweilig oben lawinengefährlich! Sie ist wegen der abnormen Steilheit nicht mit Walzen zu pflegen, daher oft stark abgefahren, ja steinig. Dennoch für sehr gute Abfahrer eine ideale Teststrecke. Es gibt eine Ausweichstrecke östlich zum Soilesee, hübsch, nicht steil, leicht.

BILD Diese den Rennfahrer begeisternde, den Allerweltsfahrer abschreckende Flugaufnahme ist interessant. Wir sehen unter der Kette der Krottenkopfgruppe rechts der Bildmitte das gut bewirtschaftete Gipfelhaus am Laber, rechts davon den noch mit Fichten besetzten Gipfel. Links unten der auffallende Felskopf, um den rechts herum die supersteile Rennstrecke führt. Links vom ostwärts absinkenden Laberkamm (also im linken Bildteil oben) erkennt man den Doppelgipfel des Ettaler Manndl, 1633 m. Die Rennstrecke beginnt direkt am Laberhaus und zieht sofort steil in den Sattel vor dem Felskopf herab.

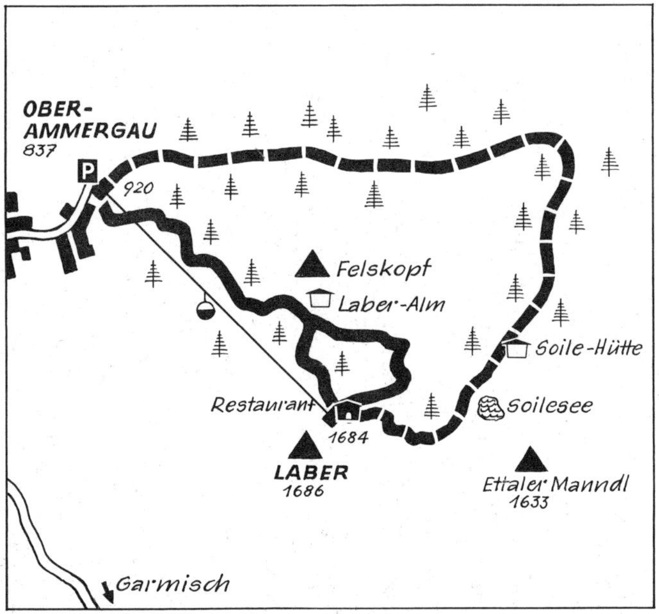

21 Unter Kofel, Kolben und Pürschling

Oberammergauer Familienpisten

Pisten 90 km 330 m HU Nordost Bis Ende März

Oberammergau liegt im Werdenfelser Land und ist weltberühmt. Die »Passion« hat ihm diesen Ruhm verschafft, nicht sein Skibetrieb. Man kann den Oberammergauern nicht verwehren, daß sie, ihre Exklusivität verteidigend, keinen Wert auf das Ansehen einer guten Skistation legen – aber dann hätten sie konsequent sein sollen: die Laberbahn ist eine Misere, und der kleine Liftezirkus unter dem Kolbensattel ist armselig. Die Münchner Skifahrer, allein, in Skifamilien, in riesigen und obendrein regelmäßig eintreffenden Skikurs-Regimentern ankommend, treffen auf ein stets überfülltes Pistengebiet, auf Warteschlangen und – was den Ausschlag gibt – auf keine zeitgemäß ausgebauten Pistenbahnen. Oberammergau besitzt, worum es andere Vorbergstationen beneiden, den stetigen starken Druck aus der am schnellsten wachsenden deutschen Großstadt. Da hätten sich die Oberammergauer längst ausrechnen können, daß sich ein modernes Bahnensystem auszahlen würde, gut, sehr gut auszahlen, auch wenn der Winter nur dreieinhalb Monate dauert. Die Rennstrecke vom Zahn, 1500 Meter, die Kombination mit den freien Prachtshängen unterm Pürschlingkamm hätten ein gutes Pistensystem ergeben, das die Skifahrer richtig dezentralisiert, auseinander zieht. Und man hätte anstelle von traurigen 330 volle 700 Höhenmeter anzubieten ... Damit habe ich an ein aktuelles aber nur allgemeines Ostalpen-Skiproblem gerührt, aber nicht an unser aller heimliches Vergnügen, wenn wir uns in Oberammergau zwischen Kolbenalm und »Rose« zurechtfinden. Vom Laber ist in der vorigen Tour die Rede, hier sei von den gutmütigen Kolbenabfahrten nur erwähnt, daß man sie mag, wie sie sind: ganz lustig, ganz schön schnell, hübsch ausgefahren. Was sind wir alle dort schon Abfahrtsrennen gelaufen! Was haben wir uns als Zuschauer schön aufgeregt, wenn die Buben vom Zahn heruntergefegt sind, den langen steilen Starthang zum Zillibillereck, und dann den Stockhang herunter, brrr, haben da die Kanten oft gerattert, und manchmal ist einer in der Luft explodiert! Und dann am schmalen steilen Slalomhang, es war wie in der Oper, wenn Markus, Andrea und Martina ihre zwei Gänge herunterkamen, Herrgott, wir waren viel aufgeregter in dieser Schicksalsstunde als die Mädchen, die hinterher lachend und knallrot vor schöner Aufregung hinterm Ziel standen und auf Micki warteten, der ihnen dann souverän zeigte, wie man's macht, ohne Bart. Mit Bart waren nur die Zeitnehmer, die einzigen Menschen dieses von Tausenden von Skiläufern heimgesuchten Tales, die nicht aufgeregt waren. In Oberammergau bin ich selber das erstemal in meinem Leben über eine Schanze gefahren, dort hab ich Bücher geschrieben und »den Passion« gesehen, aber das Schönste war doch, den Kindern bei den Meisterschaften beizustehen, wenn das fürchterliche – Fünf – Vier – Drei – Zwei – Ab ... – erklang, und der Schulterschlag des gutmütigen Starters das Kind in die grausige Tiefe schickte. Die fünfzig Torstangen sahen von oben her wie fünfhundert aus, aber gottlob ist die Jugend jung und fuhr tapfer Stangerl um Stangerl ab, und ob mit guter, mit schlechter, oder mit Bestzeit, ihre Freude war immer gleich groß ... Es ist möglich, daß der Weltruhm Oberammergaus jetzt erst richtig zunimmt – wenn es wider Willen doch noch eine oberbayrische, moderne Skistation wird!

TALORT Oberammergau, 837 m. – Zufahrt AB Penzberg – Murnau.

LIFTE (außer Laber, siehe Tour 20) ① Sessellift Kolbenalm, 330 m HU/350 Pers./Std. – ② Kolbenlift I, 150 m HU, 80 m HU/600 Pers./Std. – ③ Kolbenlift II, 130 m HU/450 Pers./Std. – ④ Kofelau-Lift, 130 m HU/500 Pers./Std. – Dazu mehrere Babylifte auf den Kolbenwiesen. – Preise: Großer Lift 2 DM, Zehnerkarte 15 DM. – Sonntagswartezeit bis über 30 Min., an den Schleppliften 10–15 Min. Pistenpflege gut. – Großer Lift langsam, schattig und kalt. Große Parkplätze! Gute Ausweichmöglichkeit zum Steckenberglift in Unterammergau.

CHARAKTER Oberammergau hat seine Chance als Skistation noch nicht wahrgenommen, vor allem nicht in der schneereichen Nordostwanne unter Sonnenberg, Zahn und Pürschling. Das heute um die Kolbenalm plazierte Liftesystem ist noch etwas kümmerlich, vor allem angesichts des ungewöhnlich starken Andranges der Münchner Skikurse. Die vorhandene Walze tut, was sie kann. Die Buckel der relativ flachen Pisten sind manchmal vereist, vor allem an engen Schlüsselstellen. Die ganzen Abfahrten, oben durch Schneisen, dann über Bauernwiesen geführt, sind Familienpisten mit kleinen Schikanen.

BILD Oberammergau mit dem Kofel (ganz links) und dem langen Schrofenberg über Brunnberg, Sonnenberg, Pürschling. In dessen Nordostflanke, gegen das Dorfende in Wiesen und Waldschneisen breiter auslaufend, das Skipistengebiet unter dem Kolbensattel.

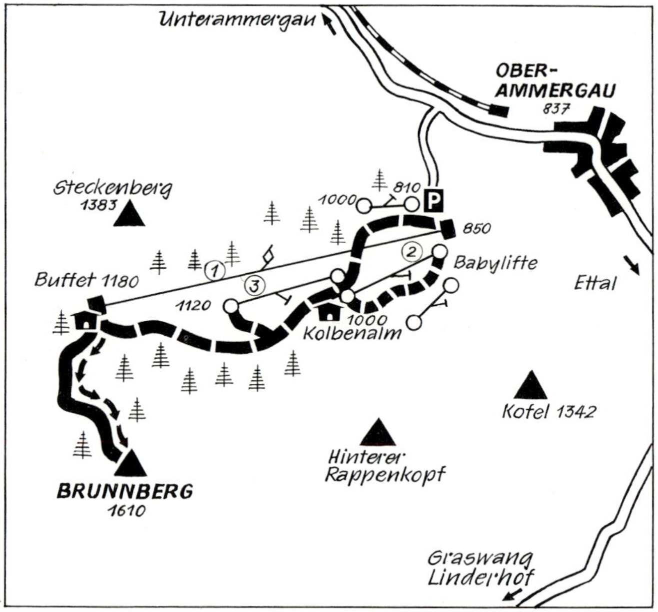

22 Von Linderhof zur Hochplatte

Eine ideale Ammergauer Frühjahrsskitour

Alpine Skitour 100 km 1142 m HU Ost März/April

Die Ammergauer Berge zwischen Füssen und Oberammergau, Schloß Linderhof und Wieskirche sind Naturschutzgebiet. Der Naturschutz ist unter Politikern soeben erst mündig geworden ... Immerhin ist die Gefahr gebannt, daß leibhaftige Minister, fadenscheinige Fremdenverkehrsmanager und schlaue Interessenten die miserable Idee einer »Erschließung der Ammergauer Berge durch eine Queralpenstraße« weiterspinnen können. Niemand freut sich im Augenblick mehr darüber als der Troß der Förster und Jäger dieses herrlichen Gebietes, als das tapfere Volk der Gemsen, Hirsche, Rehe, Dachse, Füchse und Vögel, und natürlich auch jene spröde Elite der Münchner Skibergsteiger, die kleine Ziele ernst nehmen ... Man fährt zur Hochplatte erst, wenn die Straße Linderhof–Plansee offen ist, also im späteren Frühjahr. Denn sonst muß man fast eine Stunde umsonst an der jungen Ammer dahin laufen, bis es nach rechts in das Sägertal hineingeht. Also wenn Straße auf, durch den Zoll und noch knapp eineinhalb Kilometer, dort führt (im Hintergrund ein kleines Haus) rechts ein Sträßchen über die Ammer und zielt scharf ins walddunkle Sägertal hinein. Den Wagen an der Ammer lassen, und in dieses Tal hineingelaufen, in dem man gut seine zehn Astronautenstunden vom Stachusgewurl entfernt ist! Man merkt es schon an den drei versteckten Futterstellen für das Wild, ich selber bin dort Füchsen, Hirschen und sogar einem Dachs begegnet. Weil's wahr ist. Nach einer Stunde kommt von links der Lösertalbach herunter, dort sind wir 1119 Meter hoch. Hier steigt man in vier Serpentinen etwas steiler den licht bewaldeten Rücken zwischen Lösertalbach und Sägertal hinauf, quert aber von der vierten Serpentine links fast eben um den Rücken herum bis in den tiefen schmalen Grund des Hasentalgrabens hinein. Am extrem steilen Hang gegenüber muß man dann aus dem Graben wieder heraus: Das ist oft eine heikle Stelle, denn erstens kann man abrutschen, zweitens drohen aus dem Hasentalgraben Lawinen, die wie Kanonenschüsse daherkommen können. Also Achtung! Und dann geht es eben aus dem Graben heraus und rechts ums Eck in den schönsten Hochboden hinein, den ich (wieder einmal) kenn'! Ein ebener runder Boden, an der Baumgrenze, mit einigen riesigen alten Grenzfichten bestanden, und ringsumher steiles Gewänd, ganz oben mit Felstürmen dekoriert. Schon hier wird jeder Schritt mit einem Batzen reinsten Glückes bezahlt. Still, einsam, rein ist die Natur in der Tracht des späten Winters. Jetzt gradaus westwärts weiter, aus dem Tal in eine breite Mulde und aus ihr hinauf zum Lösertalsattel. Drüben 30 Meter hinunter gefahren, dann links ums Eck, südlich weiter und schon kommen unsere Spuren (siehe Bild) aus dem drüberen Kessel auf einen Sattel, wir passieren, immer noch in Südrichtung, den Schrofensporn des »Schlößl«, umgehen es links, und drehen wieder auf West, um den erst flacheren, dann steilen, dann sehr steilen Hang zum Ostgrat hinaufzukommen. Mit letzter Kraft dort oben angelangt, entdecken wir, daß der Grat nur 30 Zentimeter breit ist. Drüben wartet das köstliche Gamsangerl unterm Gipfel ... Die Abfahrt ist reine Lust: aufregend, lang, und im Tiefschnee ein bisserl riskant. Wer Schaden nimmt, kann ihn beim Fischerwirt in Graswang beheben, Arzt braucht er keinen.

TALORT Hotel Linderhof, 942 m (neben dem Schloß, Parkplatz). – Graswang, 860 m (Fischerwirt). – Oberammergau, 837 m.

CHARAKTER Diese prachtvolle, aber lange und anstrengende Frühjahrsskitour ins Zentrum der Ammergauer Berge verlangt einen alpin geschulten Skibergsteiger mit Spürnase. Normalerweise findet man eine Spur. Die Querung im oberen Hasentalgraben verlangt mehr Vernunft als Mut. – Die Aufstiegszeit ist umstritten. Auch wenn einer mit Langlaufskiern dort in $2^{1}/_{2}$ Std. hinaufgerennt ist, weil es ihm pressiert hat, – 5 Std. sind sicher, $5^{1}/_{2}$ Std. immer drin, und 6 Std. keine Schand'!

UNBEDINGT mit Topograf. Karte 1:50 000, Werdenfelserland.

BILD Rechts im Vordergrund der Lösertalkopf, 1859 m, den wir rechts – außerhalb des Bildrandes und tief unten im Schatten – umgehen. Wir sehen unsere Spuren unter der Bildmitte heraufkommen und den zwei leichten Sätteln zustreben, neben denen rechts (knapp links der exakten Bildmitte) das »Schlößl« steht (Schrofenturm, scharf von Licht und Schatten gezeichnet). Um das Schlößl herum führen die Spuren rechts hinauf, immer steiler, zum schmalen Grat und über ihn ins »Gamsangerl«, das winzige Freudental dicht unterm Gipfel. Links im Hintergrund die Tannheimer Gruppe mit Gehrenspitze, Kellespitze und Gimpel, dicht an der Hochplatte der Säuling.

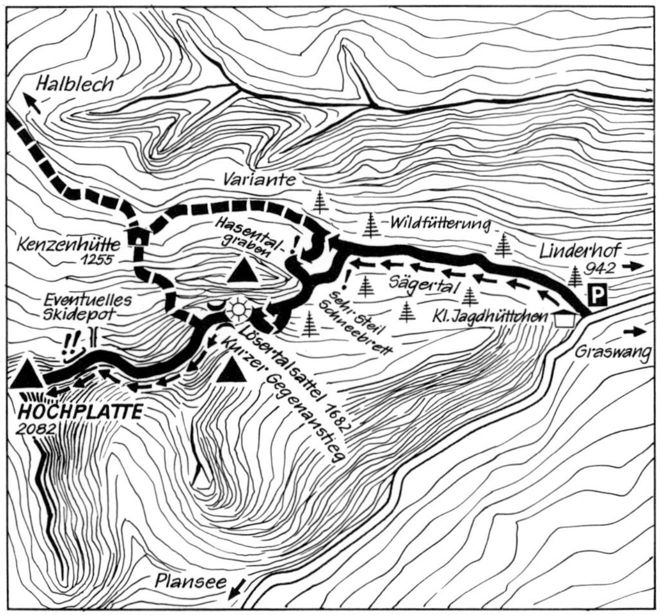

23 Vom Tegelberg herunter

900 m nach Neuschwanstein

Piste Anfahrt 104 km 900 HU Nord+West Bis Ende März

Wo mitten aus brettlebenen Moosböden und Seenplatten – um Bannwald- und Forggensee – das Vorgebirge aufzieht, da haben die Füssener an den Rand des Ammergauer Naturschutzgebirges eine Kabinenbahn gebaut. Sie wäre an dieser Stelle nicht nötig gewesen, aber sie ist da – und wir Münchner nützen sie, wenn wir in die schöne Gegend kommen. Heimzu kann man nämlich drei der schönsten Kirchen des Pfaffenwinkels aufsuchen: die Wies, die feinen Kirchen von Rottenbuch und Steingaden!... Wie unser Luftbild zeigt, haben wir am Tegelberg, dem Vorzacken des viel höheren felsigen Branderschrofen, eine typische oberbayrische Hauspiste vor uns: die Schweizer würden darüber nur lachen! Man startet am Felskamm zwischen bizarren Türmen, Graten und Runsen, quert – mit Vorsicht! – einen Steilhang, passiert dann auf schmaler Trasse eine Mulde zwischen Branderschrofen und dem im Bild vorgelagerten, besonnten Felskopf, und kommt so auf die beschattete Schneise, die hinab und nördlich hinaus zur Hornburg führt. Das ist der besonnte Schneekopf links am Bildrand. Ab hier ist alles klar: eine schnelle, wellige Piste, breit genug, um nicht sauer zu werden, und unten nach einem Waldschluf zum Idealhang beinahe reiner Genuß. Auf gut Bayrisch: Nix für Anfänger! Man stelle die Damen und Kinder 5 km vor dem Tegelberg am großen Buchinger Sessellift ab! Für gute Abfahrer ist das ganze ein hohes Vergnügen, weil es Ansprüche stellt. Die Buckel, Hänge und Schneisen werden auch von Prinz Luitpold von Bayern gemeistert, einem guten Starnberger Rennfahrer unserer Zeit, der vom Schlösserbauen einfach nichts wissen will... Dafür steht Ludwig des Zweiten Märchenschloß Hohenschwangau dicht unter dem Pistenberg als romantische Kulisse. Der Schnee auf dieser Wittelsbacher Hauspiste ist von Anfang Dezember bis Ende März gut. Ein Schlepper an der Talstation und ein meist besonnter Gipfellift unterhalten den weniger anspruchsvollen Skibenützer. Die Gaststätte am Gipfelkamm könnte gar nicht schöner liegen: die Aussicht ist für den, der in Ruhe ausschauen kann, überwältigend. Das ist ein großes Wort, aber es stimmt: drunten oberbayerisches und schwäbisches Vorland, wo es in sanfter Dünung an den Alpenkamm prallt, mit Moos- und Seetafeln versehen, mit Helmen und Satteltürmen bei den Schwaben, und Zwiebeltürmen bei den Oberbayern. Dreht man sich aber um, dann schaut man in die wildeste Urlandschaft hinein. Denn Gottlob ist das Ammergebirge unter Naturschutz, und so hat sich diese aufregende Schrofenlandschaft um Branderschrofen, Geiselstein, Krähe und Hochplatte unversehrt erhalten, überall steigen die Kalktürme kühn aus den Bergforsten in die Höhe, und dicht am Rande auch eine Märchenburg. Drüben sieht man den Alpenfluß Lech, wie er sich, in faule Stauseen gezwungen, über die Kraftwerkbauer ärgert. – Im Frühjahr wäre ab Bergstation ein alpiner Ski-Übergang in die Bleckenau möglich, aber das zahlt sich erstens nicht aus, zweitens hat man Lawinen zu fürchten. Es bleibt also beim hohen Genuß für die schnellen Fahrer, bei der einzigartigen Ausschau, und bei der reizenden Hin- und Rückfahrt durch den Pfaffenwinkel. Man fährt bei gleicher Kilometerzahl nicht länger als anderswohin, denn Autoschlangen hat oder hätte man nur auf der schikanös schmalen Olympiastraße nach und ab Weilheim zu fürchten.

TALORT Schwangau, 796 m. – Neuschwanstein, 810 m. – Füssen, 786 m. – Großer Parkplatz an der Talstation!

BROTZEIT UND UNTERKUNFT Gut geführte Gipfelgaststätte auf 1707 m Höhe. – Wirte in Schwangau, Füssen, heimwärts Gaudicafé »Gletscherspalte« bei Trauchgau, gute Wirte in Steingaden.

CHARAKTER Am Gipfelkamm schöner sonniger Schlepper (2) mit knapp 150 m HU! – Babylift an der Talstation, großer Schlepper am Zielhang geplant. – Kapazität der Kabinenbahn (1): 450 Pers./Std. – Sonntagswartezeiten 15–25 Minuten! 40-Mann-Kabinen. – Kinderskikurse an der Talstation! – Zwei Pistenraupen. – Pistenbreite 20–25 m, unten breiter. – Projekt: Schlepplift.

WICHTIGER ENTSATZLIFT FÜR FAMILIE UND BRÄUTE 5 km vor Schwangau in Buching ein netter Doppelsessellift am freien Nordwesthang, direkt an der Straße, volle 350 m HU! Dazu Schlepplift!

PREISE Am Tegelberg: Einzelfahrt Berg 6,– DM, Tageskarte 12,– DM.

BILD Oben Mitte der Branderschrofen, 1881 m, rechts am Kamm die Bergstation der Kabinenbahn auf 1707 m Höhe. Der Steilhang unter der Bergstation wird beim Start nach links (nicht angenehm) gequert. Dann verfolgt man die Piste nach links zur besonnten Hornburg, von wo aus man sich westwärts wendet und diagonal bis in die rechte untere Bildecke wedelt. Hier der Parkplatz und die Talstation.

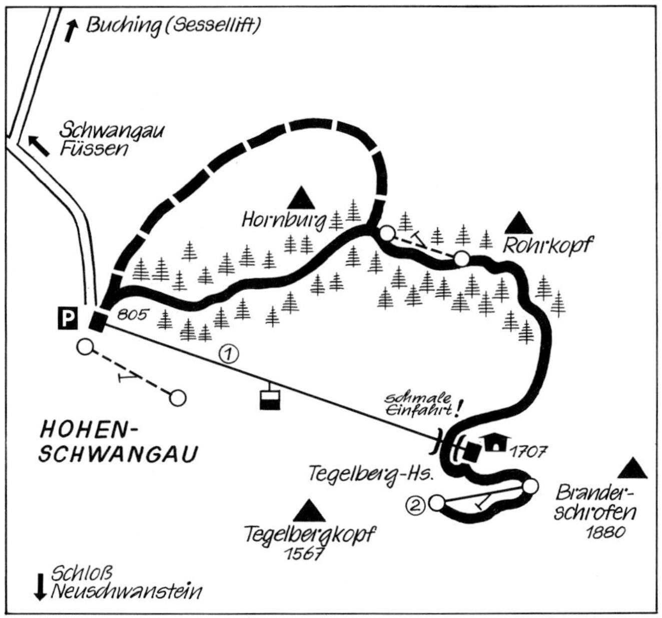

24 Zwischen Wank und Krottenkopf

Über die Esterbergalm nach St. Anton

Piste (+ Tour) 85 km 1000 (1205 m) HU Nord/Süd/West
Mitte April

Der runde, einem Mittelgebirgsgipfel ähnliche Wank sieht trotz seiner 1780 Meter Höhe aus wie ein Abfallprodukt vom Wettersteingebirg. Aber ein Skiberg müßte er doch sein? Nein, nicht einmal das ist der Wank. Seine riesige, tausend Meter gegen Partenkirchen abfallende Südflanke ist bewaldet und uninteressant. Und der feine, immerhin 518 Meter anbietende Nordkessel zur Esterbergalm wartet seit Jahren auf die geplante Bahn, sagen wir redlicherweise – auf einen kühlen Lift. Zu mehr wird es aber nicht kommen in diesem Tal ... Wir sehen im Bild, vom Wankgipfel erst am Grat, dann nordwärts am Kamm ziehend, die hübsche Abfahrt in den Esterbergkessel. Man könnte sie mühelos zeitgemäß herrichten ... Rechts sehen wir quer durch die Nordschulter ziehend, dann steil im Tobel herab, später nach links in Schneisen am Steilhang auslaufend die sehr schöne Frauenmahdabfahrt (machmal von Lawinengefahr beeinträchtigt!). Beide Abfahrten könnten mit einem einzigen Doppelsessellift zu einem einträglichen, schneesicheren Skizirkus, zu einer Dependance vom Kreuzeck werden. Hinterher fährt man die Normalabfahrt um den Wanksporn herum in die Westflanke und zum kostbaren Wallfahrtskirchlein St. Anton: eine Familienpiste, hübsch, nur früh ausapernd ... Dies alles klingt ein bisserl wehleidig für norddeutsche Damen, die gewöhnt sind, »ihren Wank« als schönsten Berg der Alpen zu bezeichnen –, denn dort oben liegen sie zu Hunderten, das Oben-Ohne und Unten-Ohne nur vom bescheidensten Textilaufwand markiert, dem strahlenden Gestirn ganz hingegeben ... Der vollen Wahrheit die Ehre: dieser Wank hat auch trächtige Hintergründe für Münchner Skibergsteiger. Wer das Glück hat, die erste (natürlich erst um 9 Uhr startende) Wankkabine zu erwischen, kann sich folgende hochalpine Unternehmungen leisten: 1. Er fährt über die Frauenmahd in fünf Minuten in den Esterbergkessel und steigt quer im großen steilen Ostrücken des Hohen Fricken auf, um den pfundigen Osthang abzufahren. Das bringt zwischen 500 und 700 Höhenmeter ein, ist aber nur anzugehen, wenn keine Neuschneemassen und auch keine Grundlawinen drohen. 2. Man fährt so oder so zur Estergalm, schnallt die Felle an und steigt in zweieinhalb Stunden völlig allein (unterm Hohen Fricken zwei Lawinenrinnen beachtend!) über das Krottenkopfhaus zum Krottenkopf auf, wo bei Gutwetter eine Sternenstunde wartet. – Abfahrt wie Aufstieg, diese Tourenabfahrt ist interessant. 3. Man gibt eineinhalb Stunden dazu und fährt vom Krottenkopfhaus (das geschlossen ist) ostwärts recht schön und abenteuerlich in den ungeheuren Wildseekessel, quert unter den Kesselköpfen nordostwärts zum Simetsberg hinüber, und hält sich dann vom Brünnl unterm Gipfelstock ostwärts – bis man nach Einsiedl am Walchensee kommt (Bus). – Und nun noch eine Zuwage für lärmgeschädigte Skifamilien: man fahre zum Wank auf, gönne sich den jeglichen Appetit verdrängenden Frontalanblick des in der Sonne röstenden Frischfleischgeschwaders, und fahre dann am Ostkamm zur Esterbergalm und von dort ganz gemütlich weiter, endlos weiter am Finzbach hinaus bis nach Wallgau oder Krün. Das Finzbachtal ist flach, gewiß, nur bei gefrorenem Schnee rennt der Ski, bei Pappschnee nicht, aber stad ist es im Finzbachtal, stad, still, schön, einsam und arg traurig, arg romantisch.

TALORT Partenkirchen, 708 m (14 000 Betten, 30 Bahnen). – Zufahrt Stachus – AB – Penzberg – Murnau.

BAHNEN/LIFTE Wankbahn, 1025 m HU/210 Pers./Std. (Kabine). Bergfahrt Einzel 5 DM, Tagespaß 15 DM, 50 Punktekarte = 7 Bergfahrten 30 DM! Sonntagswartezeit bis 1 Std., sonst viel weniger. – Pistenpflege mäßig. – Berühmter Aussichts- und Sonnenberg.

CHARAKTER Die Nordabfahrt (Piste) zur Esterbergalm ist schnell und interessant; die direkte, nur wenig ausgebaute »Frauenmahdabfahrt« in den Kessel der Esterbergalm ist samt Varianten ausgesprochen rassig. Die weitere Piste zum Wallfahrtskirchlein St. Anton ist eine mit einer kleinen Gegensteigung beginnende Familienpiste an Nordwesthängen. – Eine exklusive Skitour für alpin geschulte Skibergsteiger von der Esterbergalm aus bei 3stündigem Anstieg zum Krottenkopf. – Tourenübergang Esterbergalm, 1262 m, – Krottenkopfhaus, 1985 m, – Simetsberg, 1922 m, – Einsiedl am Walchensee, 800 m, bei einem weiteren Zeitaufwand von $1^1/_2$ Stunden.

BILD Ein Werdenfelser Prachtgemälde! Vorne unten die dreieckige Sonnentafel der Esterbergalm, darüber der von scharfer Höhensonne markierte Schneegrat des Wank mit dem Gipfelhaus. Im Hintergrund von links: Schachen, Teufelsgrat, Hochwanner, Grünstein, Hochblassen und Alpspitze, Jubiläumsweg und Zugspitze.

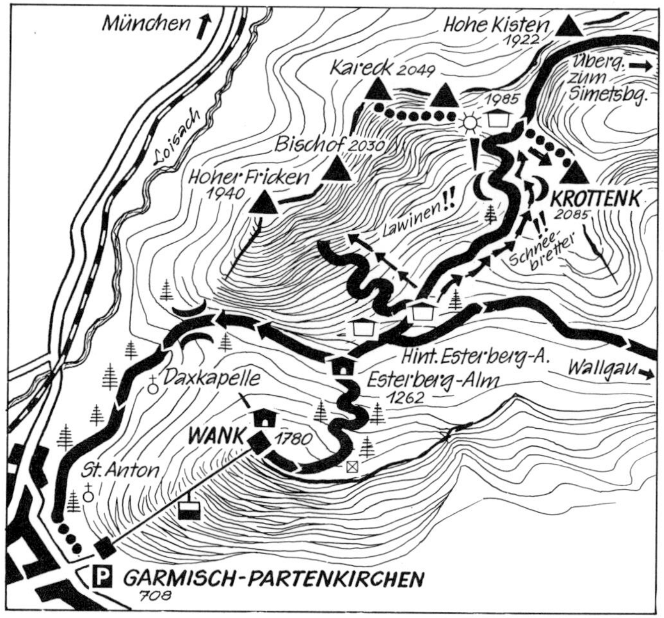

25 Der Eckbauer überm Gudiberg

Kleine Garmischer Familienpisten zum Olympiastadion

Pisten 93 km 500 m HU Nord + Nordwest Bis Mitte April

Mit Wehmut schaut der Münchner Buchautor auf dieses Bild zwischen Gudiberg und Wettersteinwand, wo er einst sein erstes Rennen gewann, den ersten Sprung über die Schanze wagte, wo er später mit der Frau zwei Tage lang über den Wettersteinkamm bis zum Franzosensteig kletterte, und dann mit vielen Kindern die Eckbauernpisten abfuhr, lobend oder schimpfend, immer froh ... Man muß sagen: Dieser Gudiberg am Skistadion und der Eckbauer über ihm haben alle apokalyptischen Wandlungen bis zum lauten Massenskilauf gut überstanden. Wer heute mit Frau und Kindern vom Stadion zum Eckbauer hinauffährt, vielleicht ein bisserl über die langsame Fahrt der offenen Gondeln masselnd, hat immer noch viel Plaisir vor sich. Da ist zuerst der Ausblick vom Eckbauernwirt selber: Das Anschauen von Alpspitze, Dreitorspitz- und Wettersteinkamm ist und bleibt nun einmal eine einzigartige Garmischer Spezialität. Dann gibt es dreierlei Abfahrten: Großmutter und Enkelin nehmen die (im Bild nach links ausgreifende) große, lange, gemütliche Piste über Dorf Wamberg, machen dort eine einzige Spitzkehre und fahren in einer Richtung bis ins Stadion zurück; im Bild genau zu verfolgen. Inzwischen rauschen Vater, Mutter und die Älteste die direkte Hauptabfahrt hinunter, viel Schuß, viel Absätze und Gegenwellen, also lustig, dann große Rechtskurve, Kante, berühmte scharfe Linkskurve, und dann ein endlos welliger Schuß, spannend und schnell bis zum Anlaufturm der großen Olympiaschanze. Zwei kleine Steilhänge machen die Sache schnell nochmal attraktiv, alle strahlen ... Vielleicht aber stellt sich der Vater, um der Jugend doch noch mal zu imponieren, auch unter den Schanzentisch der »Großen« und schießt dann den Auslauf hinunter – da sind 70 bis 90 Kilometer Tempo drin und Ansehen für viele Jahre. – Sind Vater und eingefahrene Söhne allein und haben sie Lust auf Pikantes, dann machen sie was sonst keiner tut: Sie fahren vom Eckbauer droben nicht in die Piste, sondern südwärts durch den Tiefschnee am erst sehr steilen Hang, fast immer dicht unterm Kamm, bis zum Eselsberg und dann um den Gudiberg herum: Man sieht diese unbekannte Tiefschneeabfahrt im Bild rechts in der Mitte, wo der besonnte Kamm vom Eckbauer nach rechts unten zieht. Wo er ganz rechts endet, da fährt man in den beschatteten, unten besonnten Riesensteilhang ein, an dem einst Christl Cranz ihre Slalommedaille gewann, und wo wir sie heute stilistisch überzeugend korrigieren können. – Noch ein Hinweis: Der Eckbauernkamm verspricht auch eine überaus schöne und stille Kammwanderung auf Skiern bis hinüber zum Hirzenegg, also immer ostwärts auf der Höhe, immer angesichts der Wettersteinwand, immer in großer Stille. Erst in der Nähe des Hirzenegg, dicht hinter Kaltenbrunn (links unten im Tal) treffen wir wieder auf Spuren, sogar auf einen großen Lift. – Im Skistadion neben der Talstation gibt es auch eine kleine Jugendschanze. Das könnte den Buben gefallen! Und einige Probesprünge kosten ja nichts und bringen eine tolle Standsicherheit ein. Es passiert nichts, weil der Aufsprung steil ist. Und wer sich ganz dumm stellt (was ich von keinem Lesersohn annehme), der findet gleich nebenan ein ganz neues Krankenhaus (links unten im Bild), wo er erstklassig liegt und bei Ausblicken auf Dreitorspitze und Waxensteine die Schule schwänzen kann.

TALORT Garmisch-Partenkirchen, 708 m (14 000 Betten, 26 Bahnen).

BAHN ① Gondelbahn (4 Pers.) 493 m HU/300 Pers./Std. Windgeschützte Kabinen. Sonntagswartezeit bis 1 Std., sonst unbedeutend. – Günstige Preise: Berg Einzel 3,50 DM. Punktekarten: 50 Punkte 30 DM = 12 Bergfahrten. – Tageskarte 13 DM.

CHARAKTER Eine reizende, leichte Familienabfahrt ohne Schikanen, nicht sehr gut gepflegt, dennoch hübsch, vor allem im Hochwinter. Nicht sehr stark befahren, und, weil nicht steil, auch nicht zu Buckelfeldern strapaziert. Pistenlänge 2900 m, wenn über Dorf Wamberg, dann 3400 m. Die zwei kurzen Waldpassagen können stellenweise etwas vereist sein, aber da nicht steil, nicht unangenehm: Genauso ist es mit der als heikel geltenden scharfen Ziehwegkurve in der Mitte der Hauptpiste. Viel schlechte Fahrer unterwegs!

BILD Ein typisches Werdenfelser »Wintergemälde« – unten ganz rechts das berühmte Olympiastadion mit unserer Talstation zum Eckbauer, der genau über der Bildmitte auf dem lichten Waldkamm sitzt. Darüber die grandiose Kulisse der Wettersteinwand mit dem Musterstein und den Drei Scharten ganz rechts oben. Die Piste verläuft aus der Bildmitte erst leicht nach links (beim Betrachten des Bildes), dann auf der hellen Diagonale immer nach links unten zum Anlaufturm der Olympiaschanze und von da gerade herab!

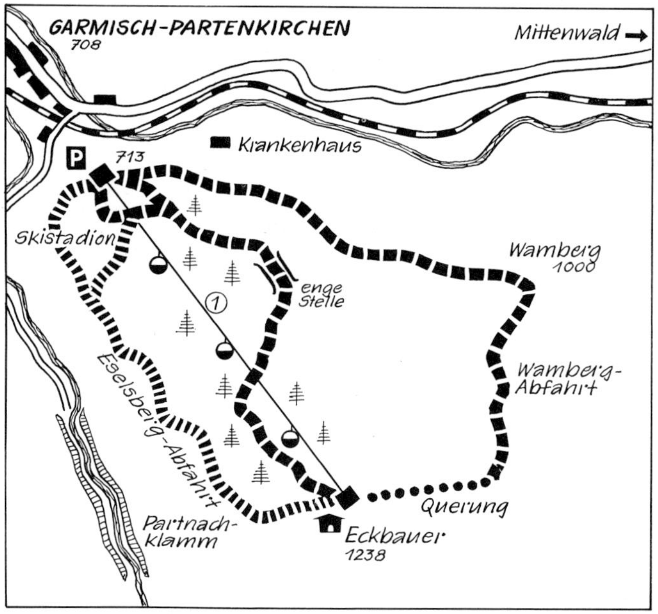

26 Kreuzeck und Kochelberg

Pisten 90 km 1342 m HU Nord (+ Südost) Bis Mitte April

Neue Kandahar, Horn und große Hoffnungen

Garmisch-Partenkirchen ist für die Münchner Skifahrer ein Vorort, den man als Skistation sehr gerne akzeptieren würde, wäre er nur erst eine ... Der Olympiaort hat es noch nicht fertig gebracht, dem Ski-Boom auch nur einigermaßen zu folgen: Seine schönen Skiregionen sind nicht koordiniert, die Wartezeiten an den Bahnen sind seit Jahrzehnten zu lang – sicher ist nur, daß es trotz großer Werbung und Kurdirektorspräsenz so bleiben wird ... während man in den Westalpen schon Modellskistationen findet, welche die Zukunft einkalkuliert haben. Es liegt nicht nur an der tiefen Tallage mit 700 Meter Höhe, nein, wir Skifahrer der größten Skifahrerstadt Europas bedauern das allgemeine Versagen, denn wir mögen das Tal zwischen Wank und Alpspitze, wir mögen die Wirte zwischen Melber, Rassen und Garmischer Post, wir mögen das Kreuzeck von allen Seiten ... Unser Bild zeigt nur die berühmte Kandahar, die sich in sonniger Wirklichkeit viel sympathischer darstellt. Denn der Wald stört nicht bei einer Pistenbreite von 40 bis 60 Meter, im Gegenteil, er macht aus der schnellen Piste erst eine richtige »Abfahrt«. Diese Kandahar ist heute eine völlig ungefährliche Familienstrecke mit dem Pfiff, auch für die besten Abfahrer das Höchste zu bieten: Man stellt sich oben hin und läßt es laufen, laufen, laufen. Der Hausberg dagegen mit seiner Hornabfahrt ist viel komplizierter, sagen wir anspruchsvoller, auch wenn er nur die Höhenunterschiede eines Riesenslaloms bietet. Die große lange Kochelbergabfahrt könnte von alten Münchnern »erfunden« worden sein, so zünftig ist sie. Alle Münchner und bayerischen Nachwuchsrennläufer kennen sie heute, weil droben auf der Adamswiese jedes Jahr Slalom trainiert wird. Das Schönste an Garmisch für uns Münchner Skifahrer: wenn wir im späten April die letzten Kochelbergbuckel herabschwingen, in feuchten Frühjahrswiesen landen, an einem springenden Bacherl unsere Skier waschen, und dann zum »Bischoff« seinem guten Kaffee gehen oder zum »Rassen« seinem guten Bier. – Ein Münchner Skitraum: die Fertigstellung des so gut geplanten Kabinen-Lift-Gespannes unter dem Osterfelderkopf! Erstens rächt man sich endlich an der alten Kreuzeckbahn, zweitens erschließen Osterfelder- und Längenfelderkopf »ewig schöne« Lust- und Sonnenpisten, drittens schenkt uns der Osterfelderkopf bis ins Tal (samt Kandahar) 1342 Höhenmeter – was allerhand ist! Und viertens schaut sogar noch eine Erleichterung bei der Alpspitztour heraus, weil man nach der Abfahrt in den Stuibenwald bis zum Bergwachthütterl über der Hochalm wieder auffahren kann! Wer hätte seit 40 Jahren nicht davon geträumt! ... Jetzt macht's der Herr Direktor Schmidt möglich! – Da braucht man gar keine Bahn mehr im riesigen Grieskar und auch keinen Lift zum Stuibenkopf. Das, was bis 1972 fertig werden soll, glangt uns für lang. Wir sind ja so bescheiden, was die Olympiastadt betrifft ... Die »Kandahar« beginnt am Kreuzjoch in 1719 Meter Höhe, also 70 Meter höher als das Kreuzeck. Man muß vom Kreuzeck bzw. von der Bergstation des Kreuzwanklliftes noch ein Stück ansteigen: dann hat man die vollen 952 Meter Höhenunterschied vor sich und kann »es laufen lassen« – nur die ersten beiden Hänge bis zur schnellen Querfahrt an den Trögln muß man mit dem Kopf fahren. Das Folgende macht man mit dem schnellen Ski, aber nicht kopflos ...

TALORT Garmisch-Partenkirchen, 708 m (11 000 Betten, 30 Bahnen und Lifte). – Stachus – Autobahn – Penzberg – Murnau, weiterer Ausbau im Zuge! – Große Parkplätze an beiden Talstationen!

BAHNEN/LIFTE (nur im Bereich Kreuzeck): ① Kreuzeckbahn, 874 m HU, 255 Pers./Std. – ② Hausbergbahn, 601 m HU, 700 Pers./Std. – ③ Kreuzecklift, 90 m HU, 600 Pers./Std. – ④ Kreuzwanklift, 225 m HU, 450 Pers./Std. – ⑤ Hochalmlift, 90 m HU. – ⑥ Adamswiesenlift, 100 m HU. – ⑦ Kochelberglift, 90 m HU. – ⑧ Skischullift, 70 m HU. – Projekte im Bau: Kabine Osterfelderkopf, 1390 m HU. – Lifte Hochalm-Osterfelderkopf, 346 m HU. – Osterfeldwanne, 150 m HU. – Längenfelderkopf, 200 m HU. – Stuibenwald-Hochalmsattel, 280 m HU.

SONNTAGWARTEZEITEN Kreuzeck, gut 1 Std., Hausberg, bis 50 Min. Werktags leichter. – PISTENPFLEGE am Kreuzeck gut, am Hausberg und Kochelberg nicht gut.

GÜNSTIGE FAHRPREISE Kreuzeck einzeln 5 DM. – 10er-Karte 40 DM. – Hausberg einfach 3,50 DM. – Punktekarten zu 14, 30 und 100 DM. Tageskarte Hausberg 15 DM. – Grausame Verkettung: an der Kreuzeckkabinenbahn keine Tageskarte! Sehr teuer!

BILD Das Luftbild zeigt die berühmte Kandahar- und Olympiaabfahrt vom Kreuzjoch herab. Links Kreuzjoch, rechts Kreuzeckhaus.

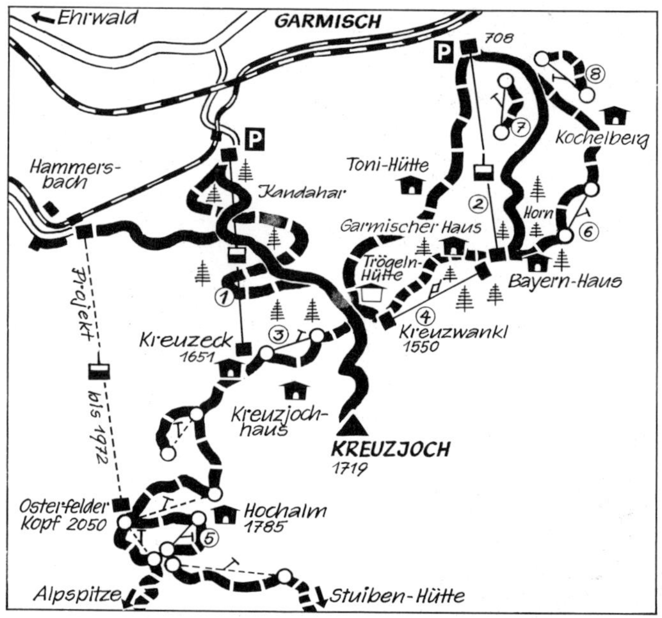

27 Auf der Alpspitze – und unter ihr

Die alte Skitour – die neue Explosion

Tour + Piste 90 km 2120 m HU Nordost + Nord
Februar bis April

Vom Garmischer Talboden über Kreuzeck und Hochalm auf die Alpspitze zu steigen, das gilt seit 1920 als klassische Münchner Frühjahrsskitour. Jeder richtige Münchner Skifahrer hat diese Tour immer wieder gemacht. Die Kreuzeckbahn erleichtert seit 35 Jahren den Aufstieg, und seit 15 Jahren fahren die Skibergsteiger vom Hochalmjöchl nicht mehr tief in den Stuibenwald ab, um dort die Felle anzulegen und über den Südostrücken der Bernardeinwand ins Oberkar aufzusteigen –, nein, sie sind verwegen, faul und leichtsinnig genug, den alten Sommersteig der »Schönen Gänge« (an dem Reste von Drahtseilen hängen) zu benützen. Das heißt, direkt vom Boden hinterm Bergwachthütterl über eine steile, meist vereiste Rampe nach rechts (im Bild links im Schatten gut zu sehen) und dann links in einer steilen Felsrinne in die Sonne des Oberkares zu klettern. Die Skier leichtsinnig auf der Schulter oder rechts und links im modernen Rucksack... Man spart so glatte eineinhalb bis zwei Stunden – es ist Tatsache, daß mindestens 80 Prozent diesen gefährlichen Aufstieg machen. Da wäre es natürlich vom Herrn Fremdendirektor in Garmisch schön, wenn er auf die Alpenvereinssektion einwirkte, damit jene Strecke in Gottes Namen besser mit Drahtseilen gesichert wird. Garmisch-Partenkirchen profitiert wahrhaftig recht gut am Münchner Massenskitreiben... Dies als angemessene Probe klassischen Münchner Grants voraus. Und nun kreuzlustig auf unsere Alpspitze gestiegen – falls man eine der ersten Kreuzeckkabinen erwischt hat. Künftig fahren wir ja von Osterfelderkopf (am rechten Bildrand, besonnt) herrlich nach links durch pulverige Mulden zu den »Schönen Gängen« ab, statt jetzt aufzusteigen. Am Jöchl über der Hochalm fällt die Entscheidung: bei gefährlichen Verhältnissen rät uns dort die Bergwacht ab (deren Hütte hier steht). Ansonsten quert man zur schwarzen Bernardeinwand hinüber, steigt auf der glatten gefährlichen Trasse in die Rampe ein, findet oberhalb endlich ein Stück Drahtseil in der Rinne, rettet sich ins Oberkar – und alles ist vergessen. Gemütlich geht es in der Sonne weiter zur obersten Gratkante, wo man die Skier läßt. Der gute Abfahrer kann sie bei gutem Schnee noch bis zum Gipfel tragen, der Stier auf Skiern steigt sogar auf Fellen durch den hanebüchen steilen Oststeilhang hinauf. Die Genießer sitzen an der Oberkarkante in der Sonne, studieren die Blassenwände überm Grieskar, und warten, daß es einen der vom Gipfelhang einfahrenden Skifahrer »schmeißt«. Da gibt es Zugereiste, die ihre Spur besonders »schneidig« in das supersteile Gipfelplatt malen – und dann haut es sie vom Stangerl... Die Abfahrt beginnen wir mit einem schönen braven S durchs Oberkar, dann kommt die schmale Furt (links im Bild von der Sonne markiert) in die große Südostmulde dicht südlich der Bernardeinwand. Es geht weit hinab. Oder wir fahren südlich über den Stuibensee. So oder so landet alles im Stuibenwald unten und muß sich gute 40 Minuten (mit Fellen) hinauf zum Hochalmsattel plagen. Alle tun es, alle schimpfen. Aber dann geht es im Hurra Schuß zur Hochalm hinunter, und quer hinüber zum Kreuzeck, wo die Kandahar-Rennstrecke wartet. An der Trögelhütte fällt die Entscheidung: links die immer besser ausgebaute Kandahar hinab – oder rechts weiter zu den Hausberghängen und zum lieben, alten Kochelberg.

TALORT Garmisch-Partenkirchen, 708 m (viele Wirte in allen Preislagen). – Zufahrt Stachus – Penzberg – Murnau. – Parkplatz an Kreuzeck-Talstation, 767 m, unbedingt erste Kabinen erwischen, sonst sinnlos langes Warten!

CHARAKTER Immer noch die klassische hochalpine Münchner Skitour mit einer Riesenabfahrt, meist auf Nordhängen. Unmöglich bei Nebel und Lawinengefahr! Unvergleichliche Aus- und Einblicke vom exponiert stehenden Alpspitzgipfel. Trittsicherheit unerläßlich, auch Vorrichtung am Rucksack für Skitragen durch die »Schönen Gänge«.

BESTE KARTE AV-Karte Wetterstein, 1:25 000, Mittleres Blatt.

BILD Das Luftbild Franz Thorbeckes zeigt uns oben die Alpspitze vor dem beschatteten Blassengrat (links). Rechts oben die drei Höllentalspitzen (der Jubiläumsweg zur Zugspitze). Links unter dem steilen Gipfelplatt der Alpspitze (wir sehen die exakte Neigung samt schrofiger Stufe) das Oberkar, an dessen oberster Kante normalerweise das Skidepot ist. Darunter im Schatten der leider völlig unzureichend gesicherte Direktaufstieg durch die »Schönen Gänge« ins Oberkar. Unten links die alte Hochalm, links darüber das Bergwacht-Hütterl mit Hochalmsattel. Rechts vorne Längenfelderkopf, genau darüber Osterfelderkopf.

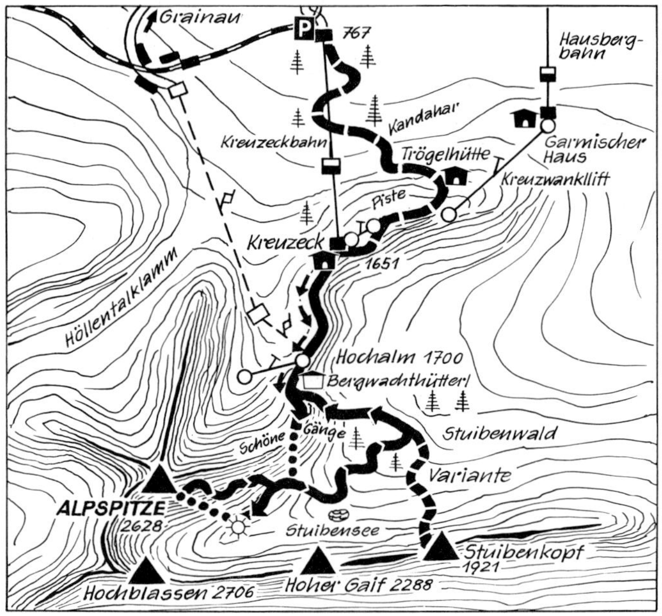

28 Vom Tunnelfenster zum Eibsee

820 m HU auf der schönsten Werdenfelser Piste

Piste 105 km 820 m HU Nord Bis Ende April

Der Olympiaort Garmisch-Partenkirchen hat es schwer, mit seinen nur 700 m Talhöhe in den Rang einer großen Skistation der Alpen aufzusteigen. Das Bahnen- und Pistensystem dieses berühmten Ortes ist schlecht koordiniert, die Bahnen sind teils unwirtschaftlich, weil der Winter zu kurz ist, und so werden sie auch nicht zeitgemäß ausgebaut. Anstehschlangen kennzeichnen die Situation. Ehe man ein bis zwei Stunden (seit 20 Jahren das Übliche) am Kreuzeck anstehen muß, um die 800 Höhenmeter der freilich sehr schönen Kandaharpiste abzufahren, fährt man besser nach Ober-Grainau zum Eibsee hinauf und zischt, wedelt oder stemmt vom Riffelriß oder Tunnelfenster herab zur Bahnstation der Zugspitzbahn am Eibseeufer, die einen ohne Wartezeit gleich wieder auf und in den Berg bringt – zum Tunnelfenster. Diese bereits etwas altmodische Trambahn auf die Zugspitze bohrt sich unterm Riffelriß in den Zugspitzfels, macht drinnen eine verwegene Schleife und hält dann an einem »Tunnelfenster« in 1820 Meter Höhe. Die Wagen dieser Zugspitztrambahn sind bacherlwarm, was gut ist, denn draußen hat man vom ersten Steilhang weg bis hinunter zum Eibsee keine Sonne! Aber Pulverschnee! Alle guten Abfahrer behaupten, diese Tunnelpiste sei viel interessanter als die Kandahar vom Kreuzeck, und zwar von der Struktur her. Sie hat nicht die Autobahnbreite wie am Kreuzeck, aber oben ist alles frei, und die folgenden Schneisen sind großzügig ins Gelände gelegt und achtbare 40 bis 80 Meter breit. Da selten viel Skifahrer unterwegs sind, so kann man es laufen lassen, kann großzügig schwingen, ohne viel Fahrt wegzunehmen. Das beste Rezept für einen guten Fahrer: Tageskarte voll ausnutzen! Also ab 8 Uhr 34 jede Stunde wieder auffahren (alle 60 Minuten ein Zug aufwärts). Mittags kann man eine Bahn auslassen, um am Eibsee gut und teuer, oder in Grainau gut, aber nicht so teuer zu essen ... Es kann vorkommen, daß man als Münchner vom sonnigen Stachus in den Werdenfelser Nebel fährt, dann muß man mit der Trambahn gleich ganz hinauf aufs Zugspitzplatt in die Sonne fahren. Diese Chance ergibt sich öfter als man denkt! Übrigens steht unweit unserer Talstation die Riesenkabine auf den Zugspitzgipfel, mit der man sehr schnell, in lächerlichen zwölf Minuten, den 2967 Meter hohen Zugspitzgipfel erreicht und zu den Plattliften fahren kann. Die »Tunnelfenster«-Piste ist ungemein schneesicher, vom Ziel ist man in drei Minuten wieder am Bahnhof nach oben. Ausweiche: der leider ein bisserl flache Waxensteinlift an der Neualm, wo man aber nett essen kann! Hier kann man bei einer Halben Bier nachdenken, warum die Grainauer so freundlich sind. Wir haben dabei herausgebracht – was für einen Altbayern wie eine Herausforderung klingt! –, daß die Grainauer, also auch die ganzen Werdenfelser, gar keine Altbayern sind, sondern Alemannen – also halberte Schwaben. Wenn das wahr is! – Sagt man Grainau, muß man auch Zugspitze sagen: In zwölf Minuten mit der Kabine, in 40 Minuten mit der Trambahn durch den Riesentunnel ist man von Grainau aus am großen, durchschnittlich 2600 Meter hohen Zugspitzplatt und kann dort zwei große und mehrere kleine Skilifte frequentieren. Und zwar, was wichtig ist, vom Oktober bis Ende Mai. Nicht sehr ergiebig? Ja, doch, diese Pisten sind ergiebig – man studiere genau Tour 29!

TALORTE Garmisch-Partenkirchen, 708 m (11 000 Betten). – Ober-Grainau, 747 m (3500 Betten), eines der freundlichsten Bergdörfer.

BAHNEN/LIFTE ① Bayerische Zugspitzbahn bis Riffelriß, 1680 m = 680 m HU; oder bis Haltestelle Tunnelfenster, 1820 m = 820 m HU/30 Min. Fahrtdauer, 350 Pers./Std. – ② Neuneralmlift, 55 m HU/300 Pers.Std. – ③ Waxensteinlift, 180 m HU (flach) 1000 Pers./Std. –

GÜNSTIGSTE PREISE ① Bergfahrt Tunnel 4 DM, Tageskarte 20 DM, Viererblock 14 DM, ③ Halbtageskarte 7 DM, Ganztag 10 DM.

CHARAKTER Piste ab Riffelriß leicht bis mittelschwer, Steilpiste ab Tunnelfenster eher schwierig. Tunnelfensterpiste noch nicht überlaufen, als Meisterschaftsstrecke erprobt, sie wird als weitaus schönste Werdenfelser Piste gepriesen. Die reine Nordseite, ein Januar ohne jede Sonne auf der Piste, verbürgen brillanten Schnee. Alle Pisten sind gepflegt mit Ausnahme des unzugänglichen Starthanges vom Fenster. Mittlere Fahrer sollten stets ab Riffelriß starten, Vorsicht für alle Fahrer unten bei der Querung der Amipiste!

BILD Das Zugspitzmassiv (rechts der Bildmitte oben die Zugspitze mit 2967 m Höhe) über dem Eibsee. Über der genauen Bildmitte das scharfe Schneedreieck, an dessen oberstem Spitz das Tunnelfenster sitzt, unser Startplatz. Man fährt diagonal nach rechts herunter und mündet in die 60 Meter breite Riesenpiste ein, die zum Eibsee zieht.

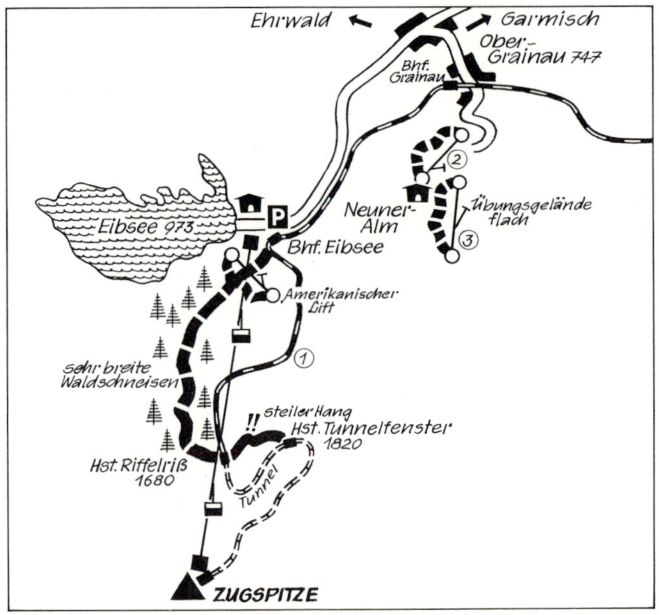

29 Zuerst und zuletzt – am Zugspitzplatt

Zwischen Knorrhütte und Schneefernerkopf

Pisten 90 km 450 m HU Ost Ende Oktober/Ende Mai

Der höchste Gipfel auf deutschem Boden hat Pech: Mit 2967 Meter Höhe ist man kein »Dreitausender«. Das macht manchen Garmischer Werbetexter rabiat. Dazu kommt, daß die österreichische Staatsgrenze vom Eibsee her bis auf ein paar Meter an den bundesdeutschen Ostgipfel herankommt, und dann den großartig nackten Felskamm rund um das eisige Platt auch noch besetzt hält. Diese mächtige weiße Firnwanne zwischen Zugspitz, Schneefernerkopf, Wetterwandeck und Brunntalkopf, oben steil, dann in schweren Wellen abfließend, stürzt unten an der Knorrhütte plötzlich 500 Meter ab – bis zur Partnachquelle ... aber dort sieht der Skiflaneur im Oktober und Mai nur Dunst, blauen Dunst. Alle seine Sinne sind auf das Lustparkett des kleinen Pistenbodens versammelt, der den ersten kostbaren Neuschnee über seinem dünnen Eis konserviert, wie im Mai und Juni noch den letzten feinen trockenen Firn ... Ich selber habe, kaum 15 Jahre alt, mit einem Pasinger Freund Anfang September meine Skier vom Garmischer Bahnhof acht Stunden lang zur Knorrhütte und dann am nächsten Morgen nochmal zwei Stunden bis zum ersten Schneehauch getragen – dort stand, des Motors beraubt, Ernst Udets Flugapparat, ein Wrack, ein Dokument, ein Fotoobjekt. Das Bild hab ich noch! ... Wie uns damals, so geht es immer noch allen narrischen Münchner Skifahrern. Sobald es im Oktober heißt, es hat geschneit am Platt, da rasen heute die ganz Narrischen sofort nach Ober-Grainau und fahren droben am kleinen blitzsauberen Schneeferner unter der letzten warmen Höhensonne des Jahres. Hinterher bevölkern sie dann das »Bierstüberl« im Schneefernerhaus, in dem Jahrzehnte lang der Innsbrucker Skiweltmeister Heli Lantschner zu Gunsten ewiger Anfängerinnen residierte und viel Charme und gute Ratschläge verteilte ... »Das Platt« hat Skigeschichte gemacht: Früher gab es keinen, dann nur einen Lift, jetzt gibt es zehn Lifte. Diese Platt-Lifte laufen zum Teil auf Gletscherboden und ergeben schöne samtene Pisten. Aber die großen, an Höhenmetern ergiebigeren Lifte ziehen über den steilen groben Karboden und brauchen erst eine solide Altschnee-Unterlage, ehe man sie benützen kann. Sie sind manchmal steinig, und sie sind oft nur schlecht zu pflegen. Die vielen kleinen Übungslifte auf dem konservierenden Eis haben dagegen nur 10 bis 30 Zentimeter Schnee nötig und schon kann das ewig gleiche Lustspiel beginnen: unten anstellen, aufpassen, daß sich keiner vorschwindelt, auf komische Weise auffahren, und in Sekundenschnelle herunterwedeln. »Warten am Zugspitzplatt« – diese Tragikomödie muß noch geschrieben werden ... vom eleganten ruchlosen Vorschwindeln, von den Seitenblicken auf neueste Bognermodelle, den Hauptblicken auf deren blitzsauberen Inhalt, auf die neueste Bindung, den ersten echt vergoldeten Superski, auf einen glattgeschorenen Ami im Straßenanzug, und auf stets irgendeinen prominenten Pistenstar mit falschen Allüren – Herrgott, langweilig war das nie! – Die Lifte haben den Ski-Boom einigermaßen eingeholt. Bis die 1,5 Millionen Münchner ihren sommerlichen »Naturpark« haben, werden die 300 000 Münchner Skifahrer auch am Platt einen gut ausgebauten, wirklich modernen Winter-Auslauf besitzen, nämlich mit ausreichenden Skibahnen zwischen Knorrhütte und Wetterwandeck, über volle 700 m HU.

TALORTE Garmisch-Partenkirchen, 708 m (11 000 Betten, Hallenschwimmbad, Sauna, Skischulen, Kunsteisstadion). – Ober-Grainau, 747 m (3500 Betten), gastfreundliches Bergdorf.

BAHNEN/LIFTE ① Kabinenbahn Eibsee–Zugspitze, 1947 m HU, 300 Pers./Std. – ② Zugspitzbahn (Zahnrad) Garmisch–Schneeferner, 1942 m HU, 400. – ③ Hilfslift Schneeferner-Hotel, 80 m, 300. – ④ Schneeferner-Hotel-Gipfel, 279 m HU, 300. – ⑤ Plattlift I, Weißes Tal, 290 m HU, 500. – ⑥ Lift III, Weißes Tal, 350 m HU, 600. – ⑦ Schneeferner-Kopf, 170 m HU (Sommerbetrieb), bis 1000. – ⑧ + ⑨ 2 Schneekulis je 100 m HU. – ⑩ Skimuli Schneeferner, 100 m HU.

UMSTÄNDE Gut, seitdem man am Wochenende Kabine und Zahnradbahn zur Verfügung hat. Der Andrang ist nur an den ersten Ski-Wochenenden im Oktober/November sehr stark. Ansonsten geht alles relativ gemütlich vor sich.

BILD Das Zugspitzplatt mit seinen Liften, gesehen von Westnordwest über den Karabbruch »Neue Welt« hinweg. Links der Grat zur Zugspitze, rechts der Aufschwung zum Schneeferner-Kopf. Links vorne die vielen Übungsschlepper und Skikulis. Darüber und rechts die Bergstationen der großen Plattlifte. Der weiße Berg rechts (über dem „Gatterl") ist der Hohe Kamm, an ihn schließen (nach links) an: Kleinwanner, Hochwanner, Teufelsgrat, Dreitorspitzen.

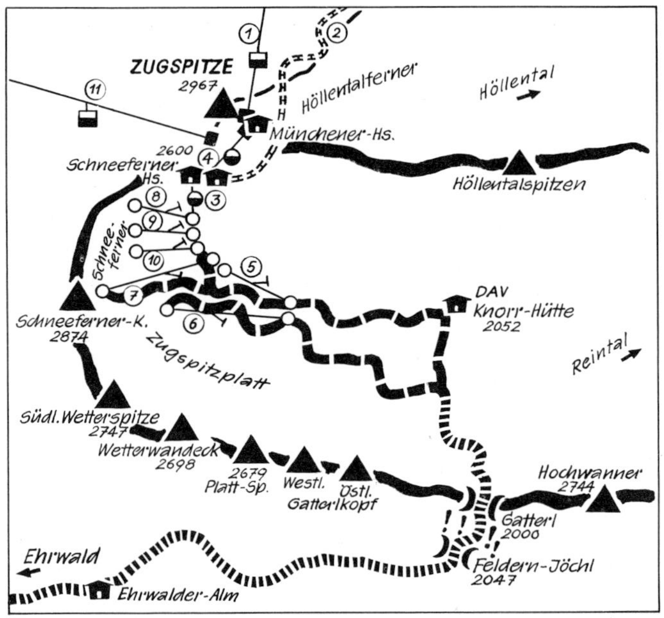

30 Gamskar und Wettersteinpisten

Pisten Anfahrt 125 km 790+510 m HU West Bis Ende April

Zwei Rassepisten unterm Schneefernerkopf

Ein Wochenende mit hochalpinem Einschlag auch für den Pistenfahrer! Das zeigt schon das Flugbild: das Gamskar liegt unter 1000 m hohen Felswänden, die Riesenschneise der Wettersteinpiste direkt unter dem Steilabfall des Schneefernerkopfes! Die Einfahrt ins Gamskar hat ebenfalls alpinen Charakter. Manche zögern. Manche stürzen schon vor dem Anschnallen auf den meist vereisten Felsstufen zum Start an der Felsrampe ... Das Wichtigste: dieses Pistenunternehmen ist nichts für einen Sonntag, wegen der meist überfüllten Straßen von und bis München! Aber das Wochenende zahlt sich um so mehr aus. Wer früh dran ist, fährt erst mal mit der Zugspitzkabine zur Mittelstation auf, schießt und wedelt seine knapp 800 Höhenmeter elegant zur Talstation, fährt nochmals auf – fährt solange auf und ab, bis der Andrang zu groß wird: genau dann biegt er bei der nächsten Abfahrt beim Schild »Nach Ehrwald« links ab und kommt so auf schöner Waldpiste genau zur Talstation des attraktiven Wettersteinliftes mit seinen 510 Höhenmetern in der breiten Westschneise. Sohn Max notiert diese 510 Pistenmeter in seiner Liste mit »pfundig«. Er übertreibt nicht. Der Andrang der guten Abfahrer beweist es. Hat man diese Wettersteinschneise oft genug absolviert, dann kann man oben, nach dem ersten Drittel, die Schneise nach links verlassend, auch direkt über den Sonnenhang in die Ortsmitte nach Ehrwald abfahren – und speisen. Oder fremdländische Skigäste bewundern ... Auf dem Luftbild nebenan erkennt man links oben, dicht am Felsgrat, einen kleinen viereckigen schwarzen Punkt: das ist die Mittelstation, der Start ins Gamskar. Dieses klassische Ziel der Münchner Feinschmecker hieß einst »Stütze Vier« und beginnt mit einem gewaltigen Steilhang von 400 m Höhe, breit, oft zerfahren (zu steil für die Walze), oft zu hohen Buckeln ausgefräst. Der gute Abfahrer jubelt, die anderen masseln ... Aber die folgenden breiten Skischneisen, immerfort verbessert, belohnen den einen wie den anderen: man schieße aber nicht zu schnell, um gefährliche Kollisionen zu vermeiden! Übrigens begleitet die Schattengrenze im Bild den Verlauf der Piste bis zum unteren Rand des großen Steilhanges. Beim Abbiegen unterm Kar nach Ehrwald, nach der Einfahrt in die Latschenschneisen, muß man die Augen aufmachen; die abzweigende Schneise ist nicht gleich zu finden, andererseits sieht man deutlich die Talstation des Wettersteinliftes. – Gamskar und Wettersteinlift sind, ehrlich gesagt, den guten Fahrern reserviert, die es dank der neuen Skitechnik heute so zahlreich gibt wie einst die »Fortgeschrittenen«. Diese Skigläubigen fahren als Gäste von Ehrwald meist in der Region um die Ehrwalderalm, die auch nicht zu verachten ist. Denn so relativ flach und fromm die Pisten auch sind, der Anblick der Sonnenspitze, die unmittelbar über uns das Treiben des Skivolkes überwacht, versorgt das Gemüt mit Superlativen. Ein Ausbruch aus dem Bereich der Ehrwalder Westpisten ist immer möglich; die Straßen im Mooskessel sind schnell und gut, in Minuten ist man an der rassigen Marienbergpiste, in derselben Zeit am Grubigstein, wo Nordostpisten warten. Im späteren Frühjahr gibt es ab Ehrwalderalm feine hochalpine Skitouren in die Mieminger Gruppe. Eine fast extrem hochalpine (bei sicheren Schneeverhältnissen durchaus akzeptable) Skitour bietet die Tour 33 dieses Buches: die Grünsteinumfahrung.

TALORTE Ehrwald, 1000 m (2500 Betten). – Talstation Obermoos der Zugspitzbahn, 1226 m (gutes Hotel), großer Parkplatz.

BAHNEN/LIFTE (1) Kabine Tiroler Zugspitzbahn bis Gamskar, 790 m HU. – (2) Großschlepplift Wetterstein, 510 m HU. – (3) Sonnenhanglift 220 m HU. – (4) Ehrwalderalmlift 400 m HU. – (5) Zechelücklift 200 m HU. – Geplant: Schlepplift auf Südhängen an der Ehrwalderalm. – Entsatzmöglichkeiten: Zugspitzplatt (mit Paß).

KAPAZITÄTEN (1) 290 Pers./Std. – (2) 1000 Pers./Std. – (3) 900 Pers.

PREISE 26 Schilling (bis 1 Std. Wartezeit am Sonntag). – Wettersteinlift Tageskarte 150 Schilling. – Vorteilhaft: Zugspitztalblock.

BROTZEIT UND UNTERKUNFT Vorzüglich an der Talstation Obermoos (telefonisch anmelden bei Nächtigung!), gut bei vielen Wirten im Ehrwalder Becken.

BILD Beim Blick aus dem Flugzeug verflachen die Skihänge! Wir sehen unter dem Schneefernerkopf, 2875 m (oben rechts), links das von Felskulissen gut geschützte, immer schneereiche Gamskar, erkennen darunter auch die Verbindungspiste zur Talstation des großen Wettersteinliftes (links unten). Die breite Schneise fahren wir wieder ab, oder nehmen rechts oben die Piste in die Ehrwalder Ortsmitte.

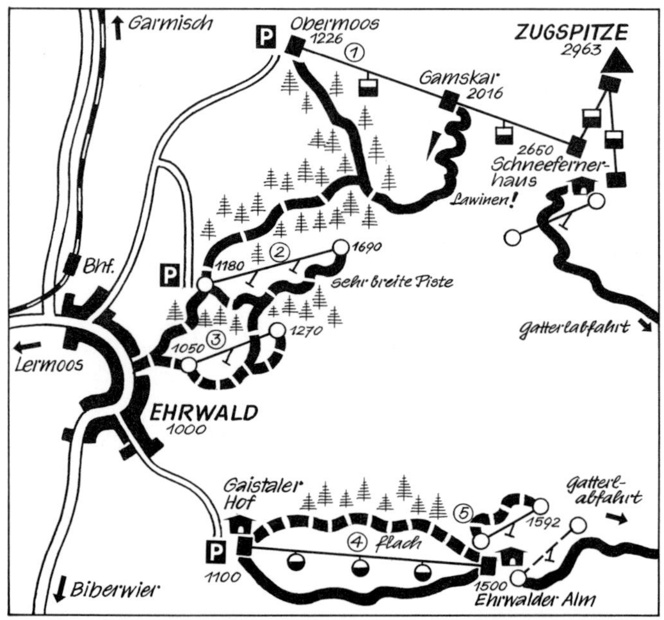

31 Am Grubigstein bei Lermoos

Standard, Kanonenabfahrt und Schlägle

Pisten 118 km 1035 m HU Nordost Bis Mitte April

Die Tiroler, die den Grubigstein zum großen Skiberg gemacht haben, haben Glück gehabt. Niemals wäre dieser östlichste Lechtaler Gipfel zwischen Fernpaß und Eibsee zu einem überlaufenen Pistenberg mit unbezwingbaren Wartezeiten und unfreundlichem Personal aufgestiegen – wenn die Garmischer Skimanager nicht so kläglich versagt hätten. Trotz gewaltigem Ski-Boom ... Den Ehrwaldern und Lermoosern hat natürlich geholfen, daß ihre Talstationen glatte 300 Meter höher liegen als die unter Kreuzeck und Wank. Ihnen hat auch geholfen, was es sonst nur am Arlberg und in Kitzbühel gibt, daß der Ruf ihrer Skischulen weltweite Kreise zog: die Lermooser Skilehrer (und Weltmeister) bringen ihren Schülern wirklich »eine äußerst saubere und schöne Fahrweise« bei. Das heißt doch was! Da bringt man Frau, Kinder oder Muckerl gerne hin ... ! Natürlich haben auch die Lermooser Skiunternehmer den Umfang des Ski-Booms völlig verkannt. Sie verkennen ihn noch heute, sie sind trotz nachgelieferter, schon von Anbeginn unzureichender Entsatzlifte immer noch im Rückstand – das permanente Überlaufensein und Schlangestehen wäre wirklich nicht mehr nötig. Franzosen müßten sie halt sein, die Tiroler ... ! Die über 1000 Abfahrtsmeter auf Nordosthängen klingen verführerisch, aber das Drum und Dran verpatzt den Genuß. Unten muß man zu lange warten, der obere Sessellift durch die eiskalte und oft windige Bergwaldzone fährt viel zu langsam, die ausgefahrenen und zu engen Schneisen im oberen Bereich entsprechen nicht mehr dem Standard von 1970 – sie sind immer noch zu haklig. Man hätte doch genug Geld verdient, um endlich eine Gondel-, besser noch eine Kabinenbahn zu bauen! Und auch gleich die Entlastungsbahn an den Kamm zur Wolfratshauser Hütte, um die seit zehn Jahren fix und fertige Schneisenfolge der herrlichen »Schlägle«-Abfahrt zu nützen ... Genug der Kritik. Skifahren ist eine so herrliche Sache, daß man auch Unzulängliches schluckt. – Einige kleine Tips von Sohn Max: 1. Ist man früh genug in Lermoos, dann fährt man nur mit dem Hochmooslift (an dem stets weniger Leute anstehen als drüben am Grubigsteinlift), und zwar solange auf und ab, bis der große Ansturm kommt –, genau dann wechselt man zum oberen Grubigsteinlift, wo ja nur die guten Abfahrer unterwegs sind! 2. Bei lawinensicheren Schneeverhältnissen, und nur dann, muß jeder gute Abfahrer auch einmal die Grähner- und die Schlägleabfahrt gemacht haben, Tiefschneeabfahrten, die bei kaltem Pulver oder bei Firn Hochgenüsse bieten, und 20 versäumte Pistenfahrten gutmachen. 3. Bei den ersten Hängen der großen Abfahrt vom Grubigstein stößt man – abseits der Piste – oft auf gefährliche Latschenstöcke unter der Schneedecke! Vorsicht! Einen kleineren Gang einlegen! 4. Man trennt die Grubigsteinchancen folgendermaßen: a) in die Kanonenabfahrt, die – sehr steil – von der Bergstation aus die Direttissima sucht, also auch die engen steilen Schneisen benützt, um schneller auf die Autobahnhänge unter der Mittelstation zu kommen; b) in die Standardabfahrt, die sich die Waldzone bequemer aufteilt, bis knapp unter die Wolfratshauser Hütte ausweicht und dann die Mittelstation in einer langen und nicht zu schwierigen Waldquerung erreicht; c) in die Zone der Tiefschneeabfahrten am nordwestlichen Parallelkamm.

TALORT Lermoos, 990 m (1600 Betten, viele Wirte). – Anfahrt Stachus – Autobahn – Penzberg! – Unzureichende Parkplätze!

LIFTE (siehe Skizze): ① Grubigstein/Sessel I, 350 m HU/450 Pers./Std. – ② Grubigsteinlift II, 685 m HU/400 Pers./Std. – ③ Hochmoos-Sessellift, 320 m HU/450 Pers./Std. – ④ Plattensteiglift, 100 m HU. – ⑤ Lermooser Übungslift, 75 m HU. – ⑥ Gschwandlift, 150 m HU.

HINWEISE Tageskarte 90 S. – WARTEZEITEN sonntags bis 45 Min. unten, 20 Min. am oberen Lift. – Pistenpflege unten sehr gut, oben oberflächlich. – Koordination gut. – Oberer Grubigsteinlift schattig, im Hochwinter eisig und windig, unbedingt Mantel geben lassen!

PISTEN sehr stark befahren, deshalb im oberen steilen Bereich oft recht lange, hohe Buckel, die auch eisig werden können. Unten ist alles flach, glatt, ohne Buckel.

BILD Der Grubigstein oben links, rechts daneben die Gartnerwand. Unten der besonnte Schneekegel der Sievebrentwiesen, an deren oberen Ende vor dem Wald die Mittelstation liegt. Man sieht die Liftschneise zur Bergstation, rechts die Wolfratshauser Alpenvereinshütte, und am Kamm rechts unter ihr die breiten Schneisen der »Schlägle«-Tiefschneeabfahrt.

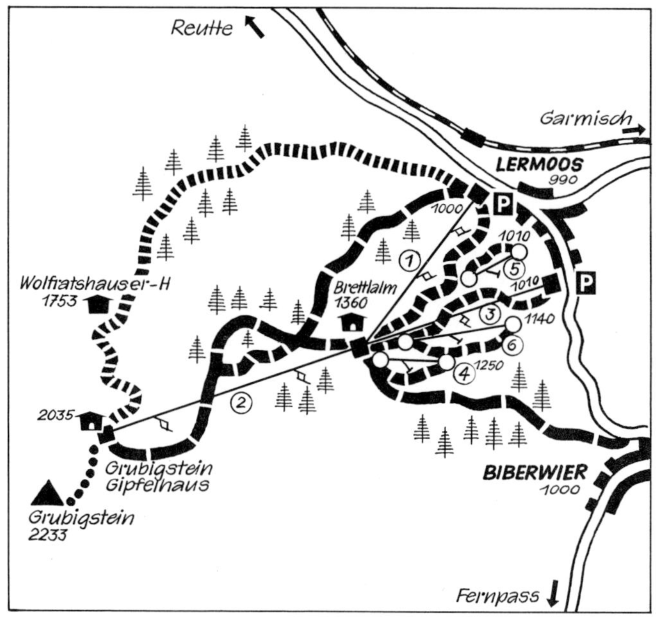

32 Marienberg-Piste und Wanneck-Tour

Zwei heiße Eisen zwischen Lermoos und Fernpaß

Piste + Tour 118 km 890 (1260) m HU Nord April (Ende Mai)

München–Partenkirchen wird durch die neue Autobahn zur Spurtstrecke, da liegt nichts näher, als von der Garmischer 700-Meter-Talhöhe öfters auf die 1000-Meter-Talhöhe des Ehrwalder Moosbodens umzusteigen: 20 Minuten länger fahren und schon warten dicht an der Fernpaßstraße, dicht hinter Dorf Biberwier, zwei »heiße Eisen«. Die Marienberg-Pisten mit ihren 890 Meter Höhendifferenz, blanken Nordflanken, superbreiten Schneisen und – einem längeren Winter. Wer gleich hinter dem Zoll bei Griesen über das Bruckerl kommt und aufschaut, bei dem gibt's einen Schnackler im Herz – da steht die Sonnenspitze wie das Matterhorn da, blitzsauber, hoch, felsig, elegant. Und dann kommt gleich die riesige runde Moostafel mit ihren 1000 Heustadeln und den drei Skidörfern Ehrwald, Lermoos und Biberwier. Wir fahren gleich bis hinter Biberwier durch und haben da eine Zeitlang neben der Sonnenspitze auch den Wamperten Schrofen im Blick. Was für ein schöner – was für ein richtiger Name! Auch auf unserem Luftbild sieht man ihn links oben seine wamperte Westwand herausdrucken, daß es »eine Schau« ist... Die 890-Meter-Piste steht in jedem Notizbücherl guter Münchner Skifahrer ganz hoch droben, man kann trotzdem die Familie mitnehmen und die Tante dazu. Denn neben der steilen oberen Piste gibt es ja Ausweichen und flachere Varianten. Drei Viertel der Piste sind Autobahn, also sehr breiter, leichtgewellter Übungshang von beträchtlicher Länge. Grad lustig, unter dem Wamperten Schrofen zu wedeln! Es ärgert einen, daß ein paar Riesenmasten herumstehen, von einem Kraftwerkszar oder einem Lehrbub des Verschönerungsvereins hingepflanzt – aber beim Abfahren sieht man nichts mehr vor lauter Fahren, Treiben und Schwingen. Bei viel Neuschnee und langsamem Pappschnee ist diese Piste nichts wert. Man halte es dann so: vormittags mit dem neuen Zugspitztalblock zum Grubigstein in die Sonne und auf den durchgehend steilen Osthang, am Nachmittag zum Marienberg, wo jetzt auch die Sonne hinkommt (und eingefahren ist). – Wer im April oder Mai über den Fernpaß muß, der fahre mit dem Lift bis unters Marienberg-Joch hinauf, zweige westwärts ab und marschiere dann mit angeschnallten Fellen und einem Rucksackerl mit der Brotzeit westwärts hinein, erst kurz durch Wald, dann über zwei Steilkammrücken ins Bergltal. Dieses Wanneck-Ostkar wird immer größer, je tiefer man hineinkommt, und man staunt nur so über die ungeheure weiße Firnwanne mit den wuchtigen Felswänden darüber. In unserem Luftbild sehen wir den unteren Teil dieses Riesenkares rechts oben unter den Felsmauern der Handschuhspitzen. Die Tour ist nichts bei Lawinengefahr! Es gibt meist eine gute Spur. Dann steigt man bis in den hintersten Talschluß, steil und immer steiler, und am Ende ganz extrem steil hinauf bis in die unterste Nordgratlücke des Wanneck. Eine Pfundsrast in der Gratlücke! Mit Seil und Eispickel könnte man sogar bis zum Gipfel, aber es wird abgeraten. Das können sich nur die »ganz Guaten« erlauben. Außerdem wartet ein bäriger Firn! Eine Schwierigkeit: Wenn es im Bergltal am schönsten ist, Ende April und im Mai, dann kann sein, daß der Lift gar nicht mehr fährt. Was aber nicht gar so schlimm ist, denn in eineinhalb Stunden ist man auch mit Fellen oben am Marienbergjoch.

TALORTE Biberwier, 991 m (650 Betten). – Dazu Ehrwald bzw. Lermoos, 1000 m. – Anfahrt Autobahn – Penzberg – Garmisch.

LIFTE ① Marienberg-Schlepplift I, 200 m HU/1000 Pers./Std. – ② Schlepplift II, 690 m HU/1000 Pers./Std. – ③ Projekt an der bisherigen Bergstation: Schlepper III, 250 m HU/500 Pers./Std. – Günstigste Karte: Tageskarte zu 90 S! – Längste Wartezeit 20 Minuten!

CHARAKTER Eine im ganzen Talbecken nicht mehr aufzufindende Idealpiste, weil reine Nordflanke, vor allem aber immens breit ausgebaut, 60–90 m Breite erlaubt alle Kapriolen und vermeidet jedes Gedränge. Oben nach schönem Startkamm steil, rassig zum Fahren, ganz unten riesige breite Ski-Autobahn, leicht kupiert, selten große Buckel. Oft pulverig, ganz selten stellenweise vereist. Heikel: Man sei vorsichtig beim Überqueren der Lifttrasse. Ideale Familienabfahrt ohne Schikanen, für sehr gute Abfahrer etwas zu anspruchslos.

BILD Im Vordergrund unten die letzten südlichen Häuser vom Dorf Biberwier, nach rechts ziehend die große Fernpaßstraße. In Bildmitte die Riesenschneise der großen Nordpisten, die vom Kamm dicht vor dem Marienberg-Joch über volle 890 m HU herab zur Talstation ziehen. Rechts neben der Bergstation der besonnte Starthang, den sehr gute Abfahrer links liegenlassen. Ganz links oben die Kalkwände des Wamperten Schrofen, rechts oben die unteren Hänge des Berglkares, darüber die Handschuhspitzen, dann die Ötztaler Alpen.

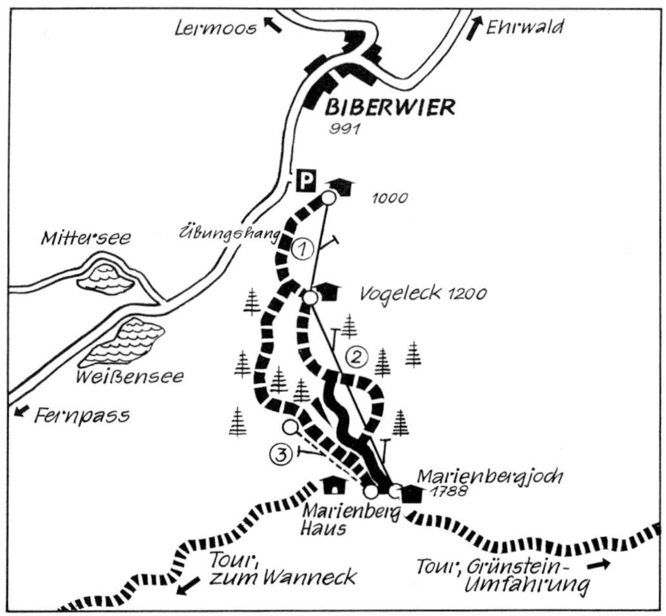

33 Marienberg – Grünsteinscharte – Brendlkar

Hochalpiner Spätfrühling in den Miemingern

Hochalpine Skitour 115 km 1266 m HU Nord
Nur Ende März–Mai

Auch wenn dieser Übergang jetzt durch den Lift bis nah vor das Marienbergjoch erleichtert wird, er bleibt als Skitour ernst – sogar heikel, falls einer Schnee- und Wettersituation nicht richtig zu taxieren versteht. Der einst vielstündige, jetzt kaum zweieinhalbstündige Aufstieg findet an reinen Südhängen statt, die von der Mittagssonne im rechten Winkel angestrahlt werden. Daran muß man immer denken! ... Ist man an der Bergstation des von Biberwier heraufziehenden Liftes angelangt, so geht man noch bis an das Marienbergjoch selbst auf 1796 Meter (Altes Joch) und quert dann unter den Südwänden des Grünsteins, immer ansteigend, zum Hölltörl hinüber, 2127 Meter. Ja, und jetzt kommt der Schreck, jetzt schenken wir alle Plage wieder her, weil es glatte 300 Höhenmeter im Osthang steil hinunter geht in die »Höll«. Dieser Osthang der Höll sieht im Sommer viel grauslicher aus als im Winter. Unten schnauft man tief auf nach den 60 schönen Schwüngen – legt die Felle an und steigt wieder aufi. Es geht nicht flach, sondern mühsam nordwärts hinauf, und wer was auf dem Herzen hat, kann es in starken Worten von sich geben. Ein jeder aber verstummt vor Freud, wenn er den allerletzten, den allergräuslichsten Schritt in die Grünsteinscharte getan hat auf 2263 Meter Höhe. Die meisten werden schnell wepsig, weil erstens drei Schritt weiter die ersten supersteilen 20 Abfahrtsmeter drohen, und zweitens, weil sie die Genußhänge im Brendlkar nicht derwarten können. Einmal muß es sein, also riskiert man's, fährt gleich nach den steilsten Metern rechts um den Felsvorsprung herum und nun nicht weiter ins Drachenkar und zur Coburger Hütte hinunter, sondern rechts quer hinüber zum Tajatörl. Das ist genau 2257 Meter hoch – und dahin geht es: In baumfreien, felsumkränzten Hochmulden fährt man auf die oberste Karterrasse hinab, die einen Absatz bildet, und dann bleibt man aus strategischen Gründen östlich, also immer unterm Igelskopf, immer steiler, immer schöner, – bis alles flach wird ... Wir fahren nun durch lichten Lärchenwald, bald spürt man den Sommerweg von der Coburger Hütte zur Ehrwalderalm unter den Skiern und bleibt auf ihm. Wäre man im Brendlkar auf der falschen, der Westseite, abgefahren, hätte man jetzt einen flachen Hatscher hierher zu machen. Also auf dem Sommerwege nordöstlich weiter und hinüber und hinab ins Gaistal und zur nahen Ehrwalderalm. Hier steht eine Gondelbahnstation, hier warten neue Lifte, die in die riesigen Südreißen vom Wetterwandeck zielen. Wir aber haben zugleich Anschluß an die Piste nach Ehrwald gefunden. Sie ist nicht gerade berauschend nach einem Brendlkar, aber glatt ist sie, eingefahren und man braucht nicht anzuschieben. Es sind immerhin noch fast 500 Höhenmeter auf den flachen Moosboden hinunter. An der Talstation finden wir auch einen Busanschluß nach Biberwier hinüber. – Wer sich vor der Tour die AV-Karte genau anschaut, der weiß gleich, daß ihm landschaftlich etwas Besonderes bevorsteht. Denn die abgelegenen, vom Wettersteinmassiv ziemlich brutal in den Hintergrund gedrückten Mieminger Berge entpuppen sich, aus der Nähe gesehen – etwa von der Grünsteinscharte und vom Tajatörl aus – als so interessant, so eindrucksvoll, wie es die Sonnenspitze verspricht, wenn man sie zum ersten Mal sichtet.

TALORTE Biberwier, 1000 m, bzw. Ehrwald, 1000 m. – Ab Biberwier (Parkplatz) unbedingt Auffahrt mit erstem Lift (sonst Felle anlegen!) zum Marienbergjoch, 1796 m (Bergstation). Ab hier nur noch gute 500 Höhenmeter Aufstieg über Hölltörl, 2127 m, und Höllreiße zur Grünsteinscharte, 2263 m.

CHARAKTER Der auch als Sommerübergang ungewöhnlich lohnende und wenig begangene Übergang ist im Spätwinter bzw. Frühjahr eine nicht mehr sehr anstrengende Sache (falls man den Lift benützen kann!). Sie bleibt aber ein ernsthaftes, hochalpines Unternehmen. Auch wenn nur gute 500 m aufgestiegen und dann volle 1166 m abgefahren werden. Die Strecke Marienbergjoch – Grünsteinscharte (immer an Südhängen!) kann bei falschem Schnee äußerst heikel sein. Nie bei lawinenverdächtigem Wetter aufbrechen! Es gibt zwischen Marienberglift-Bergstation und Ehrwalderalm keinen Wirt.

BESTE KARTE AV-Karte, Blatt 4/2 Wetterstein und Mieminger, 1:25 000! Unbedingt mitführen!

BILD Die Mieminger Kette, von Norden gesehen, mit (von links) Hochplattig, 2768 m, Mitterspitzen, 2701 m (links darunter, beleuchtet, der die Kare trennende Igelskopf, 2223 m), Grießspitzen, 2715 m. Diesen Grießspitzen sind nördlich (rechts im Bild) die Tajaköpfe vorgesetzt, hinter denen sich unsere wichtige Scharte, das 2257 m hohe Tajatörl befindet. Von dort starten wir in das herrliche Brendlkar.

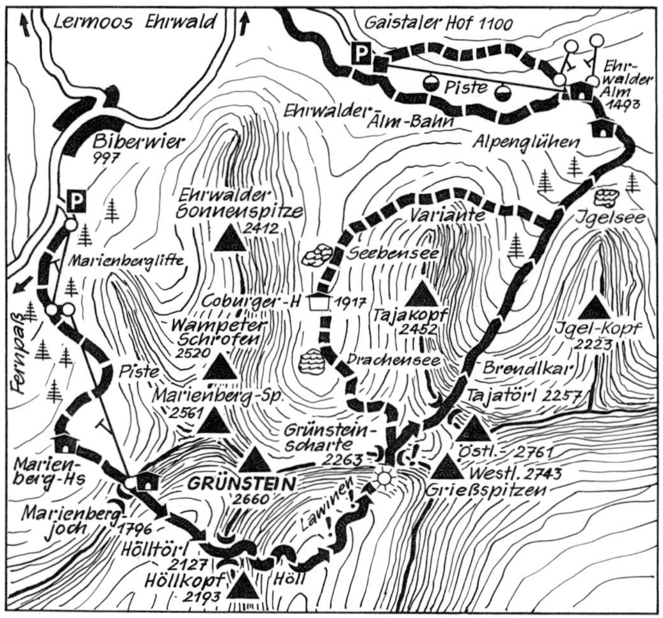

34 Die Pistenspirale im Dammkar

Große Frühjahrsrennstrecke unter Karwendeltürmen

Pisten 95 km 1372 m HU Nord + West Bis Ende Mai

Mittenwald, das Geigenmacherdorf ohne Nachwuchs, liegt zwischen Wetterstein und Karwendel an jenem gefährlichen Durchlaß, wo neuerdings immer mehr Nordalpine den Weg in den Süden suchen. Die neue Autobahn von München über Penzberg ladet dazu ein. Im letzten Moment noch sind die Mittenwalder zu ihrer Umgehungsstraße gekommen und haben sich so vor dem Massengasmord gerettet. Genau dann, wenn die Invasion in den Süden losgeht, ist auch der Hauptzutrieb der Münchner Skifahrer ins Dammkar im Gange: ab Ende März bis Ende Mai. Vierzig Jahre sind die Münchner hier auf Fellen oder zu Fuß in der Steigtrasse ihre vier bis fünf Stunden angestiegen, man kannte einander, es gab eine eigene Dammkarsprache, die Namen von Brotzeitfelsen, Bergwachthütterl, Kanonenrohr und Bankerl wurden damals als geografische Ersatzdaten festgelegt. Zahllose Verlobungen sprossen in der Sonne der Dammkarscharte. Große Zeiten! sag ich nur, der damals dort seine Frühjahrsrennen fuhr, mit Sand auf dem Klister, weil man damals torlos Schuß fahren mußte, wo heute die Söhne furios durch die Torstangen rasen. – Heute also fährt man nach gehörigem Warten auf 2244 Meter auf, und trägt dann – faszinierend ausgesetzt zwischen Felstürmen – seine Skier zum Start an der Scharte hinüber, um die schönste, rasanteste und steilste Rennabfahrt im Münchner Bereich zu machen. Die theatralische, zuerst wahrhaft schockierende Felskulisse der Karwendelberge, unter deren Sockeln die Lawinen erst abgeschossen werden müssen, ehe die Pistengaudi angehen darf, verblüfft: »gacher« geht's nicht mehr! Es geht aber doch, ob einer mag oder nicht, sehr steil fährt man dicht unter den Felswänden der Drei Kirchln in das schattige Oberkar ein und erst kurz vor dem Brotzeitfelsen, wo es scharf nach links ums Eck geht, sinkt der Tachometer herunter... Wer verschnauft da nicht gern! Einerseits. Andererseits gibt's hier im Dammkar fast nur gute Abfahrer, und die denken gar nicht an Verschnaufen, denen kann's gar nicht schnell genug gehen, und so fahren sie am Brotzeitfelsen genauso vorbei wie gleich danach an der Dammkarhütte – obwohl man dort Bier verkauft. Nein, sie schießen vorbei und lassen sich dicht an der Hütte in das »Kanonenrohr« fallen – ehe sie nämlich an den senkrechten Sockelfels der Kreuzwand prallen. Kanonenrohr? Ja, das ist die supersteile, spiralenförmig gewundene Hohlkehle, die bei fast 200 Meter Höhenunterschied dicht an den Felsen in die Tiefe zieht und dann – aufhört. Hier wird der wackelige Abfahrer wie von einer Sprungschanze in den Schlußhang getragen, wo er sich »derfangen« muß... Aber dann ist das Ärgste (und Schönste) auch schon ausgestanden, man passiert das »Bankerl«, schießt in scharfer Fahrt in den Wald hinein, wo einen die einst schmale, heute fast autobahnbreite Schneise empfängt. Neben ihr hat man einen neuen Lift eingebaut, mit dem man wieder ein Trumm hinauffahren kann, ehe man von der Autobahn in den (endlich auch genügend breiten) Ziehweg wechselt – in dem man sich früher arg durchhakeln mußte. Jetzt kommt man glatt in den hellen Lärchenwald vor der Talstation, kreuzt vorsichtig die neue Umgehungsstraße, und dann sind die 1372 Höhenmeter ausgestanden, die Anstellschlange hat uns wieder... Oder der Postwirt der lärmfreien Hauptstraße.

TALORT Mittenwald, 913 m. – Parkplatz an Talstation!

BAHNEN/PISTEN ① Karwendelbahn (28-Mann-Kabinen), 1312 m HU/nur 360 Pers./Std. (geringe Kapazität wegen zu kleiner Gondeln!). – Berg Einzel 5 DM, Tageskarte 18 DM (lohnend nur werktags). Sonntagswartezeit bis 1½ Std.! Werktags 10 Minuten. – ② Kranzbergbahn, 480 m HU. Sonntags Schlangen, werktags nicht.

HINWEIS Bei starkem Wind kann die Kabinenbahn zur Westlichen Karwendelspitze NICHT verkehren! Also schon am Stachus nach Wetter UND Wind schmecken! – Die Abfahrt ist auf 800–900 m HU (oben) schwierig, auf die restlichen 400 m HU nur mittelschwer. – Im Hochwinter oft wegen Lawinengefahr gesperrt, die Lawinen werden neuerdings abgeschossen. Telefonauskunft ab München: (0 88 23) 3 62. – Die ansteigende Querung von der Bergstation zur Dammkarscharte, also von 2244 m auf 2319 m, ist ausgesetzt, oft vereist!

BILD Wir sehen (von links oben) Tiefkarspitze, Lärchfleckspitze, und rechts unter ihr (noch herausspitzend) die Drei Kirchln. Es folgt die Westliche Karwendelspitze und ganz rechts die Linderspitze. Zwischen Karwendel- und Linderspitze ist am Rand des kleinen besonnten Firnkares die Bergstation zu sehen. Von dort nach links in die (verdeckte) Dammkarscharte muß man die Skier tragen. In der linken Bildmitte das oben beschattete, unten besonnte Dammkar.

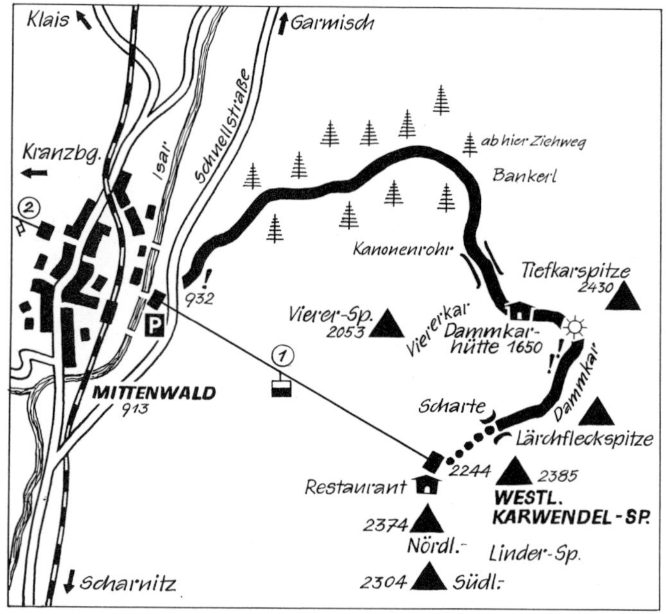

35 In Seefeld unter der Reitherspitze

Zwischen Roßhütte und Härmelekopf

Pisten (TS) 112 km 827 m HU West Bis Mitte April

Bremsen wir nach dem steilen Burgberg und vor dem steilen Zirlerberg, und haben wir den Wagen im teuren Parkplatz untergestellt, dann gibt es nur zwei Ziele: die Pisten von Seefelderjoch und Roßhütte herab, und – eingeschränkt von der kümmerlichen Kapazität der winzigen Gondelbahn – die schönste Seefelder Abfahrt, die vom Härmelekopf zur Talstation (rechts im Bild, die Schneise in der Waldzone ist ungewöhnlich breit und gut planiert). – Zuerst fährt man mit der neuen warmen Standseilbahn zur Roßhütte hinauf, um nach dem Nahblick auf einige hundert gegrillte Menschenleiber weiter zum Seefelderjoch aufzufahren. Kleine Kabine, großartige Aussicht auf Inntalboden und alles, was jenseits in den Stubaier Alpen herumsteht, – aber eine holperige Piste. Der Hang wäre ideal, ist aber oft verblasen und an der Pflege fehlt es auch. Wogegen die weitere Talpiste ab Roßhütte hübsch ist, oben reizend, dann ganz leicht – etwas für verstrittene Paare und Familien: unten umarmt man sich wieder herzlich. – Hat man das Glück, mit der Minigondel zum Härmelekopf hinüberfahren zu dürfen (während mittags alle gut erzogenen Leute beim Essen sitzen), dann wartet die mittelschwere Seefelder Lustpiste – gute 800 Höhenmeter auf ganz ausgezeichnet gebahnter Westpiste bis zur Talstation, ein absoluter Genuß! – Der junge Münchner Skibergsteiger blinzelt, solange er sich um Roßhütte und Seefelderjoch herumtreibt, immer nur hinüber ins Reitherkar. Auf unserem Bild ist es im Schatten der Bildmitte verdeckt, es ist in Wirklichkeit ein riesiges baumloses und sehr steiles Hochkar, rein nordwärts absinkend, und zwar von dem im Bild gut sichtbaren Reitherjoch aus, der feinen weißen Scharte rechts oben unter der Reitherspitze. Dort hinüber muß man an ganz schneesicheren Tagen ab Härmelekopf-Bergstation die Skier tragen! Ein rein hochalpines, ein strenges Unternehmen, denn der Südhang ist steil, und man muß vor der Scharte am Grat bleiben, man darf den Hang nicht diagonal zur nahen Scharte anschneiden! – Jenseits muß man erst die Wächte überwinden – dann fährt man in den Riesenschattenkessel ein und schwingt das große Kar herab, bis man im Talgrund hinaus zur Talstation schießen kann. Eine Tiefschneeabfahrt erster Klasse – die man selten fest planen kann! Aber kommt einer durch Seefeld und es ist kalt, und der Schnee hat sich in einer Reihe von Tagen gut gesetzt, dann kann die Reitherkar-Abfahrt fällig werden. Wer nicht brillant, sondern nur gut fährt, bleibe auf den Pisten. Man muß Tiefschneefahrer und Skibergsteiger sein ... Im übrigen: Seefeld bleibt der beliebteste Tiroler Erholungsort für naturfremde, aber für Natur schwärmende und nebenbei begüterte Großstädter. Wobei nur die Frage ist, ob man sich nach zwei Übungsstunden erholt, wenn darauf zuviel Essen, zuviel Alkohol und zuviel Après-Ski folgen. Man sieht natürlich auch allerlei Münchner Zugereiste in Seefeld, die sich hervorragend amüsieren, wenn sie eine Stunde und länger in der Gschwandtkopfschlange stehen dürfen, der Sonne zugewandt und hautnah auch zwei hübsch gefüllten Bogneruniformen ... Man sieht natürlich auch ganze Pulks Münchner Skilangläufer auf den berühmten Seefelder Olympialoipen hinüber nach Mösern laufen und retour zum schönen Barockkircherl mitten im Seefelder Fremdenstrudel ...

TALORT Seefeld in Tirol, 1180 m (6000 Betten. 14 Bahnen/Lifte, Hallenbäder, Sauna, Pferde, Flirt). – Drei voneinander getrennte Pistenregionen. Hervorragende Langlauf-Loipen.

BAHNEN/LIFTE ① Gschwandtkopflift I, 295 m HU, 450 Pers./Std. – ② Lift II, 150 m HU, 360. – ③ Lift III, 145 m HU, 600. – ④ Brunnentallift 100 m HU, 600. – ⑤ Auland-Gschwandtkopf, 300 m HU, 450. – ⑥ Standseilbahn Roßhütte, 550 m HU, 800. – ⑦ Seefelderjochbahn, 310 m HU, 200. – ⑧ Härmelekopfbahn, 291 m HU, 200. – ⑨ Kaltwasser-Schlepper, 180 m HU, 600. – ⑩ Sessellift Roßhütte, 204 m HU, 500. – ⑪–⑮ 5 Übungslifte!

BEDINGUNGEN Die Gschwandtkopflifte bilden ein kühles Konversationszentrum durch oft 1–2stündige Wartezeit. – Wartezeiten an der Standseilbahn zur Roßhütte stark verkürzt, akzeptabel. – An der Härmelekopfgondel erbarmungswürdig lang! – Werktags stark verkürzte oder keine Wartzeiten! – Preise: Tageskarte 100 S = sehr günstig! Einzel Seefelderjoch 42 S. 32-Punkte-Karte 100 S = 4 Bergfahrten Seefeld-Roßhütte. – Pistenpflege nur unterhalb Roßhütte gut. – Lifte kalt, Standseilbahn warm.

BILD Seefeld in Tirol mit Seefelderjoch (links oben), Seefelder Spitze, und Reitherspitze (rechts oben). Links unter Reitherspitze der Härmelekopf, darunter die sehr schöne Westpiste. Ganz links der Westsporn unterm Seefelderjoch mit der Roßhütte und leichten Pisten.

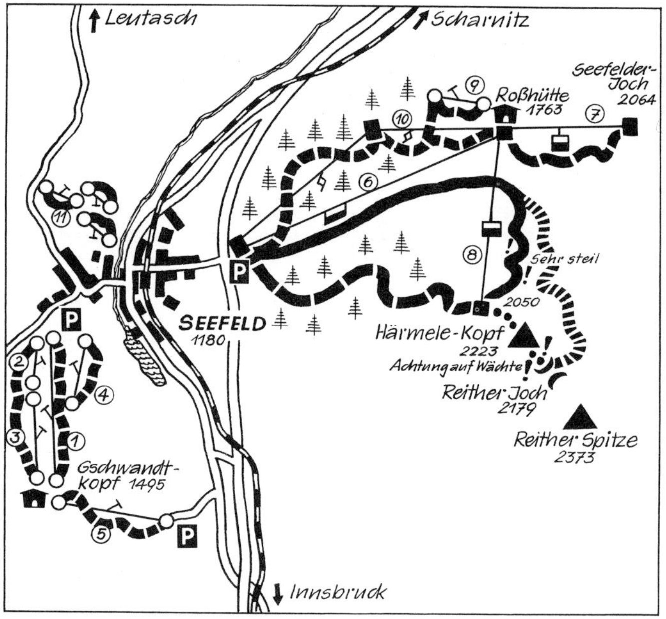

36 Vom Birgitzköpfl nach Götzens

Olympia-Slalom und große Tourenabfahrt

Tourenabfahrt 145 km 1168 m HU West + Nord
Bis Ende April

Natürlich haben die Olympischen Winterspiele von Innsbruck die »Axamer Lizum« protegiert: Nie wäre unter normalen (Tiroler) Verhältnissen diese großzügige, geschickt plazierte, intelligent organisierte Skistation entstanden – die beste des Landes Tirol. Hoadl und Birgitzköpfl senden ideale freie Skihänge in das Bahnenzentrum und bieten neben diesen Abfahrten auch noch zwei parallel nach Norden auslaufende Tourenabfahrten –nach Axams vom Hoadl, nach Götzens vom Birgitzköpfl – die mit 1300 und 1200 Höhenmeter fantastische Möglichkeiten in Stadtnähe darstellen. Die Innsbrucker Skifahrer sind zu beglückwünschen – aber die Münchner auch: Sie nützen ihre Chance seit langem und werden sie um so mehr nützen, je schneller die Autobahn nach Garmisch wächst und der Zirlerberg als Problem verschwindet. – Wir kaprizieren uns diesmal nur auf das Birgitzköpfl zwischen Axamer Lizum und Götzener Grube. Man fährt aus der Lizum, wo ein Riesenparkplatz wartet, über die abschreckend steilen Buckelfelder der Slalomhänge auf und denkt sich: »Mir gangst!« Aber so schlimm ist es gar nicht, wenn man erst mal im Fahren ist, und als schwer werden sie sowieso bezeichnet. Unser Tip heißt große Götzener Abfahrt. Diese Abfahrt ist nicht nur vom Birgitzköpfl her, sondern auch vom Pfriemesköpfl über der Mutterer Alm zu erreichen, auch hier ist die Trasse gut ausgeschlagen. Wir fahren vom Birgitzköpfl in die Götzener Grube ein und hüten uns, von der Sonnenseite (im Bild) in den Schatten zu wechseln, und auch wenn keine Sonne ist, bleiben wir im Abfahrtssinne links (im Bild rechts) am Hang, denn jenseits droht die Lawinenrinne vom Pfriemesköpfl. Sie ist ernst zu nehmen! Dann fahren wir (im Bild) diagonal von oben Mitte ins rechte untere Bildeck, erst am weißen Hang, bis wir uns im Wald mit der Trasse vom Pfriemesköpfl vereinigen. Das ist zuerst ein breiter Ziehweg, der in eine überaus großzügige, breit ausgeholzte Waldabfahrt übergeht, die fast stets die gleiche Neigung und lange, niemals eckige Kurven aufweist. Man fährt mit hohem Vergnügen, auch der vorsichtigere Fortgeschrittene tut das, auch die Kinder tun es, und wartet und wartet auf das Erscheinen von Dorf Götzens – aber es kommt nicht. Es geht immer wieder weiter, bis endlich ein Lift zu sehen ist, der uns vom Anblick der lichten Lärchen abhält, durch die wir jetzt schwingen. Das ist vielleicht der schönste Augenblick bei dieser Abfahrt, das Eintauchen vom freien Hang in den zauberhaften Lärchenhain, unter sich auf der Hangterrasse das Dorf Götzens . . . Und alles endet, wie es muß – in einem langen, schönen Schuß! Beim Altwirt ißt man (billiger als droben in der Lizum), setzt sich dann in den wartenden Kleinbus und hobelt oben die Hoadl- oder die Pleisenpisten ab. Wer diese unsere geliebte Götzener Abfahrt, für die Münchner eine richtige Familienabfahrt, ohne zu halten durchsteht, gehört einer Elite an. Aber man muß nicht, bitte! Man hat ja, denke ich, in einer Skifamilie immer jemanden, und wenn es nur der Jüngste wäre, auf den man verweisen kann, wenn einem der Schnaufer ausgeht – »geht's zua, wart ma a bisserl auf'n Markus!« . . . Wobei es passieren kann, daß es eines Tages heißt: »Geht's zua, laßt's an Vata a mitkomma!« . . . Die Abfahrten nach Mutters, um noch eine Birgitzköpfl-Variante zu nennen, ist lustig, meist arg ausgefahren.

TALORTE Innsbruck, 574 m. – Götzens, 868 m. – Axams, 874 m. –

BAHNEN/LIFTE ① Birgitzköpfl, 465 m HU/400 Pers./Std. – ② Götzener Grubenlift, 106 m HU/1000 Pers./Std. ③ Götzener Berglift, 175 m HU/750 Pers./Std. – ④ Muttereralmbahn, 651 m HU/800 Pers./Std. – ⑤ Pfriemesköpfllift, 179 m HU/500 Pers./Std. – ⑥ Lärchenwaldlift, 127 m HU/1000 Pers./Std. (weitere Lifte siehe Tour 36).

HINWEISE Preise Lizum – Birgitz Einzel 12 S, Tageskarte Lizum 90 S. – Werktags keine Wartezeiten, Sonntag bis 30 Min. – Pistenpflege hervorragend. – Lifte bei extremer Lawinengefahr gesperrt!

CHARAKTER Die »Axamer Lizum« ist die am besten organisierte Skistation Tirols, obwohl sie nicht viel Lifte besitzt. Für den guten wie für den sehr guten Läufer bietet sie schlechthin ideale, natürlich waldfreie Pisten. Dazu zwei Tourenabfahrten großen Stils: Wir stellen die Tourenabfahrt Birgitzköpfl – Götzens vor, Nordflanke, ausgebaut, fast 1200 m HU, Sohn Max: »Eine der lohnendsten Abfahrten des Buches!« Die Abfahrt ist leicht bis mittelschwer.

BILD In Bildmitte die Götzener Grube, links davon am Grat unter der felsigen Pfriemeswand das Pfriemesköpfl, über ihm die Nockspitze. Rechts über der Götzener Grube am weißen Kamm das Birgitzköpfl mit Bergstation. Von dort führt unsere »Götzener Abfahrt« rechts in die Grube hinab und vereinigt sich mit der breiten Waldpiste vom Pfriemesköpfl herab. Rechts oben die Kalkkögel.

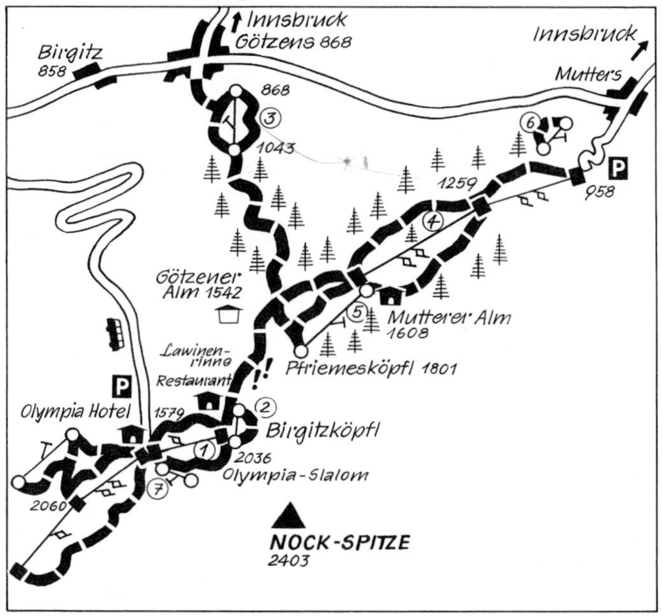

37 Vom Hoadl nach Axams

1330 Meter Tiefschnee – neben den Olympiapisten

Piste + TS 135 km 1330 m HU Nordost + Nord
Bis Ende April

Unser Bild ist ein »Gemälde für Skifahrer« – es zeigt Hoadl und Pleisen, die beiden Musterskiberge der Axamer Lizum unter den Kalkkögeln (links oben). Diese schönen, baumfreien Mulden und Rundkämme in Ost- und Nordostflanken bieten alle Freuden des Skifahrens. Talhöhe 1600 Meter: also langer Winter. Berghöhen der Lifte zwischen 2200 und 2340 Meter, also Höhendifferenzen zwischen 600 und 800 Meter, die man vervielfältigen kann. Denn das Liftesystem ist so geschickt plaziert und koordiniert, daß es kaum Wartezeiten gibt. Über die Qualität der Hänge gibt unser »Gemälde« ausreichende Auskunft. Ganz links am Bildrand zieht von Mulde zu Mulde die olympische »Damen-Abfahrt«, eine Familien- und Genußpiste für jede Sorte Skifahrer. Nur die »ganz Guatn« lächeln da und verziehen sich auf die scharfe, links der vertikalen Bildmitte herabfallende »Herren-Abfahrt« (Ersatzstrecke). Die Buckelfelder sagen alles, also mittelschwer, steiler als die Damen-Abfahrt. Der riesige Pleisen-Osthang rechts, unten von der dichten Waldregion abgefangen, bietet abermals mittelschwere Pisten auf steiler Flanke – und, das ist jetzt unser Haupttip, den Start zur großen Tiefschneeabfahrt über 1330 Höhenmeter nach Axams. Man fährt vom Pleisenlift ganz oben nach rechts in die flache Mulde, verläßt dort den Pistenbereich indem man nordwärts einige Schritte ansteigt; nun folgen wir den blauen Markierungen, die uns einige steilere Tiefschneehänge auf dem mächtigen runden Kamm gut abgesichert traversieren lassen. Es wird zunächst etwas flacher, einige Schrägfahrten führen tiefer, dann wird es wieder steil. Da sind wir schon in den großzügig ausgeschlagenen Riesenschneisen der dichten Waldregion, und hier bleiben wir »so lang die Füße tragen«, also so lange der Dampf reicht. Die bei trockenem Neuschnee geradezu ideale Abfahrt kann natürlich auch mal abgefahren sein. Aber das kommt nicht oft vor, sie ist niemals »Pistenparkett« und verlangt sehr viel Standfestigkeit, ehe man es hinaus auf den Axamer Übungshang laufen läßt... Unsere Tips: Der obere Hoadllift zum Gipfel hat meist die längsten Wartezeiten, weil der obere Bereich genußvoller abzufahren ist als der untere. – Man fährt am besten morgens im Pleisenkessel und starte vor Mittag zur großen Nordabfahrt nach Axams. Unten in Axams hat man dann so viel Appetit, als man braucht, um ohne Reu zu bezahlen. In Axams ist es übrigens am ruhigsten und am billigsten. Dann fährt man seinen gefüllten Magen mit Bus oder Taxi wieder in die Lizum hinauf. – Man habe keine Angst vor den mittelschweren Pisten, weil die Übermacht der »mittleren Schützen« ohnehin überall für feige Querfahrten sorgt (siehe Bild), die man stillschweigend frequentieren kann. Warum denn nicht? – Bei der beliebten »Damen-Abfahrt« (ganz links im Bild) denke man daran, daß sie nach den drei oberen Genußmulden etwas an den Südhang kommt, wo man in einer Traverse die Sonne zu spüren bekommt. Hier kann man schon vorher nach rechts (im Bild links) ausscheren und drüben im steileren Nordosthang auf Pulver abfahren. Also: Augen aufmachen! – Ab Winter 1971 dürften fast alle großen, mittels schwerer Raupen angeschobene Axamer Pisten begrünt sein – das heißt, daß sie nicht mehr steinigen Untergrund haben und schon bei 40 cm Schneehöhe befahren werden können.

TALORT Axams, 874 m (600 Betten). – Axamer Lizum, 1579 m (wenig Betten, großer Parkplatz). Pendelbus von Axams in die Axamer Lizum.

LIFTE ① Hoadlbahn I, 481 m HU, 720 Pers./Std. – ② Hoadlbahn II, 278 m, 450. – ③ Pleisen-Schafböden, 230 m HU, 600. – ④ Pleisenlift, 392 m HU, 675. – ⑤ Sonnenlift Axams, 87 m HU, 900. – ⑥ Birgitzköpfl, 465 m HU, 400. – ⑦ Kaserwaldlift, 48 m HU, 900. – ⑧ Götzener Grubenlift, 106 m HU.

Sonntagswartezeit an den großen Liften höchstens 30 Minuten! Gut dezentralisiert. – Ausgezeichnete Pistenpflege! – Die grandiose (nicht ganz leichte!) Tiefschneeabfahrt Pleisen–Axams wird an Wochenenden oft vom Bundesheer eingetreten – welch ein Kundendienst! –

CHARAKTER Wir stellen hier die berühmten Olympiapisten in der Nordost- und Nordflanke des Hoadl vor, außerdem die immer mehr verbesserte große Tiefschneeabfahrt (sonntags öfters eingefahren!) vom Hoadl bzw. Pleisen hinab bis nach Dorf Axams: 1330 Höhenmeter für standfeste Münchner!

BILD In der Talfurche links unten (nicht mehr ganz einzusehen) die Axamer Lizum mit den Talstationen der Lifte. Links oben Hoadl, rechts oben Pleisen. Links unterm Hoadl die »Damen-Abfahrt«, rechts unterm Hoadl »Herren-Riesenslalom« und »Nordost«, daneben rechts der Entsatzlift Schafböden, rechts von diesem der große Pleisenlift.

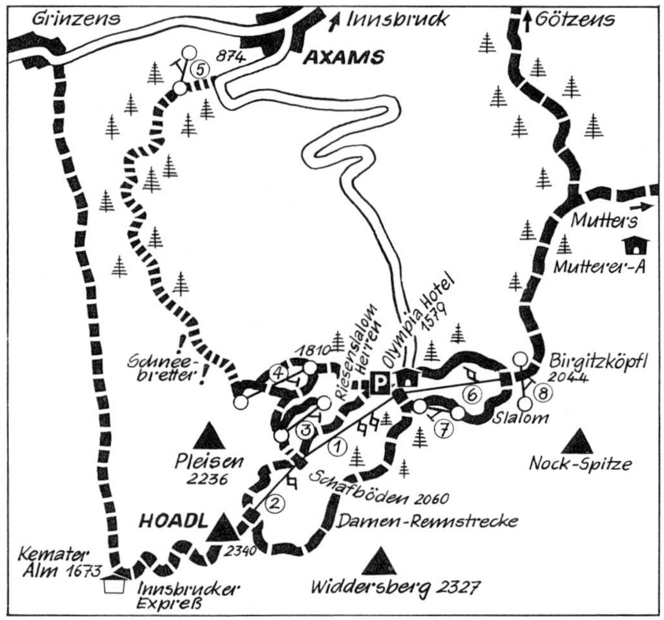

38 Der Zwieselbacher Roßkogel

Von Haggen über den Kraspesferner

Hochalpine Skitour 141 km 1400 m HU Nord
März bis Ende Mai

Lange ehe man sich auf den trockenen Lärchenwiesen dicht über dem Wirt von Haggen hinlegen und ausstrecken kann, während der liebe Freund ein Bier besorgt oder deren zwei, lange ehe man diese schönste Stunde des Tages mit ihrer höchsten Fülle an Frieden, Zufriedenheit und süßer Erschöpfung genießt, muß man auf den Berg hinauf. Das geschieht erstens nur im späten Frühjahr, zweitens nur in Gesellschaft alpin erfahrener Skibergsteiger. Drittens so früh, daß man die drei Höllenstufen der drei (im Bild links unten sichtbaren) Steilkare noch frisch hinter sich bringt. Denn schnell schlägt die Plage den späten Mann ... Hier in den drei Steilröhren kann einer tapfer unterliegen, aber auch strahlend siegen. Sache des Zufalls, Sache der guten Witterung für die Schneeverhältnisse, Sache tüchtiger hochalpiner Disziplin ... Zu allererst, das müssen wir extra betonen, ist dieser Aufstieg sehr aufregend. Sobald er »schön« wird und glanzvoll, nämlich im oberen Teil (unseres Bildes und des Berges), wird er beinahe langweilig. Das alles geht ungefähr so: Man schnallt in aller Herrgottsfrühe, das hat seinen guten Grund, beim Wirt die Felle an und marschiert sofort südwärts davon in den schwarzen Schatten hinein. Nicht einmal die lichten Lärchen sieht man. Es ist grausig kalt, und grad so brauchen wir es. Nach dem flachen Zugang neben dem Kraspesbach verengt sich das Tal, verengt sich gleich auf 100 Meter Breite, wird zum glatten Kanonenrohr. Kommen alle Lawinen nur hier herunter? frägt man sich und steigt besorgt in das kalte steile Schneeloch hinein. Aber dann kommt bald ein raffiniertes Täuschungsmanöver der Natur – plötzlich wird der schmale Schlauch flach. Zwar sieht man steiles Felsgewänd rechts und links und vor sich, ahnt den Ausweg nicht, macht sich wieder Sorgen – aber dann kann man doch plötzlich nach links ausbiegen. Man plagt sich brav hinter dem sonneumspielten Felskeil (im Bild) links hinauf und denkt sich schon wieder: Oha, jetzt is' aber alles gar! Aber es ist keineswegs alles gar, sondern man kann sich wieder steil, arg steil über die nächste Felsbarriere drängeln, setzt vorsichtig seine Spitzkehren in die engen schmalen Steilhänge, oder stellt die Harscheisen auf den Skiern schön senkrecht in den harten Zement hinein. Auch eine dritte Barriere wird so genommen, dabei drohen von links oben dicke fette Schneeschübe aus den steilen Hängen. Aber am Ende genügen dann buchstäblich zehn Skilängen, um aus dem Gehakel herauszukommen – und die gehabte Furcht als schön zu empfinden. Die erste Sonne über Märchenhängen verhindert es, an die Abfahrt zu denken. Man schaut nur voraus, legt eine Modellspur in die darauf wartenden Mornänenhügel, entdeckt bei der Rast an den letzten Steinen den Ferner vor sich und sieht den Gipfel in nächster Nähe. Meint man ... Es ist noch ein gutes Trumm hinauf, und weil wir erst zweieinhalb Stunden gestiegen sind, müssen es doch noch eineinhalb Stunden sein. Genau so ist es. Man steigt am besten grantig weiter und pfeift auf alle Naturfreude und redet erst dann wieder gescheit daher, wenn man am Gipfelgrat die Felle abzieht, in den ersten Apfel beißt und nur noch das Limonadenstanderl vermißt. Die Abfahrt bedeutet hohes Vergnügen für den Könner und ein Kreuz für alle anderen. Ein guter Rat: Niemals bei faulem Schnee!

TALORT Haggen, 1650 m (guter Wirt), im Sellraintal an der neuen Straße nach Kühtai (2½ km oberhalb Gries im Sellrain).

CHARAKTER UND HINWEISE Diese hochalpine Skitour nimmt im Sellrain eine Sonderstellung ein, weil sie ernster genommen werden muß als alle übrigen Touren. Sie ist nur bei sichersten Schneeverhältnissen, also auch nur nach der Grundlawinenzeit möglich. Die drei Steiltobel unterhalb des Gletschers sind oft schneebrettgefährlich! Manchmal sind sie so verharscht, daß man gut tut, Harscheisen mitzuführen. Nur spätes Frühjahr! betonen wir nochmals. Lieber blühen unten schon die Krokusse, lieber trage man eine Viertelstunde seine Skier zu Wagen, als daß man im tiefen oder auch im faulen Schnee aufsteigen muß. Die Tour ist nichts für Anfänger! Bei Nebeleinfall sofort umkehren! – Herrlicher Rastplatz an den letzten Felsen vor dem Kraspesferner. – KARTE: Kompaß-Karte Telfs-Kühtai.

BILD Einblick von Norden in das Kraspestal mit dem Kraspesferner unter dem Zwieselbacher Roßkogel, 3050 m (oben rechts). Man kommt beim Anstieg von Haggen her ganz einfach und schnell bis zum ersten engen Durchlaß, den man im rechten unteren Bildeck sieht. Dann steigt man nach links oben durch die drei übereinander folgenden Steiltobel auf, wo man keinen Hang falsch anschneiden darf. Nun geht es von links nach rechts oben in einem einzigen Zuge zum breiten Gipfel, den man an seiner obersten rechten Schulter erreicht. Oberhalb der drei Steilstufen links der Kraspessee.

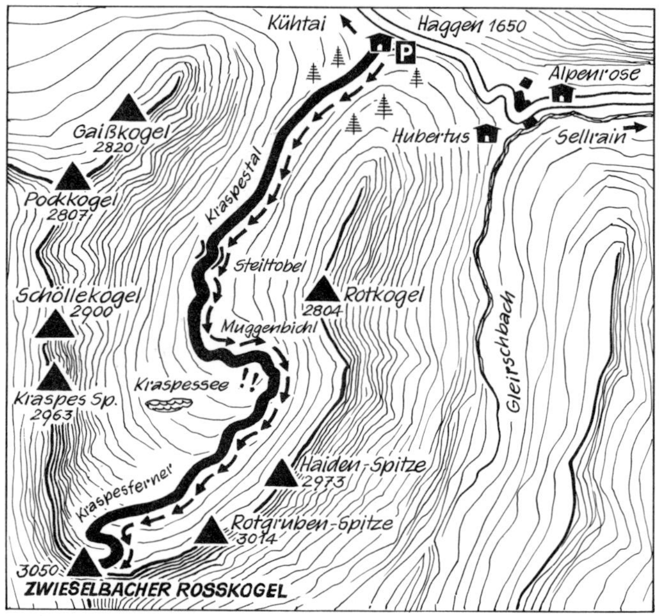

39 Auf den Längentaler Weißenkogel

über Lisens und Westfalen-Haus

Hochalpine Skitour 142 km 1578 m HU Nord März bis Mai

So wie das Sellrain einen Vorhof der Stubaier Alpen bildet, so stellen unsere in diesem Buche vorgestellten Sellrainer Skitouren eine Art Vorprüfung dar – ehe man an Wilden Freiger, Zuckerhütl, Ruderhofspitze und Schrankogl denkt. Von München ist man mit jedem Autobahn-Baujahr schneller im Sellrain. Man fährt den Zirlerberg hinunter und genau gegenüber ins Sellrain hinein, vorbei am hinreißenden Kirchlein von Rotenbrunn, hinein ins Zentrum bei Gries, von wo aus man mit dem eigenen Fahrzeug oder mit dem Jeep nach Lisens, und auch ins Ausweichquartier nach Praxmar gelangt. Je später im Jahr, desto bekömmlicher. Ich bin nie anders aus dem Sellrain herausgekommen, als unten vor Gries durch erstes frisches Grün marschierend und am mächtigen Steinbruch unterm Freihut eine Bade- und Reinigungsrast einlegend ... Die Sellraintouren dieses Buches weisen die höchsten Gipfelquoten auf, und relativ gesehen sind sie die schönsten Touren. Weil sie hochalpine Strenge voraussetzen und dementsprechend Kraft und Ausdauer kosten, zahlt man den Preis für den Superlativ schon vor Erreichen des Zieles ... Am besten, man fährt am Freitagabend vom Stachus nach Lisens. Dann macht man am Samstag den Lisenser Fernerkogel, 3300 Meter (siehe Tour 40), oder man steigt in der Frühe zum Westfalen-Haus hinauf, macht dort eine Rast und geht noch auf den Längentaler Weißenkogel, denn der bietet keine Probleme. Am zweiten Tage ist der Hohe Sebleskogel mit einem außerordentlich steilen, dem modernen Abfahrtsstil entsprechenden Südhang oben, und einem Osthang unten (siehe Abfahrtsspuren im Bild, von rechts) fällig. Auch der Winnebacher Weißenkogel, über das Winnebachjoch und dann unter der Roßkarscharte durch zu erreichen, kommt in Frage. Aber Sebleskogel wie Winnebacher Weißenkogel verlangen unabdingbar sichere Wetterverhältnisse und sicheren Schnee: Beide sind bei Lawinengefahr und auch bei Nebel unmöglich! Man muß das ernst nehmen. – Beim Aufstieg zum Westfalen-Haus muß man im Lisenser Talschluß, wo von rechts der Fernaubach herunterkommt, nach rechts oben abbiegen; man erreicht bald den oberen Längentalboden, passiert die Almen und steigt nun nicht (wohin zuweilen Spuren deuten) nach rechts direkt zur Hütte, sondern geht geradeaus, bis man die Hütte rechts oben über sich sieht: Dann ist man in einer Serpentine schnell und sicher oben. Man erkundige sich in Lisens bzw. Praxmar, ob die Hütte bewirtschaftet ist. – Wie unser Luftbild überzeugend darlegt, befinden wir uns am kleinen alten, lieben Westfalen-Haus in einem wahren Skitourenparadies, auch für Skitourenanfänger in guter Hand. Die reinen Nordhänge vom Längentaler Weißenkogel herunter bescheren schon im Anstieg Freude, man kann die Spur souverän, das heißt nicht steil (wie die Zuagroasten es tun), sondern bequem in den unberührten Schnee legen. Am besten nicht in die steilen Reißen des Lisensers (links im Bild)! Man steigt im Moränenbereich auf und fährt auch hier ab. Nur bei völlig sicheren Schneeverhältnissen kann man sich Kapriolen leisten. Dazu gehört auch der Anstieg zum Hohen Sebleskogel und die Abfahrt neben den Aufstiegsspuren – wir sehen sie rechts im Bilde ... Die Sonne scheint nicht immer so freundlich wie im Bilde! Man rechne stets mit den schlimmsten Verhältnissen und rüste sich entsprechend aus.

TALORT Gasthof (Hospiz) Lisens, 1636 m, über Gries im Sellrain, 1238 m. – Zufahrt Stachus – AB – Penzberg – Zirlerberg – Sellraintal. Nächtigung am Westfalen-Haus, 2273 m, DAV, zur Tourenzeit bewirtschaftet, 2¹/₂ Std. ab Lisens. – Wenn Lisens geschlossen, Gasth. Gletscherblick in Praxmar, 1693 m (auch Jeep ab Gries).

CHARAKTER UND HINWEISE Man sollte diese alpine Skitour erst ab März und nur in Verbindung mit dem Westfalen-Haus als Tourenstützpunkt machen. Für das Wochenende empfehlen sich dann zwei Tourentage, neben dem Längentaler Weißenkogel vor allem (nur bei lawinensicherem Schnee) der Hohe Sebleskogel, 3225 m, 3 Std. ab Haus, evtl. der Winnebacher Weißenkogel, 3185 m, übers Winnebachjoch mit der unerläßlichen Bedingung, ab Joch den Südostkessel unter der Roßkarscharte von rechts nach links auszugehen. – Der Längentaler Weißenkogel wird in gut 3 Std. ab Haus erstiegen. Die Abfahrt ist leicht und lang, bei der vom Winnebacher Weißenkogel muß man je nach Schneequalität am Gipfelhang Vorsicht üben, evtl. (von oben gesehen) erst nach links unter die Roßkarscharte fahren.

BILD Einblick von Norden aus dem Flugzeug auf die Westreißen des Lisenser Fernerkogels (links), den Längentaler Ferner mit dem Weißenkogel (oben links), ihm direkt vorgesetzt der Bachfallenkopf, 3176 m. Daneben rechts der Große Gaislehnkogel, 3216 m. Rechts oben der hochalpin anspruchsvolle Hohe Sebleskogel mit den Abfahrtsspuren. Das Flugzeug befindet sich über dem Westfalen-Haus.

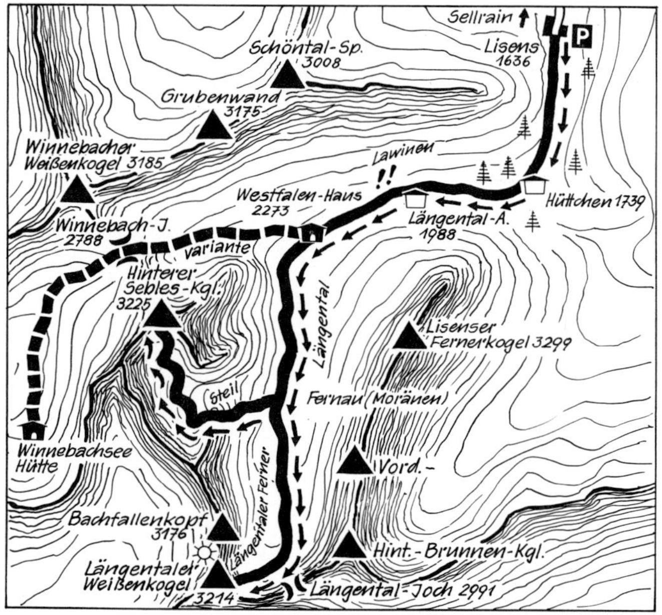

40 Auf den Lisenser Fernerkogel, 3300 m

Hochalpine Frühjahrstour für trainierte Skibergsteiger

Skitour alpin 1664 m HU 140 km Nord März bis Ende Mai

Jetzt ist er wirklich ein Münchner Hausberg im Winter – dieser Lisenser Fernerkogel im Sellrain. Jetzt fährt man vom Stachus über Penzberg, Mittenwald und Zirlerberg in eineinhalb Stunden ins Sellraintal hinauf bis Gries, gibt noch 30 Minuten drauf und steht vor dem Gasthaus, dem alten Hospiz in Lisens, dicht vor dem Talschluß ... oder auch nicht. Wenn man zu früh im Jahr kommt, kann sein, daß man stecken bleibt. Man geht halt erst ab Ende März auf den Lisenser. Für mich ist er immer noch der rassigste Skiberg gewesen, den man ab München am – früher so kurzen! – Wochenende ansteuern konnte. Sechsmal war ich droben, das letzte Mal mit dem zehnjährigen Sohn Max, der ihn jetzt als Zwanzigjähriger wieder gemacht hat. Damals ist man viel länger und umständlicher nach Gries gefahren, und dann ist man abends nach Lisens marschiert und hat dort geschlafen. Jetzt geht es hopp-hopp, dafür ist der Gasthof Lisens manchmal nicht auf. Das muß man drunten in Gries erfragen! Dann schläft man in Gottes Namen drüben beim Wirt in Praxmar oder auch in Gries, und fährt am anderen Morgen vor Tagwerden herauf ... Denn die Tour ist lang, und sie ist anstrengend. Max konstatiert, daß man mit dem Rasten gar nicht anfangen darf, ehe die Gletscherkante oben erreicht ist. Ich weiß halt, daß ich immer angefangen habe mit dem Stehenbleiben und sich Auf-die-Stöcke-Stützen, sobald man aus der klirrenden Morgenkälte in die erste Sonne gekommen ist. Die Tour auf den höchsten Berg dieses Buches – 3300 Meter! – ist spannend bis aufregend: Im Talschluß, und nun gar in der eisigen Frühe, ist man arg skeptisch, wo es da hinaufgehen soll. Aber hat man den Lawinenkegel und die erste Traverse hinter sich, und ist man dann in kurzen Serpentinen durch die zwei von Felsschwarten gebildeten Tore gestiegen (im Bild noch schattig), dann kann man auf dem weniger stark geneigten Hang nach links hinüber und steht schon in der Sonne. Man schnauft auf! Aber dann ist man wieder arg gespannt, wie es droben an der Kante ausschaut, die hoch über einem glänzt. Durch das bucklige Moränenfeld und über das erste Eis geht es also hinauf und dann steht man wie auf einer ungeheuren Festtafel, alles ist blendend weiß gedeckt, und schwarze Urgesteinsgrate umranden diese wunderbare Szene. Es geht weiter, man verschwindet nach fast ebenem Anstieg hinter der schwarzen Felskante (oben, rechts der genauen Bildmitte), geht von hinten her am kurzen steilen Südhang auf den oberen kleinen Rotgratferner hinauf und schnauft und schnauft und schnauft – und wird erst wieder lebendig, wenn man am Felsgrat die Skier in den Schnee gerammt hat. Der Gipfel? Es schaut erst wild aus, aber dann geht eine so schöne Urgesteinskletterei her, an riesigen, aufeinandergetürmten Granitblöcken, daß man allen »Schwitz« vergißt. Wirklich! Wenn dann noch, wie es mir mal passiert ist, sieben Innsbrucker Skifrauen am Gipfel warten und dem ahnungslos daherkommenden Mann Orangenschnitze anbieten, dann ist da allerhand Glück beieinander. Nur ganz erfahrene Skifahrer dürfen die hinterste der drei im Bild sichtbaren, im Schatten liegenden Ostrinnen vom Rotgratferner zur Moräne herunterfahren. Am besten, man fährt an der Aufstiegsspur ab. Denn dort ist alles reiner Genuß bis zum schönen Durst vor dem Gasthaus in Lisens ...

TALORT Berggasthaus Lisens (Hospiz), 1636 m, mit fortschreitendem Frühjahr auch mit Kfz.-Parkplatz. Wenn nicht bewirtschaftet, Wirt in Praxmar. Wegen frühen Aufbruchs oben nächtigen!

CHARAKTER Eine hochalpine Gletschertour, recht anstrengend. Dafür sagenhaft schön, sobald man die Eiskante des oben fast ebenen Gletscherplateaus erreicht hat. Man geht erst im späten Frühjahr auf den Lisenser. Niemals nach viel Neuschnee! Wer keine hochalpine Erfahrung hat, gehe nur mit dem erfahrenen Freund. Pfundige Granitkletterei am Gipfelgrat, leicht, fast zu kurz! Keine Tour für Untrainierte! Man gehe erst auf den Lisenser, wenn man mehrere andere Hochtouren hinter sich hat. Nebenan am Längentaler Weißenkogel und am Zischgeles kann man sich eingehen. AV-Karte 1:25 000 (Stubaier Nordblatt, Sellrain).

BILD Der Flieger knipste über den Spielgruben (links unten) an der Hohen Villerspitze. Wir schauen direkt auf den mächtigen Abfall des Lisenser Ferners und auf sein hohes Gletscherplatt. Rechts oben der Lisenser Fernerkogel, 3300 m. Wir steigen von rechts unten aus dem Talschluß, erst rechts vom Sonnenrand im Schatten, dann ab Bildmitte in der Sonne auf, nun immer leicht nach links oben, dann aber scharf rechts das ganze Plateau entlang bis hinter die auffallende scharfe Felskante des ersten Pfeilers vom Gipfelstock. Rechts über dessen besonnte Firnschneide kommen wir dann auf den kleinen Gipfelgletscher, von dem aus wir den Südgrat hinaufklettern.

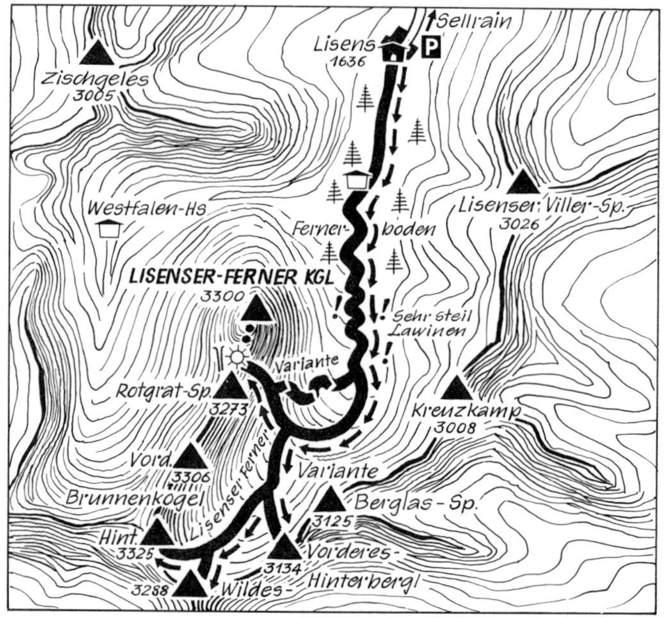

41 Die Pisten am Patscherkofel

»Olympia-Herren« und »Familienabfahrt«

Pisten 140 km 1049 m HU Nord/Nordwest Mitte April

Der Patscherkofel überragt als rundgewölbter Waldbuckel mit schneeweißer Glatze die Innsbrucker Maria-Theresien-Straße, und er dominiert als wuchtiger Eckpfeiler der Tuxer Voralpen zwischen Inntal und Wipptal. Er war nie als Skiberg entworfen mit seinem undurchdringlichen Waldpelz, ausgerechnet auf der Nordflanke... Trotzdem wurde seine leichte, hübsche »Familienabfahrt« auf der von vielen Lichtungen aufgelockerten windigen Nordwestflanke beliebt, und die als Direktpiste kühn, aber viel zu eng ausgeschlagene »Vierer« sogar berühmt. Natürlich wurde die »Vierer« im schnellen Tempo der skitechnischen Entwicklung bald gefährlich altmodisch – doch eben da kamen die »Olympischen Winterspiele« nach Innsbruck und für sie machte man aus der alten »Vierer« eine neue, eine ganz kolossale, weil riesig breite und raffiniert ausgebaute Skiautobahn. Offiziell heißt sie »Herrenabfahrt«. In drei Minuten und etlichen Sekunden konnte man auf dieser schnellen Autobahn Olympiasieger werden. Seitdem ist diese reine, waldgeschützte, meist lange Zeit noch pulverige Nordabfahrt von 1049 Meter Höhendifferenz überaus beliebt. Der neue Fahrstil kann hier ausgefahren werden, gute Abfahrer (und deren gibt es heute hundertmal so viel als noch vor 15 Jahren) machen auf dieser wunderbaren Strecke nicht mehr Schwünge als die Rennstrecke Kurven hat. Das Interessanteste aber ist, daß diese Rennstrecke – weil ausgebaut und riesig breit – auch von Skifamilien genützt werden kann. Wir sind sie oft mit Kindern abgefahren, mehrfach am Tage, sie war nie gefährlich – falls man die Einfahrt in die Fallgrube zum Zielschuß (offizieller Rennen) verpaßte. Jeder verpaßt sie heute, weil diese Einfahrt dort, wo die Piste den Ziehweg der Familienabfahrt quert, nichts ist als eine schmale, steile, abgekratzte, meist eisige und dazu noch bucklige Furt. Alle bleiben jetzt an diesem kurzen Stück des Ziehweges und fahren dann links in die klassisch schönen Heiligwasserwiesen ein, um zur Talstation zu gelangen. – Noch einmal zur Rennabfahrt der »Herren«: Man kann es stets laufen lassen, kann kleinlich oder großzügig schwingen, auch der jüngste hat sein volles Vergnügen in diesen oft bobbahnartig ausgehobelten Kurven. Man vergißt stets den Ärger über die hanebüchen alte Patscherkofelkabinenbahn mit ihren grauslichen Wartezeiten. Übrigens kann man von der »Herren«-Strecke nach der ersten sehr scharfen Kurve gleich links hinüber zur Talstation des Ochsenalmlifts schießen, das heißt, daß man, falls die Rennstrecke etwas eisig sein sollte oder von zu vielen Fahrern ausgefranst, in die harmlose Familienabfahrt der Ochsenalm überwechseln kann. – Der Ochsenalmlift am Beginn der Familienabfahrt befriedigt alle Fortgeschrittenen und wird stark frequentiert. Dagegen ist der Gipfellift eine Marotte, oder nur für Sommergäste bestimmt: Denn die Gipfelkuppel ist meist so stark ab- bzw. eingeweht, daß sie keine amüsante Abfahrt bietet. – Das schönste am Glungezer: der »Lawinentunnel« dicht an der Bergstation, mittels dessen man zur Issalm wechseln und den großartigen Wanderaufstieg zum Glungezer machen kann, drei Stunden erst an, dann über der Waldgrenze, die hier aus uralten Zirben besteht. Dieser Übergang führt auf die längste Tiroler Nordpiste, verlangt aber hochalpine Erfahrung, Disziplin und Kraft.

TALORTE Innsbruck, 574 m (7000 Betten, Hallenschwimmbad). – Igls, 870 m (1900 Betten). Anfahrt Autobahn Penzberg – Zirlerberg.

BAHNEN/LIFTE (siehe Skizze) ① Patscherkofelbahn, 1049 m HU/450 Pers./Std. – ② Patscherkofel-Gipfellift, 276 m HU/300 Pers./Std. – ③ Ochsenalmlift, 170 m HU/300 Pers./Std. – ④ Heiligwasserlift, 100 m HU/400 Pers./Std. – ⑤ Kasererlift, 40 m HU.

CHARAKTER Die »Olympia-Herren« ist die reine Ski-Autobahn, auf denkbar breiten Waldschneisen, sorgfältig ausgebaut in einer waldgeschützten Nordflanke! – Die »Familienabfahrt« ist eine ungepflegte, aber eingefahrene Almwiesenpiste mit breiten Waldschneisen im unteren Teil, lustig, einfach, aber auf Nordwest- bis Westflanken im oberen Teil, also mit nicht immer durchgehend gutem Schnee.

BILD Wir sehen (von Norden) links oben den Glungezer, in der Bildmitte den Patscherkofel. Die bis 50 Meter breite Schneise der olympischen »Herren-Abfahrt« in der Bildmitte beginnt oben an der Bergstation. Neben ihr das alte Patscherkofel-Alpenvereinshaus, neben diesem die Bergstation des Gipfelliftes. Rechts die freien Almwiesen der Familienabfahrt über die Ochsenalm. Man sieht am unteren Bildrand gerade noch die Stelle, wo Rennpiste und Familienabfahrt zusammenkommen. Im Nordschatten des Patscherkofelstockes führt der »Lawinentunnel« zum großartigen Höhenweg (immer über den letzten Zirben) bis hinüber auf den Glungezer.

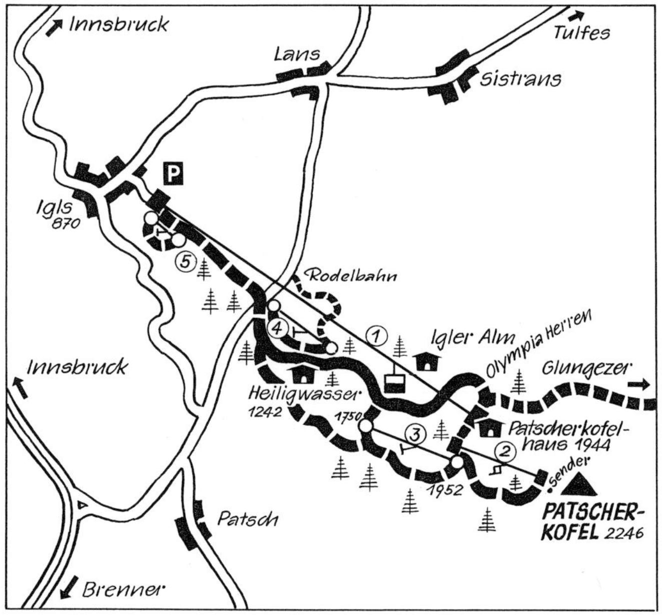

42 Auf den Morgenkogel

Skitour 140 km 1560/900 m HU Nord Bis Mai

Das Viggartal hinter dem Patscherkofel

Den Patscherkofel mit seiner »Olympia-Herren«-Abfahrt und den großartigen Übergang zum Glungezer kennen wohl alle gutfahrenden Münchner Skifahrer – aber beim Morgenkogel laßt es aus! Dabei ist das gar kein Alleinbesitz der Innsbrucker Feinschmecker. Die alte Sektion Meissen hat seit eh und je ihr schönes Berghaus im Viggartal stehen, und von Igls ist man mit dem Wagen in zehn Minuten in St. Peter/Mühltal, und dann tragt man seine Skier gute zwei Stunden zum Haus. Am besten am Freitag auf die Nacht, dann hat man zwei volle Tourentage. Übrigens Tourentage ohne große Mühe, denn in guten drei Stunden ist man am ersten Tag auf dem Morgenkogel, und in vier Stunden am zweiten Tag auf der Kreuzspitze. Dafür wird man mit Tiefschneeabfahrten bezahlt, wie sie schöner auch nicht über Davos, Andermatt und Grindelwald zu finden sind. Ich war zweimal auf dem Morgenkogel, und mir kommt heut noch alles wie ein Skitraum vor ... Kürzlich ist Sohn Max mit den Langlaufskiern hinaufgerennt, um zu trainieren und Zeit zu sparen, und ihm hat es auch die Sprach verschlagen: So schön ist es dort droben zum Skifahren. Soo schön, daß eines leider ganz sicher ist: Wenn der Ski-Boom und die Großstadtflucht weiter so explodieren wie in letzter Zeit, dann bauen die Innsbrucker Wintersportmanager ihren Uralt-Plan aus und verspannen das ganze Viggartal zwischen Patscherkofel, Glungezer, Kreuzspitze und Morgenkogel mit Seilbahndrähten und Liftmasten. Und hätten dann immer noch ein unergründliches Skitourenhinterland – gleich südlich, am Mieslkopf (Tour 43), und ostwärts, in der Wattener Lizum. Unsere Kinder und Enkel werden spitzen ... ! Man geht vom Brennertal draußen bei St. Peter, genauer, von Mühltal, an der Lourdes-Kapelle und an der Wegscheider Alm vorbei, meist durch Wald zum Meissner Haus. Das macht zwei Stunden. – Man quere nur an ganz sicheren Tagen vom Patscherkofel über Boscheben: Man bleibe gewarnt vor den Südhängen! – Das Schönste gleich am nächsten Morgen, das kurze Stück durch den lichten Wald und der gemächliche Anstieg aus der Waldgrenze, mit immer weiter ausschweifendem Blick, in einer Spur, die man gemütlich oder auch strenger anlegt. Es bleibt immer beim großartigen alpinen Spaziergang. In unserem Bild ginge es knapp rechts der vertikalen Bildmitte, also im Sonnenbereich des Morgenkogels gerade hinauf. Ich selber habe immer den gemütlicheren Umweg einer Westschleife vorgezogen und bin dann nahe am Grat zum Gipfel gestiegen. Abfahren wird man später da, wo die meisten und die steilsten Spuren hinabführen – aber erst wenn man eine eindrucksvolle Gipfelstunde hinter sich gebracht hat: meist ganz allein, in vollkommener Stille, mit ungewöhnlichen Ausblicken auf Tuxer, Zillertaler und Stubaier Alpen, vom Karwendel nicht mehr zu reden ... alles in tiefer Stille eingefroren. Am zweiten Tag aber steigt man gegen das obere linke Eck unseres Luftbildes zu, immer rechts der tiefsten Mulde, bis man auf der Kreuzspitze und 2746 Meter hoch steht. Man kann die schöne Abfahrt mit ihren Steilstufen gut im Bilde studieren. Oben steht man auf der Grenze zu Voldertal und Wattener Lizum. Das Prachtgemälde von Riffler, Gefrorenen Wandspitzen und Olperer betört uns, und auch die Steilwellen des Sulzenauferners am Zuckerhütl. Schön ist's! Und der große Durst vom Aufstieg wird immer schöner.

TALORTE Igls, 900 m. – Patsch, 1001 m. – St. Peter/Mühltal, 1039 m. Alle an der ganzjährig befahrenen Straße Igls – Matrei, gegenüber der Brennerautobahn. – Zufahrt Stachus – AB – Penzberg – Mittenwald – Zirlerberg – Innsbruck. – Anstieg zum Meißner Haus, DAV, 1706 m, 2 Std. ab Mühltal. Evtl. lawinengefährdete Zufahrt ab Patscherkofel – Boscheben (Südhänge).

CHARAKTER Ein 3- bis 4stündiger Aufstieg, zu vier Fünfteln oberhalb den herrlichen, weil aus Zirben bestehenden Waldgrenze, durch nicht allzu steile Nordhänge oder westlich in einer sehr viel bequemeren Aufstiegsspur. Die Tiefschneeabfahrt ist von einzigartiger Schönheit. Gipfelblick auf die nahen Tuxer Gletscherberge um den Olperer, Einblick in die Stubaier Alpen gegenüber. Keine sehr große Tour ab Meißner Haus!

BILD Das interessante Luftbild zeigt ganz vorne, unter der horizontalen Bildmitte, den Verbindungsgrat vom Patscherkofel (rechts außerhalb) über die Drei Neuner (links) zum Glungezer (links außerhalb des Bildes). Links vorn im weißen Feld die Issalm, an der man beim Übergang Patscherkofel – Glungezer die Felle anlegen muß. – Im Hintergrund die schöne lichte Waldgrenze dicht überm verdeckten Viggartal. Der Morgenkogel steht genau in Bildmitte oben, ihm knapp vorgesetzt die Felskante der Rotwandspitze. Links oben die Kreuzspitze. Aus dem Hintergrund schauen links vom Morgenkogelgipfel der Olperer und der Fußstein heraus.

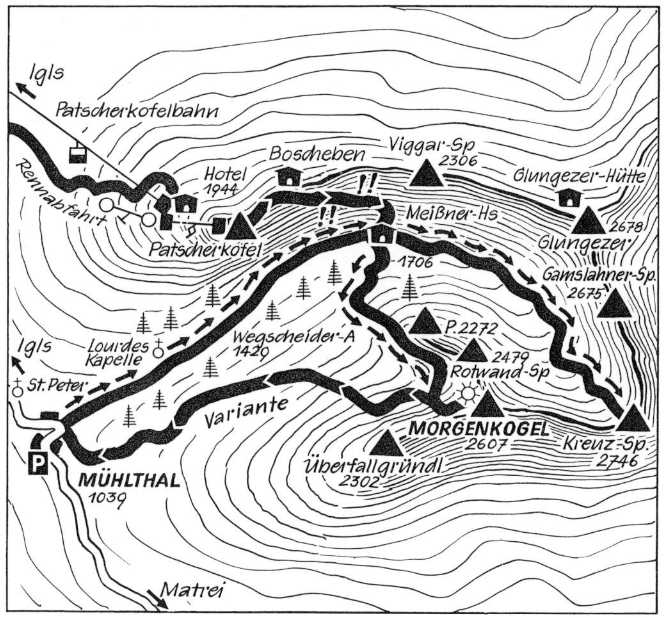

43 Mieslkopf oder Kreuzjöchl

Klassische Frühjahrsskitouren vor dem Brenner

Alpine Skitour 150 km 1580 m HU West März bis Ende Mai

Das Brennertal heißt Wipptal, in seinem Grund fließt aber die Sill von der Grenze nach Innsbruck. Von Innsbruck aus fährt man rechts der Sill mittels Autobahn zum Brenner, links von der Sill aber zieht ein uraltes Straßerl von Innsbruck über Igls nach Matrei: Dieses Straßerl brauchen wir. Da kommen wir der Autobahn aus und gelangen kurz vor Matrei, also kurz bevor das Straßerl von links nach rechts wieder über die Sill muß, zum »Fuchswirt« nach Pfons. Pfons liegt 1043 Meter hoch und über ihm liegt ein wuchtiger, im Gestein grobschiefriger wilder Kamm, recht abgeschliffen überall und ohne markante Gipfelbildungen, aber – was für ein Skigebiet! Was für ein Frühjahrsskitourengebiet für Leut', die vier oder fünf Stunden aufsteigen können! Es sind zwar meistens nur Westhänge, was wir finde, große, in gewaltigen Terrassen abfließende Westflanken, an den runden Gipfelgraten abgeblasen und arg steil – wer aber am rechten Tag und mit der richtigen Wetternase unterwegs ist, der vergißt diesen Tag nicht mehr. Man geht in Pfons an der Kirche vorbei ostwärts los, auf dem mit Nummer 8 beschilderten Weg, in riesigen Serpentinen am mittelsteilen Hang durch Wald aufwärts, volle zwei Stunden (ohne zweideutige Abzweigungen!), bis sich der Wald plötzlich öffnet und man vor dem Niederleger der Fritzenalm steht, 1700 Meter hoch. Wer jetzt zum Mieslkopf will, steigt in den freien Hängen bis zum Fritzenalm-Hochleger weiter, macht dort einen bequemeren Rechtsbogen südwärts, und kommt so, wieder nach Osten zielend, über den ziemlich steilen Hang auf die Vorschulter des Mieslkopfes, auf der zwei charakteristische Steinmänner stehen. Ab hier sind es nur noch relativ flache 300 Meter zum Mieslkopf. Abfahrt wie Aufstieg! – Wer zum Kreuzjöchl will, steigt vom Niederleger weiter zur Ochsenalm, also nicht in den Frontalgrund hinein, sondern links in Serpentinen zur Ochsenalm auf 2163 Meter Höhe und dann nordwärts im Bogen auf die das Frontalbecken einrahmenden Speikböden (nicht den Südhang schneiden, oben bleiben!). Dort geht es dann ostwärts zum Gipfelstock des Kreuzjöchls, der steiler ist als am Mieslkopf, aber mit Skiern noch befahren werden kann. Achtung für gute Abfahrer: Vom Kreuzjöchl kann man irgendwo (im Bild links oben gut einzusehen) in das Frontalbecken direkt einfahren, also ohne die Speikböden zu berühren. Man fährt dann etwa den ganzen linken Bildrand entlang vertikal herab (bleibt aber natürlich immer im Westhang!). Übrigens kann man die von dort herabkommenden Spuren unten links sehen. Alle Skifahrer kommen im unteren Frontalkessel glücklich zusammen und schießen dann ab Niederleger in den Wald hinein, wobei sie – was wichtig ist! – auf mancherlei mit Spuren versehenen Waldhängen lustige Abschneider machen können. Beim »Fuchswirt« oder, wer nach München muß, beim »Happ« in Innsbruck kann man dann einen großen Skitag feiern. Denn bei Gutwetter sieht man von beiden Gipfeln aus nicht nur in die romantischen Talschlüsse von Arz- und Navistal, nein, der ganze Tuxer Hauptkamm ist im Süden aufgestellt, und im Westen paradieren die Stubaier Alpen mit Serles und Kalkkögeln voran. Diese Tour ist nichts für untrainierte, und noch weniger etwas für alpin unerfahrene Leute! Man muß Skibergsteiger sein und Südhänge fürchten wie eine Todsünde . . .

TALORT Pfons, 1034 m (mehrere Wirte, u. a. Gasthaus Fuchswirt) an der Straße Igls – Matrei, also auf der Ostseite des Sill(Brenner-)Tales. – Anfahrt Stachus – AB – Penzberg – Innsbruck – AB Matrei, dann 1 km über das Tal (Richtung Igls) zurück nach Pfons.

CHARAKTER Mieslkopf, 2623 m, und Kreuzjöchl, 2640 m, liegen in dem schrofigen Schieferkamm zwischen Arztal und Navistal ziemlich nah beeinander. Der Aufstieg ab Pfons dauert 5 Std., man macht ihn nur bei sicherem Wetter, wenn keine Lawinen und Schneebretter drohen, denn wir sind meist an Westhängen. Die Wege zu den beiden Gipfeln trennen sich am Fritzenalm-Niederleger, 1700 m. Siehe Skizze! Der Grat zwischen beiden Gipfeln empfiehlt sich nicht als Übergang! – Bei Nebel ist die Tour unmöglich! Die (im Bild rechts sichtbare) Abfahrt vom Mieslkopf ins Frontalbecken zum Fritzenalm-Oberleger, 2072 m, ist bei guten Verhältnissen großartig. Nicht zu spät abfahren, weil Westhänge schnell weich. Sehr früher Aufbruch ab Fuchswirt! – Ende Mai kann man mit dem Kfz vom Fuchswirt zur Schneegrenze an der Ochsenalm auffahren (Maut: 20 S).

WICHTIG Kompaß-Wanderkarte 1:50 000, Bl. 36, Innsbruck – Brenner!

BILD Wir sehen von Westnordwest auf den Schieferkamm zwischen Kreuzjöchl (links oben) und Mieslkopf (rechts oben vorne). Darunter im ganzen linken unteren Bildeck die Skihänge hinab zur Frontalalm, die samt Fritzenalm-Hochleger unterhalb des Bildrandes liegt.

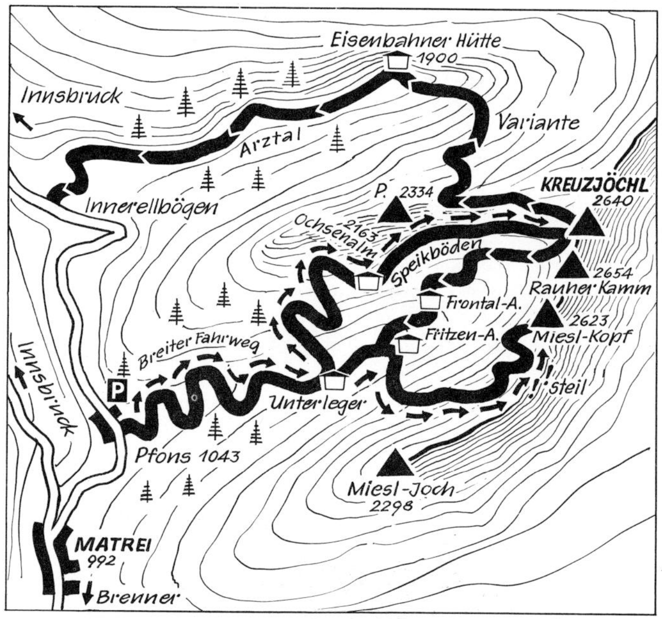

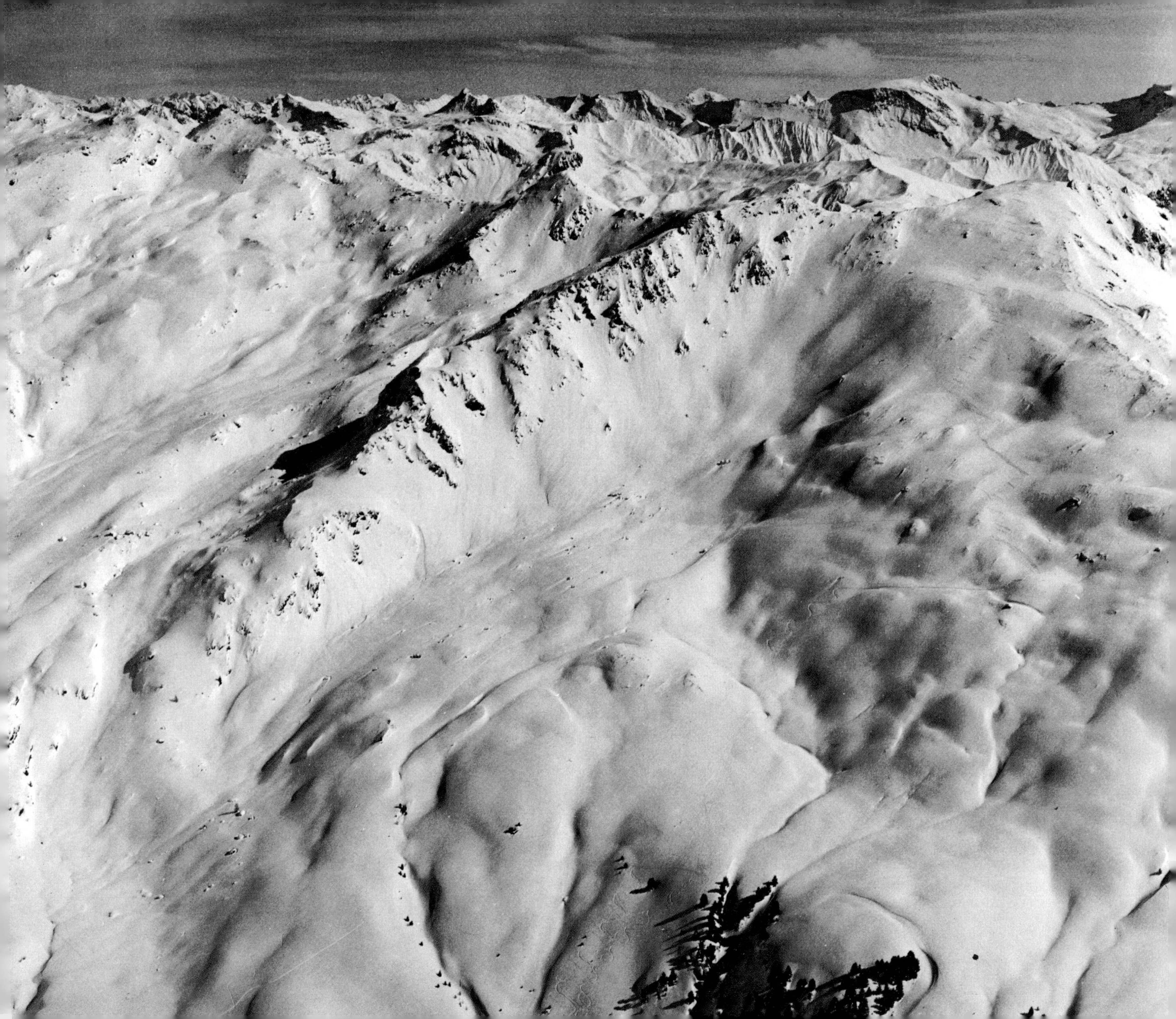

44 Der Glungezer als Piste und als Tour

Pisten über Tulfes – der Zirbenweg vom Patscherkofel

Piste (+Tour) 155 km 1678 (2000) m HU Nord
Bis Mitte April

Daß dieses großartige alte Schiefergebirge zwischen Patscherkofel und Glungezer partout mit Liften, Pisten und gräßlichen Schneisen »erschlossen« werden mußte, ist ein schlimmes Zeichen unserer Zeit. Diese tirolische Staatskulisse über der Stadt Innsbruck und dem uralten Solbad Hall hätte mit mehr Sachverstand, mit mehr Naturliebe und mit mehr Geld – zu Geld gemacht werden können. Die Westalpen gäben genug Beispiele. Die Lifte sind neu, sie nennen sich »Glungezerbahnen«, bieten aber nur eisigkalte Sessellifte in hochalpine Regionen an, in denen doch nur noch Gondel oder Kabine fahren dürften. Ich schaue nicht trauernd zurück – ich bin für Pisten wie für Touren, aber auch für Naturschutz und Menschenschutz. Die nackte steinige Schneise im berühmten Glungezerwald ist eine Scharte im Tiroler Wappen. – Man hat die Wahl zwischen folgenden, überaus unterschiedlichen Skigenüssen: 1. Man fährt, wie es die Liftegesellschaft will, mit dem Auto nach Tulfes auf 922 Meter Höhe auf, nimmt Warteschlangen in Kauf und liftet dergestalt bis zur Tulfeinalm auf 2036 Meter Höhe (1970), oder demnächst auf 2600 Meter Höhe dicht am Glungezer-Gipfelhaus. Und dann fährt man ab: das erste Drittel in herrlich runden freien Karmulden, das zweite Drittel in breiten, aber noch groben Waldschneisen, und endlich das dritte Drittel über Bauernwiesen (stellenweise vertrackt umständlich) zur Talstation Tulfes. Dies läßt sich bei ausreichender Geduld und Zeit wiederholen. Wer schlau ist, hält sich überhaupt nur an die oberen Regionen, vor allem wenn der Gipfellift steht ... 2. Man bleibt »altmodisch«, läßt seinen Wagen in Innsbruck oder an der Patscherkofelstation in Igls, fährt dort auf fast 2000 Meter auf und haut ab ... trägt die Skier durch den Lawinentunnel, schwingt lustig zur Ißhütte hinab und schnallt dort die Felle an. Dann wandert man kleine drei Stunden in überirdischer Einsamkeit, dicht über den letzten alten Zirben ostwärts, gelangt in die riesigen runden Schneewannen von Unterem und Oberem Frauental, läßt rechts die Drei Neuner stehen und kommt so zum Gipfelhaus. Voraussetzung: bei Lawinengefahr unmöglich! Das erfährt man am Patscherkofel. Diese klassische Überschreitung mit Kabinenhilfe am Beginn wird niemals veralten. Man wandert 2000 Meter über dem gewaltigen Stromtal dahin und sammelt Erwartung, Freude und Durst. Die Abfahrt wird dann zum großen Ereignis, die riesigen Karmulden, die neue Waldzone als Piste, und als himmlisches Finale die Abfahrt über das liebe alte Gasthaus Windegg hinab zum Innufer (wo uns die Autobahn bremst). Oder auch nur nach Tulfes, falls der Schnee nicht glangt: hier wartet der Kleinbus nach Igls. Das Phänomen Glungezer wird für alle Zeiten glänzen können: die reine Nordflanke vom Gipfel bis zum Innufer, der ungewöhnliche Höhenunterschied von 2100 Meter im Hochwinter und 1700 Meter bis Tulfes, der unausgesetzte Tiefblick ins Tiroler Haupttal. Und dann die Bergwirtschaften, die Bauernhöfe, die Gatter und Gräben ... Ich war gut zwanzigmal am Glungezer, immer vom Patscherkofel her kommend, nur einmal vom Meissner Haus herauf. Ich habe den Gipfel im Glanz der Höhensonne erreicht, aber auch schon mit letzter Kraft bei schwerem Schneesturm. Zweimal sind wir bis in den Sturmschatten gekrochen, weil uns der Höhensturm umfegte.

TALORTE Tulfes, 922 m (450 Betten). – Solbad Hall, 561 m. – Innsbruck-Igls, 900 m (Patscherkofelbahn für Tourenübergang).

BAHNEN ① Glungezerbahn (Sessellift) I, 630 m/720 Pers./Std. – ② Tulfein-Lift, 500 m HU/820 Pers./Std. – ③ Tulfer Wiesenlift, 40 m HU. – ④ Tulfer Berglift, 160 m HU. ⑤ Glungezer Gipfellift, 554 m HU. – ⑥ Tulfeinalmlift, 160 m HU. – PREISE UND UMSTÄNDE Einzelfahrt pro Sektion 24 S (AV und Studenten 15 S!) – Tageskarte 90 S. – Sonntagswartezeit um 25 Min. evtl. weniger. Oben kürzer, werktags keine Wartezeit. – Sehr kalte Lifte in schattigen Schneisen: Unbedingt Überanzüge mitnehmen! – Unten kleiner Parkplatz, Straße nach Tulfes schmal.

CHARAKTER Die Industrialisierung des berühmten Glungezers mit der wohl berühmtesten Tiroler Riesenabfahrt hat Enttäuschungen gebracht. Die Lifte sind in diesen großen Höhen eisig kalt, die Kapazitäten heute schon unzureichend.

BILD Links oben der Glungezer, rechts unten das Innufer bei Solbad Hall. Rechts oben die Drei Neuner, die den Übergang vom Patscherkofel markieren. Man geht immer oberhalb der Zirbenwaldgrenze. Im linken Bildteil die dreigeteilte Abfahrt: Freie Kare, Piste durch die Waldzone, letztes Drittel Bauernwiese zum Inn. Die Talstation Tulfes liegt rechts auf der Terrasse. In Bildmitte links das berühmte Gasthaus Windegg auf den ersten Wiesen.

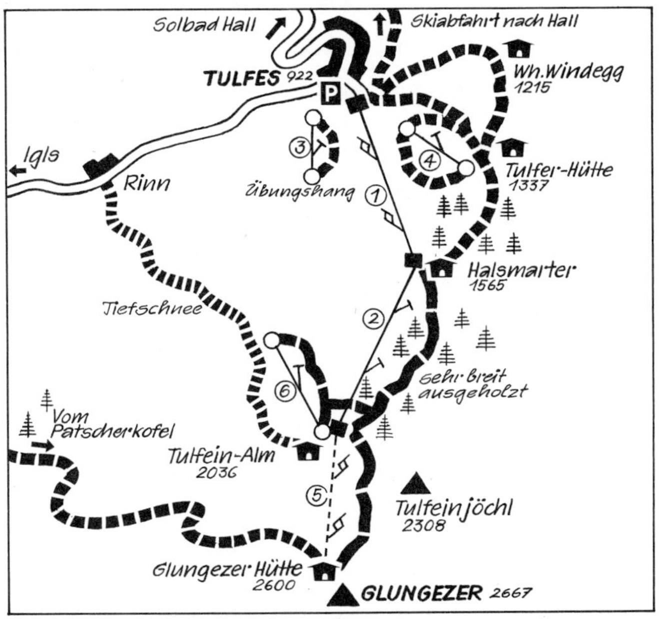

45 In der Wattener Lizum

»Große Lizumer Reibn« mit Varianten

Alpine Skitour 135 km 1100/1300 m HU Nord+Ost Bis Mai

Wattental und Wattener Lizum reißen die Tuxer Schieferalpen mit barbarischer Gewalt auf. Zwischen Innufer und der letzten und höchsten Scharte liegen zehn Kilometer hochalpine Urlandschaft, mächtige Steilflanken mit riesigen unbegehbaren Gräben, Rampen und Rinnen. Aber hoch droben an der letzten Scharte zwischen Pluderling und Geierspitze, in den warmen Felsen der Südflanke hokkend, schaut man das eisige Dreigestirn von Riffler, Gefrorener Wand und Olperer an wie im Kino, man ist so nah, man kann es gar nicht fassen... Bis zum Wirt in Walchen fährt man auf und vergißt zwischen den ungeheuren Flanken rechts und links die laute Welt. Im Mai kann man mit dem VW sogar die 33 Prozent steile Militärstraße bis zur Lizumer Hütte auffahren. Sonst trägt man halt seine zwei Stunden die Skier. – Der Anstieg zur Geierspitze ist vorgezeichnet, der erfahrene Skibergsteiger legt die Spur rechts einer Felsrippe in den Trichter unter Pluderling und Geierspitze. In knapp zweieinhalb Stunden kann man am Gipfel stehen und staunen. Zurück am Anstiegswege ist meist reiner Genuß. Steile, rassige Nordflanke mit mehreren Tiefschneevarianten. – Machen wir die »Große Reibn«, dann fahren wir vom Gipfel der Geierspitze erst ein Stück nördlich zum Lizumer Reckner, biegen aber vor der Scharte schon links, also westwärts ab und verfolgen – mit der gehörigen Vorsicht eine Steilstufe überwindend! – das Becken des Innergrifftales, bis das Gelände flacher wird. Bis man ohne Gefahr nach Norden, unter den Steilabbrüchen des Naviser Reckner hindurch, auf ein breites Plateau kommt, das man weiter in Nordrichtung queren muß. Am Ende liegen immer riesige Lawinenkegel, die aus dem oberen Tarntal herunterkommen, man schnallt hier die Felle an und steigt nordöstlich weiter. Auf einen steilen folgt bald ein flacherer Hang, dann kann man direkt nach Osten zum Klammjoch ansteigen. In der schönen breiten Scharte zwischen Klammspitze und Mölser Sonnenspitze (genau Bildmitte oben) bereitet man sich für die Abfahrt vor, die man schon in unserem Luftbild genau verfolgen kann. Man passiert dabei den Lizumer Schlepplift. – Wer gleich zum Wirtshaus Walchen will, fährt nur kurz ab, quert dann unter der Mölser Sonnenspitze durch zur Mölser Scharte, und fährt jenseits am Mölser Hochleger vorbei in einem riesigen Bogen hinaus nach Walchen. Das können geschenkte 800 Höhenmeter bedeuten! – Eine Warnung: Wer am Gipfel der Geierspitze zur Großen Reibn startet, also nach Westen abfährt, muß rechtzeitig links sehr tief gegen den Klammbach hinab! Wer das nicht tut, kommt wie Sohn Max leicht ins obere Tarntal und muß sich dann, falls er nicht die Tarntalscharte abfahren will, über äußerst steile Lawinenrinnen mit Schrofen ins Tal schwindeln. Die Variante Geierspitze-Oberes Tarntal-Tarntaler Scharte mit der folgenden Steilabfahrt auf stellenweise felsdurchsetzten Nordhängen direkt zur Hütte hinab ist extrem, sozusagen Grad VI. Was dennoch bei sicheren Verhältnissen und für einen erfahrenen Tiefschneefahrer nichts weiter bedeutet als höchstes Vergnügen. Nie vergessen: Man muß die Gefahr erkennen, um ihr ausweichen zu können! Gefahr lauert nicht nur in Lawinengräben. Viele Hänge bergen Lawinengefahr, wenn die Konstellation von Schneesorte, Wärmegraden, Untergrund und Belastung »stimmt«.

AUSGANGSPUNKT Wattens am Inn, 567 m. Inntalautobahn zwischen Kufstein – Innsbruck – Brenner. – Gasthof Walchen, 1490 m, im Wattental. – Wattener Lizum (Hütte) ÖAV, 2015 m. 2¼ Std. ab Walchen.

CHARAKTER Gehzeiten 2½ Std. zur Geierspitze, 2854 m, plus 1 Std. Gegenanstieg zum Klammjoch. Eine recht alpine Skitour, aber nicht so anstrengend, wie es zunächst scheint. Man muß unbedingt hochalpine Erfahrung haben! Es gibt drei Möglichkeiten: 1. Abfahrt wie Aufstieg von der Geierspitze. 2. Übergang Geierspitze – Tarntaler Scharte, alpin! Unter Tarntaler Köpfen und Lizumer Sonnenspitze schwere Lawinengefahr bei der Querung. 3. »Große Reibn«, im zeitigen Frühjahr auch Abfahrt von der Mölserscharte zum Wirt in Walchen. Schönster Rastplatz unbedingt in der Scharte zwischen Pluderling und Geierspitze.– Ganz Schlaue fahren erst im späten Frühjahr in die Wattener Lizum, denn dann können sie mit dem VW die brutale Steigung der Militärstraße (33 Prozent) bis zur Hütte überwinden.

KARTE Kompaßkarte Nr. 36, Innsbruck–Brenner, 1:50 000.

BILD Wir sehen auf diesem von Osten geschossenen Luftbild leider nur den Schlußteil der »Großen Lizumer Reibn«. Unten links die Baracke des Bundesheeres, die Lizumer Skihütte steht wenig weiter links. Vorne schlängelt sich die Straße von Walchen herauf. Links die Klammspitze, rechts davon das Klammjoch, dann – völlig beschattet – die Mölser Sonnenspitze, die Mölser Scharte, das Lizumer Skispitzl.

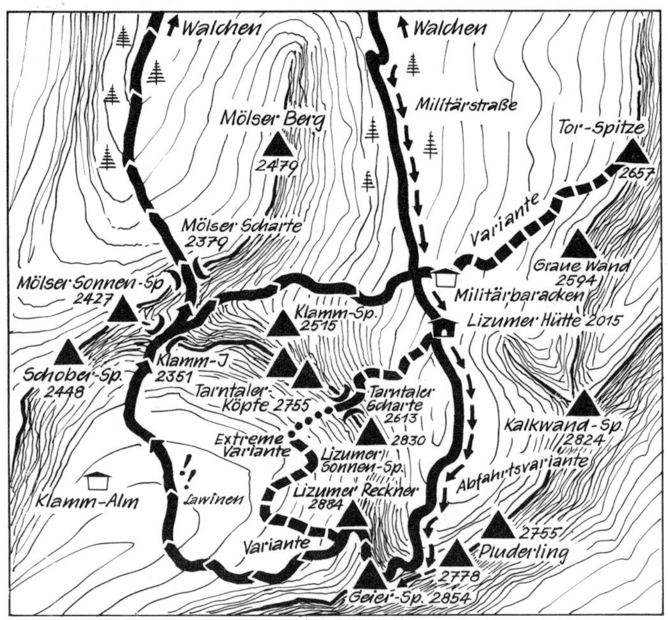

46 Vom Weerberg zum Gilfert

Über Lawaster- oder Nonsalpe

Alpine Skitour 125 km 1325 (1623) m HU Nordwest Bis Mai

Alle guten Münchner Skibergsteiger kennen ihn, die alten wie die jungen: den Gilfert mit seinem wenig markanten Gipfel zwischen Finsinggrund und Weerbach, im selben Schieferkamm wie der Rastkogel. Die ganze Tour kann voller starker Reize sein. Einzige Voraussetzung: sicheres Wetter, kein Nebel! Dann fährt man vom Stachus über den Achensee nach Schwaz, und noch ein kleines Trumm bis Pill, nah am Inn, – und schon entführt einen die neue, schöne, kleine Asphaltstraße hinauf in die Berge. Weg vom Rennstraßenrummel des Inntales. Am Weerberg oben fährt man durch die lichten Wolken sanfter Ruhe: uralte Bergbauern, ein paar neue Häuser, eine feine Barockkirche mit zwei Türmen auf der grünen Kante, hoch, hoch über dem Inntalboden ... Man fährt bis zum Zalln auf, zum Wirt der Hausstattalm, 1180 Meter hoch. Ein zünftiges, gemütliches Zentrum aller Skibergsteiger. Die Felle sind aufgezogen, man geht die ersten 100 Meter ostwärts auf dem breiten Forstweg zum Taferlbaum »Nonsalpe«. Nach weiteren 100 Meter kommt eine Kreuzung, wo ein Schild nach Nordosten »Zur Lawasteralm« verweist, – ein zweites nach Süden wieder zur Nonsalpe. Will man nun zur Lawasteralm, dann muß man volle zwei Stunden dem breiten Forstweg folgen, der keine Abzweigung mehr aufweist. Man kommt also ganz von selbst zum Lawaster-Niederleger und 100 Meter höher auch hinauf zum Hochleger (im Bild). Jetzt kann nichts mehr fehlen, wenn kein Nebel ist, obwohl erst jetzt das richtige Skibergsteigen angeht. Wir wenden uns nach rechts und packen den breiten Rücken, der zum Gipfel hinaufzieht samt allen seinen Absätzen, Mulden, Gruben, Kuppen und Graten. Der Rücken wird immer mehr zum Grat, wir legen die Spur in stets gleichem Winkel raffiniert ins Gelände, und dann sehen wir den Gipfel. Bei gefährlichem Schnee oder plötzlicher Lufterwärmung quert man 100 Meter unterhalb eines gut sichtbaren Gedächtniskreuzes in die etwas flachere Südflanke und steigt dann erst mit den Skiern bis zum Gipfel auf. – Droben auf 2506 Meter Höhe, eigentlich müßte man sagen: auf 2506 Meter Stille, da steht man also mit Pfaffenbühl, Kleingilfert, Roßkopf und Rastkogel in einer Reihe. Links drunten liegen faul die vielen Projekte der künftigen Musterskistation Hochfügen, das Kellerjoch im Norden streckt uns seine nackerte Südflanke entgegen, eine Musterlawinenflanke. Und drüben im Süden glänzen die Tuxer und Zillertaler Firnberge. Schön, wunderbar an guten Tagen mit Sonne. Bei scharfem Wind ist alles anders. Da schaut man, daß man nur schnell in den ersten Windschatten kommt. – Wählt einer unten beim Taferlbaum den Aufstieg über die Nonsalpe, dann muß er ebenfalls einem breiten beschilderten Forstweg entlang steigen, erst süd-, dann südostwärts, immer im Waldhang, ansteigend also von 1180 auf 1784 Meter. Hier, an der Nonsalpe, muß man sich direkt ostwärts wenden und in riesigen Serpentinen den nicht immer harmlosen Südwesthang aufsteigen, der unmittelbar zum Gipfel führt. Den Gipfel sieht man übrigens schon von der Nonsalpe aus. – Die Abfahrt erfolgt in beiden Fällen am Aufstiegswege. Übergänge gibt es nicht! – Varianten seien nicht empfohlen: weder die Querung ab Lawasteralm zum Loassattel, noch die hanebüchen steile, gefährliche Abfahrt zum Gamsstein.

TALORT Weerberg, 882 m, bzw. Haustattalm (Zalln), 1180 m. – Zufahrt Stachus – Lenggries – Achenpaß – Schwaz – Pill.

CHARAKTER Aufstiegszeit 4 bis 5 Stunden. Keine Hütte am Wege! Guter schöner Rastgasthof Hausstattalm. – Schönste Rastplätze unterwegs: Nonsalpe, 1840 m, in der Südwestabfahrt, oder Lawaster-Hochleger, 1870 m (meist ein Bankerl). Welche Abfahrt man wählt, entscheiden allein die Schneeverhältnisse. Wenn in der Südseite schon Bruchharsch, dann hat die Lawasterseite meist noch Pulver. Ist in der Nordflanke aber Harsch, dann geht man meist besser die Südwestflanke über die Nonsalpe. – Bester Tip: Aufstieg über Nonsalpe und Abfahrt über Lawaster, weil der lange Ziehweg von der Nonsalpe zur Haustattalm zu flach ist. Außerdem sind in der Nordseite hintereinander viele schöne steile Pulverhänge. – Im Frühjahr unbedingt Schneeketten mitnehmen, wenn man bis zur Hausstattalm auffahren will! Reine Skifahrer-Hochtour, sehr lang, bei Nebel absolut gefährlich! – Durch die starke Verschiedenheit von Aufstieg und Abfahrt gewinnt das Unternehmen sehr an Reiz.

BESTE KARTE Kompaßkarte Nr. 28, Nördliches Zillertal, 1:50 000.

BILD Wir sehen unten links den Lawaster-Hochleger, 1870 m, und oben den Gipfel des Gilfert, 2506 m. Die letzten gut 600 Höhenmeter werden ab Lawasteralm zurückgelegt, indem man zu dem breiten Rücken rechts der vertikalen Bildmitte quert, und an ihm bleibt.

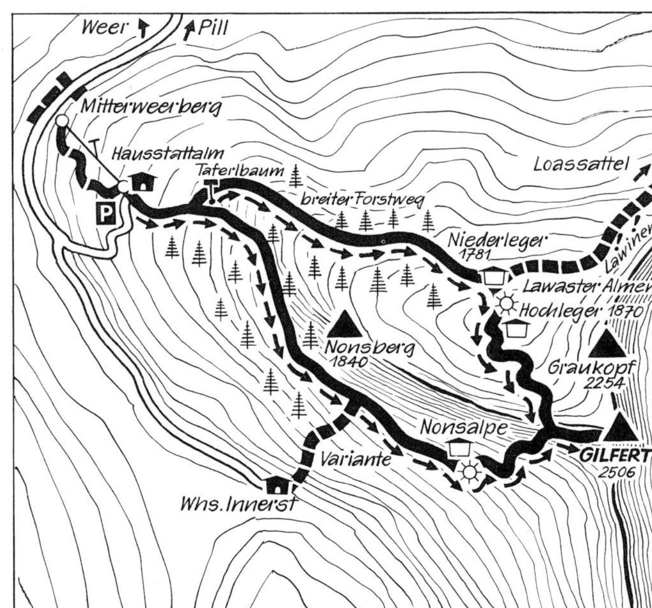

47 Hoch droben im Finsinggrund

Hochfügen – Ministation mit großer Zukunft

Piste + Tour 132 km 460/1000 HU Nordost Bis Mitte Mai

Wir haben durchaus Grund, einen entlegenen Talgrund Tirols zu beschreiben, der in einer 12-Kilometer-Südhangstraße ab Fügen im Zillertal angefahren werden muß und – nur einen Lift mit 460 Meter Höhenunterschied und einen winzigen Schlepper anbietet: Dieser Klausboden im hintersten Finsinggrund zwischen Kellerjochmassiv, Gilfert und Rastkogelstock, den man schon vor zehn Jahren mit dem arg tirolischen Schlagwort »Hochfügen« anpries, wird vielleicht einmal mehr Ruhm erwerben, als alle heutigen Skistationen Tirols ... Weshalb? Weil die großen Skistationen Tirols mit dem großen Ski-Boom nicht mehr Schritt halten können. Ausnahmen: Axamer Lizum, Kitzbühel, Arlberg. Ich bin die zwölf Kilometer lange schmale Südhangstraße vom Zillertaler Boden über volle 1000 Meter Höhenunterschied bis Hochfügen nur gefahren, weil Sohn Max dort an dem jährlichen Mai- und Pokalrennen teilnahm. Fuhr wütend die 1000 Abfahrtsmeter wieder ab – im Auto. Dabei sah ich die Skistation der Zukunft vor Augen: zehn Kilometer freie Nordwesthänge über einem unberührten Hochtal zwischen 900 und 2300 Meter Höhe. Mit Möglichkeiten für sechs parallel laufende Lifte und Gondeln, deren Pisten miteinander koordinierbar sind, und deren östlichste Bergstation eine Riesenabfahrt nach Nordosten in den Zillertalboden eröffnet – mit 1700 Meter Höhendifferenz. Sie käme beim großen Zillertaler Doppelort Ried-Kaltenbach heraus, der seinerseits vom Tal aus eine Kabinenbahn bis auf den Kamm zwischen Wetterkreuz und Marchkopf (2500 Meter) erbauen müßte. Wer diesen Finsinggrund je vom Kellerjoch oder Wiedersbergerhorn aus betrachtete, wird mir recht geben. Keine ostalpine Skistation könnte es mit dieser großen Skistation »Finsinggrund« aufnehmen –, wenn dort kein Lift und keine Bahn erbaut wird, ehe der Gesamtplan für die Station feststeht! Ein Diktator wie beim Bau der Axamer Lizum müßte eingesetzt werden – dann böte sich die Chance, die Münchner und alle süddeutschen Skifahrer von der Reise nach Verbier, Flaine, Les Trois Vallées, Flims, Arosa und Grindelwald abzuhalten. Die größte Skistadt des Kontinents, München, würde bis dahin das Drei- und Vierfache an Skifahrern in die Alpen senden müssen ... Heute natürlich lachen unsere Leser über Hochfügen. Aber das macht ja nichts. Wenn sie hineinkommen und sich während der langen Bergfahrt im Wagen umschauen, werden ihre Skifahrerherzen recht laut pumpern – soviel schöne Skihänge auf einem Haufen gibts ja gar nicht mehr! Natürlich kriegt man den relativ kurzen Lift schnell satt, aber wer die Felle dabei hat, oder gar wer von vornherein eine stille, unendlich vereinsamte Skitour machen will, der komme ... Der komme und steige in schönen gemächlichen Serpentinen hinauf zu Wetterkreuz, Marchkopf, Kraxenträger oder Sidanjoch – wo er ganz nahe den Rastkogel samt Hütte vor sich hat. Durchschnittlich drei, vielleicht auch dreieinhalb Stunden steigt man auf, abfahren tut man zwischen 800 und 1100 Meter in unberührtem Tiefschnee. Freilich: Ski-Bergsteiger muß man sein, die Hänge an der richtigen Stelle und im richtigen Winkel anschneiden, den Gräben und den Leehängen muß man ausweichen können. Wer diese Skitouren macht, der entdeckt jenes »Hochfügen«, das – weit mehr als ein Viggartal – für eine große Zukunft als Skistation prädestiniert ist.

TALORTE Fügen im Zillertal, 545 m. Ab Fügen mit Kfz oder Bus auf schmaler Bergstraße noch fast 1000 m HU bis Hochfügen, 1473 m. Achtung: vormittags NUR bergwärts, nachmittags nur talwärts geöffnet! Volle 12 km. Vorsicht im Hochwinter!

CHARAKTER Der 15 km lange Finsinggrund ist fast völlig unerschlossen, nur im hintersten Talschluß, am Klausboden, läuft ein kleiner Lift auf Idealnordhängen mit 460 m HU, dazu ein Übungslift. Kein Zweifel, daß nach der Lösung des Zufahrtsproblems – das schwierig ist – ein absolut schneesicherer Skiplatz entstehen wird, der uns Münchner Skiläufern besonders zustatten kommt.

BILD Wir schauen genau von Nordwesten in den innersten Boden (Klausboden) des mächtigen Finsinggrundes, dem ersten westlichen Seitental des Zillertales (bei Fügen). Unten das Hotel Hochfügen, 1473 m. Daneben rechts im Schatten die Lift-Talstation mit Nordostabfahrt (riesige Schneise) und Nordabfahrt (flacher, aber ebenfalls im Schatten) von der Schulter des unsichtbaren Pfaffenbühel, 2431 m, herab. Im Mittelgrund die riesigen Nordwestflanken von Marchkopf (Bildmitte), 2500 m, und Kraxenträger, 2408 m (rechts). Knapp am Bildrand rechts oben das Sidanjoch, 2127 m (dahinter Rastkogelhütte). Im Hintergrund (von links): Venediger- und Reichenspitzgruppe, ganz rechts Ahornspitze.

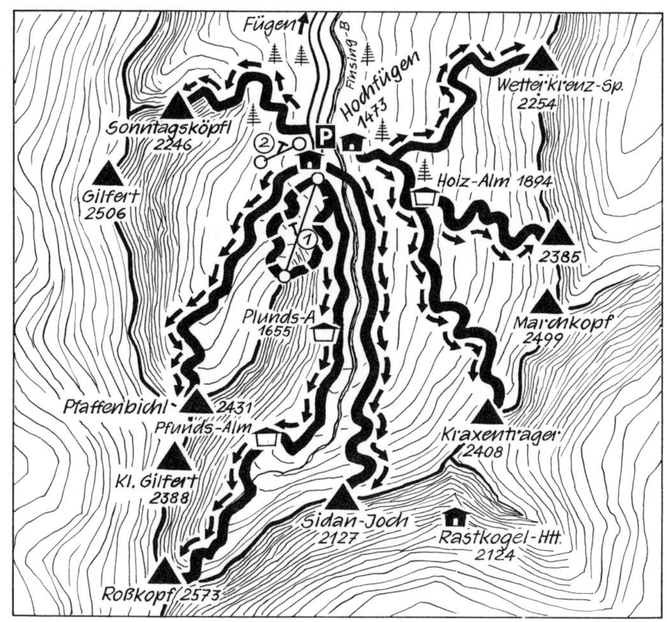

48 Am Kellerjoch über Schwaz

1340 Höhenmeter-Pisten — und eine Tiefschneechance

Piste (+ TS) 115 km 1340 m HU West + Nordwest
Bis Mitte April

Das Kellerjoch schaut wie eine mit Felszinnen geschmückte Burgruine aus, die hoch, hoch über dem hier viel zu tiefen Inntalboden liegt. Die alte Silberstadt Schwaz liegt nur 20 Meter höher als der Münchner Stachus — also 1100 Meter niedriger als die Talstationen der Axamer Lizum, die von Davos, vom Oberengadin, von Crans-Montana, Zermatt, Lech! Die 1340 Höhenmeter Pisten sind also nur beschränkt befahrbar bis ins Tal, im Frühjahr muß man ab Grafenast oder Arzberg mit dem Lift ans Innufer fahren. Ein zweiter Fehler — den wir Münchner ungern ankreiden, weil wir diese relativ nahe Pistenstation lieber öfters besuchen würden — ist die typisch tirolische »Erschließungs«-Arbeit, die von Geldmachern allein ausgeht und mit Landesplanung wenig oder gar nichts zu tun hat. Ein schäbiger Einsessellift, auf den man oft eine halbe Stunde warten muß, befördert einen durch den schattigen Wald nach oben, zweimal heißt es umsteigen, erst die dritte Sektion bietet eine Einmanngondel, mit der man 1880 Meter Höhe am oft kräftig umblasenen Gipfelkamm erreicht. Der obere freie Kamm ist brillant, aber nach 200 Höhenmetern geht's schon in die endlosen Waldschneisen, die den Genuß doch sehr degradieren — etwa wenn man an die gegenüberliegenden freien Riesenwellen an Galtenberg, Wiedersbergerhorn und überm Finsinggrund denkt. Lustig und zünftig, vor allem für Skifamilien, wird das Abfahren erst, wenn man die Waldzone verläßt. Freie Hänge, reine Almwiesen ohne Steine, Almhütten, nette alte Bergbauernhäuser, Waldkulissen und mehrere ergiebige Entsatzlifte an der Hauptpiste. Das läßt sich genießen! — Die weitere Abfahrt wendet sich in einem riesigen abfallenden Bogen in die Nordflanke, wieder passiert man einen Bergbauern nach dem anderen, und dann geht's plötzlich in den letzten harten steilen Schlußhang — ohne Auslauf. — Alle Abfahrten sind relativ leicht zu bewältigen. Bei wenig Schnee sind Teile der Waldschneisen steinig oder auch eisig: zu stark ausgefahren. — Wenn im Frühjahr der Schnee ausgeht, wird man mit dem Sessel kostenlos zum Inn hinunter befördert. — Übrigens führt von der Bergstation noch ein letzter Lift von 1860 auf 2026 Meter Höhe an den Gipfelkamm — das heißt zugleich in jene hohe freie Bergwelt jenseits der Vegetationsgrenze, wo alles in Schnee, Eis und Kälte erstarrt ist, aber auch in großen ruhigen Formen. Der Kamm ist abgeblasen, ein guter Bergsteiger kann ganz gut weiter an ihm aufsteigen, um bis in die Nähe des (geschlossenen) Kellerjochhauses zu gelangen. Kurz vorher kann ein guter, alpin erfahrener Skibergsteiger auch nach links in den großen Nordkessel einfahren, dann den mittleren Rücken (auf dem die alte Hütte stand) schnell queren und so in die »Furche« des Proxenbaches kommen, wo er am rechten, östlichen Hang bald die verschneite Trasse eines Ziehweges ausmacht. Dem entlang kann man — als sehr guter und lawinenkundiger Skibergsteiger — baumfrei bis weit hinab abfahren, muß aber rechtzeitig auf Bauernwiesen ausscheren, die einen dann in einer langen, manchmal leicht komplizierten Querfahrt zur Stadt Schwaz zurückführen. Diese Tiefschneeabfahrt kann nur selten gemacht werden. Die Schneeverhältnisse müssen sicher sein, nach viel Neuschnee »steht sowieso nichts drin« — aber bei harter Unterlage, die schön langsam auffirnt oder Zentimeter kalten Pulver trägt, schafft man unvergeßliche 1600 Höhenmeter.

TALORT Schwaz in Tirol, 540 m (1000 Betten).

LIFTE ① Kellerjochlift I, 310 m HU/360 Pers./Std. — ② Sektion Grafenast, 470 m HU/360 Pers./Std. — ③ Sektion Arbeser, 550 m HU/360 Pers./Std. — ④ Nordlift SL, 230 m HU/770 Pers./Std. — ⑤ Schlepper Grafenast, 90 m HU/720 Pers./Std. — ⑥ Schlepper Arbeser, 165 m HU/480 Pers./Std. — PROJEKT: Schlepper Naunz-Südhang, 400 m HU. — Preise: Bergfahrt Schwaz — Arbeser 32 S, Tageskarte 100 S. — Sonntagswartezeit bis 30 Min. Werktags keine. — Pistenpflege nicht sonderlich gut. — Alle Lifte liegen an der Hauptabfahrtsstrecke. — Untere Sessellifte sehr kalt, oben Einmanngondeln.

CHARAKTER Man fährt in fast gleichbleibender, nicht sehr starker Neigung einen mächtigen runden Westrücken ab, oben kurz frei, dann in gut hergerichteten, aber etwas zu schmalen Schneisen. Tiefe Tallage, also im unteren Teil kein langer Winter. — Man fahre nur an windstillen Tagen auf, sonst friert man am Kellerjoch schaurig und hat auch verblasene Kammpisten. Überanzüge mitnehmen! — Tiefschneehinweis im Haupttext!

BILD Das Luftbild zeigt in der Bildmitte oben das Kellerjoch, das nach dem schattigen Halbrund des Gipfelkares einen runden Waldrücken gegen die unteren freien Talhänge sendet. Hier, also im Bild vertikal, fahren wir erst frei, dann durch Schneisen zum Waldausgang und dann in einem Bogen um den Wiesenberg zur Talstation.

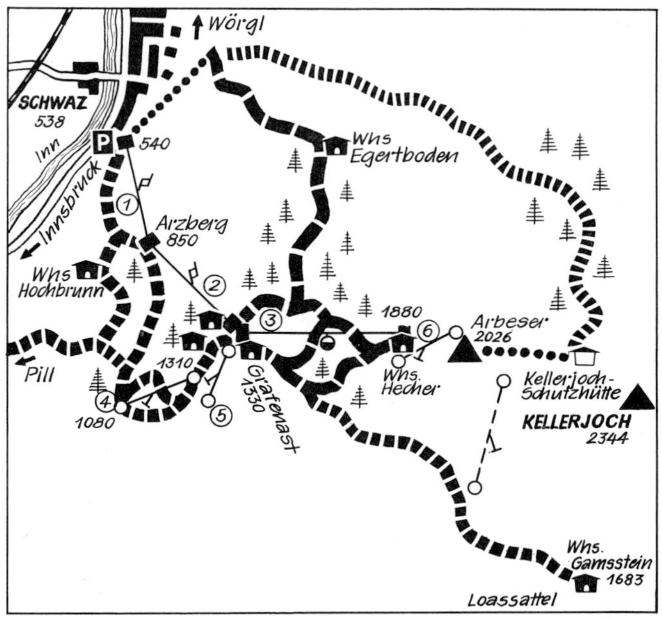

49 Ostpisten hinterm Rofan

Die Kramsacher Sonnwendjochbahn

Pisten 117 km 1220 m HU Ost+Südost Bis Anfang April

Man hört es als Bergsteiger gar nicht gern, daß nun auch das mit so kostbaren landschaftlichen Reizen aufwartende Rofangebirge über Achensee und Inntal mit Bergbahnen ausgestattet wird: Der Vorteil wiegt die schweren Einbrüche niemals auf. Ein Heiligtum wird verschenkt. Die Unternehmer von Kramsach haben diesmal wenigstens nur den Almenrand unter dem mächtigen Felskamm »erschlossen«, und es ist ihnen von der Skifahrerseite aus manches nachzusehen, weil sie ein sich von Natur aus anbietendes besonders interessantes Skigelände wenigstens mit Geschick ausbauen – nicht kleinkariert wie in Tirol üblich ... Wer vom Stachus 117 Kilometer nach Kramsach reist, hat es gut: Er fährt »eben« dahin, denn Stachus wie Kramsach liegen beide 519 Meter hoch. Wie praktisch! Von Kramsach, das nahe am uralten gotischen Innstädtchen Rattenberg liegt, fährt man jetzt in zwei Sektionen von 580 auf 1800 Meter Höhe auf, und gottlob nicht bis auf den 1940 Meter hohen, stark dominierenden Roßkogel, sondern nur auf dessen Südschulter. So wirkt der Einbruch der Bahn nicht mehr so penetrant und die sommerlichen Folgen könnten etwas abgeschwächt werden. Denn immerhin schaut der Münchner Bergfreund, der nun seine 30 Minuten allein zum Roßkogel hinaufsteigt, direkt auf den Zireinersee hinunter, direkt hinüber gegen den Ampmoosboden ... Durch das Inntal anfahrend, sieht man deutlich, wie geschmeidig sich die neue Piste mittels breiter Ausschlägerungen in die Osthänge einfügt. Später abfahrend, verstärkt sich dieser Eindruck: Die 1220 Höhenmeter auf Ost- und Südostflanke bieten zumindest bis Mitte März einen Hochgenuß. Noch ist der Skizirkus nicht fertig, mit dem erreicht werden soll, daß die obligaten Tiroler Anstehschlangen verschwinden. Man sucht die Dezentralisation und die Koordination, was im Falle der Kramsacher Lifte mit Abstecherliften von der Pletzachalm, 1550 Meter, zum Latschberg, 1910 Meter, und zurück zur Bergstation am Roßkogel, 1800 Meter, bewirkt werden soll. Dazu wurden in der freien Hochmulde der Hochalm, 1550 Meter, zwei Entsatzlifte erstellt, so daß der normale Druck auf die Talstation stark gemildert wird. Ein Nachteil dieser sonst so modernen Anlage – eiskalte Sessellifte! Kein Skiplatz der Westalpen würde sich noch so etwas erlauben auf einer 1220-Meter-Distanz! Da gehört nur eine Kabine hin! – Die Bergstation (siehe Bild) liegt in einem Sattel, den ein Felsklotz markiert. Man startet direkt in die steilen Mulden zur Hochalm hinab, möchte gerne zu den Liften ausscheren –, aber die weitergehende, riesig breite und gut hergerichtete Piste wirkt so verlockend, daß man gleich weiterschießt, weiterschwingt, weiterwedelt. Bis weit über die Mittelstation hinab, also auf fast 700 (!) Höhenmeter, ist die Piste freies Almland (im Bild links), und erst dann geht es in eine autobahnähnliche breite Schneise, die in zwei gewaltigen Serpentinen zur Talstation führt. Ganz und gar unpassend ist nur der flache enge Ziehweg vor der Talstation selber. Unpassend ist auch noch – das sollte sich schnell ändern –, daß die neu ausgeschlagenen Pistenschneisen bei wenig Schnee steinig sind. Man sollte erst nach Kramsach fahren, wenn die Pisten besser ausgeräumt und begrünt sind, wenn alle Liftprojekte gebaut, und wenn die München–Inntalautobahn bis Rattenberg fertig ist. Dann zahlt sich die Anfahrt aus!

TALORT Kramsach, 519 m (600 Betten). – Zufahrt Stachus – AB – Inntaldreieck – Kufstein – Brixlegg – Kramsach. Auch mit Eisenbahn schnell erreichbar! – Brotzeitmöglichkeit an Mittel- und Bergstation.

LIFTE/PISTEN ① Sonnwendjochbahn I (Sessel), 640 m HU/475 Pers./Std. – ② Sektion II, 580 m HU/510 Pers./Std. – ③ Hochalmlift, 170 m HU/800 Pers./Std. – Drei weitere Lifte (siehe Skizze) geplant! – GÜNSTIGSTE PREISE: Berg Einzel bis Sonnwendjoch 36 S. – Tageskarte 80 S, Wochenkarte 300 S. – Sonntagswartezeit bis 30 Min.! – Werktags keine! – Pistenpflege noch mittelmäßig. Wenig große Buckel. Auch relativ guter Schnee, da die schwache Wintermorgensonne den Schnee der Osthänge kaum auffirnt. – Unten öfters eisig!

CHARAKTER Sehr großzügige Ostabfahrt mit dem Vorteil eines beträchtlichen Höhenunterschiedes, und dem Nachteil einer zu tiefen Tallage! Nach dem völligen Ausbau (der bevorsteht) sicher eine der bestkoordinierten Liftsysteme. Kalter Lift, aber Deckenausgabe!

BILD Die obere Region des neuen Roßkogelliftes, der sich unter dem Namen »Sonnwendjochbahn« durchzusetzen hat, mit dem künftigen Pistenzentrum der Hochalm, 1550 m (genau unter dem Roßkogelgipfel, oben Mitte). Links ganz oben die nahe Rofanspitze, 2260 m, ihr vorgelagert der weiße Latschberg. Unten links die Mittelstation der Pulverer Alm, 1220 m, oben links unterm Roßkogel die Bergstation, 1800 m. Rechts der Hochalm die neuen Hochalmlifte.

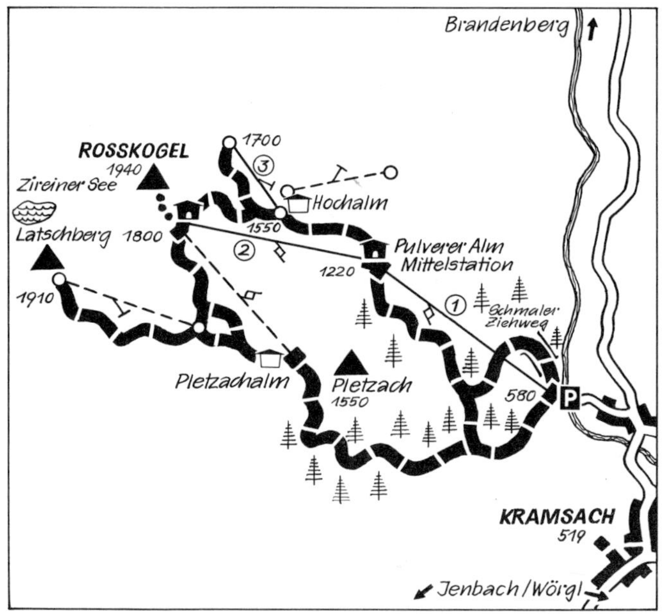

50 Unterm Wiedersberger Horn

Alpbacher Freud und Leid für Münchner Skifahrer

Pisten + Tiefschnee 123 km 1327/1050 m HU Nord
Bis April

Wer unser Luftbild anschaut, dem geht das Herz auf – eine echte Tiroler Nordflanke von 1300 Höhenmeter vom Gipfel bis ins Tal, und mit immerhin noch 1050 Höhenmeter auf Pisten. Wald und Almwiesen sind gut gemischt, über der Waldgrenze locken freie Grate und sonnige Kämme. Aber nix da von »Herz aufgehen«, die Alpbacher verderben sich und ihren Skigästen jede Freude: Sie haben unter der stets zögernden Führung der Margreiters nicht das gewagt, was heutzutage gewagt werden müßte. Erst ein viel zu kleiner Parkplatz, dann die doppelte Ansteherei unten und nochmals an der Mittelstation, und obendrein die völlig deplazierte Arroganz, mit der die Alpbacher Skilehrer ihre Kurse vor der lange wartenden Schlange einschleusen. Fatalerweise ist das Pistensystem nicht klug verteilt – also fährt alles auf einem Waschbrett ab, springt und schwingt und stemmt alles auf einem einzigen Buckelfeld. Wann beginnt in Alpbach die Zukunft? möcht' man verzweifelt fragen. Alles ist halb geplant, halb gemacht, nur die Schilling- und Markstückeln sind solide, die zehntausendfach ins Alpbacher Tal gebracht und bar ausgegeben werden ... So, geschimpft ist jetzt genug, jetzt schaut man als Münchner, daß man das Beste aus der Misere macht: das beste ist es, Felle dabei zu haben und zum zweiten Vorgipfel des Horns anzusteigen, wo man absolut allein ist, und dann Tiefschneeabfahrten zu machen. Man sieht auf dem Luftbild, was da alles möglich ist. Nur nach Süden und Osten, nur über die lawinengefährliche Flanke an der Moser-Baumgartenalm, also zur Greitalm und nach Inneralpbach hinab, darf man **nicht** – außer es wäre ein alpiner Fahrer dabei, der sich gut auskennt. Das Allerschönste ist das: Man steigt vom oberen Liftende auf das goldene Trapez unterm Gipfelgrat (Bild) und dann den Grat selber hinauf. Ganz am Schluß müssen die Skier auf die Schulter, und einige Schritte geht es eng her am Grat, dann steht man am Gipfel wie auf einer Kanzel und hat die größte Freud. Man ist allein! Man kann übrigens gleich am Gipfel anschnallen, fährt mit sechs Schwüngen den Westhang hinunter, dreht nordwärts, fährt am Grat entlang (wo die alte Hütte stand) und macht dann nach rechts einen Haken, um sofort wieder nordwärts hinauszuschießen zur Hechenblaike (Alm) – alles freier Grat, freie Hänge, bärig, pfundig. Man schreit seine Freud hinaus! Und jetzt laßt man es treiben, Hang für Hang, am Hechenblaikenbauer vorbei, und dann hinaus bis Hygna: macht 1327 Meter... Oder kürzer, aber raffinierter: Man fährt vom oberen Lift ganz flach in das unberührte wellige und besonnte Dreieck unterm Gipfelgrat und an dessen Nordwestkante (wo der Schatten beginnt im Bild) durch einzelne Bäumerln hinunter, scharf und schön im Pulver bis in die Kohlgrube hinab. Über den Graben hinüber und auf einer gut erkennbaren Trasse fünf Minuten ganz leicht bergan, bis von oben links eine zweite Trasse herabkommt. Ihr nach, dann links ab und über freie Mugeln hinabgefahren zum Hochkolber (rechts unten im Bildeck). Jetzt kommt die Attraktion: Gegenüber vom Hochkolber, nach dem sonnigen Schneeteppich, kommt die Piste – aber man muß vorher durch den schwarzen Graben durch. Das passiert auf einem Wegerl, ist nicht leicht, und obwohl wir gern schön lügen, müssen wir zugeben: Der Bachübergang dort drunten ist ziemlich kriminell.

TALORT Alpbach, 975 m (mehrere Wirte). – Kleiner Parkplatz!

LIFTE ① Sessellift Kriegalm, 530 m HU, 420. – ② Sessellift Wiedersberger Horn, 500 m HU, 420. – ③ Schlepper Wetterkreuz, 280 m HU, 800. – ④ Schlepper Kriegalm, 120 m HU, 550. – PREISE Berg Einzel 28 S, Tageskarte 90 S. – Sonntagswartezeit bis 1 Std., werktags besser. Pistenpflege nur mittel, nicht sehr gut.

CHARAKTER Die volle 1050 Höhenmeter bietende reine Nordflanke wird auf steilen Pisten zurückgelegt, die infolge der Überbeanspruchung Waschbrettcharakter haben. Dabei hätte man in derselben Flanke Platz für zwei weitere Pistenvarianten. Man ärgert sich wie in einem Entwicklungsland, und zwar um so mehr, als die obere Bahn völlig neu ist. Man hätte am Beispiel Kramsach lernen müssen, wie man für den Ski-Boom der siebziger Jahre plant. – Wir empfehlen ausdrücklich, die Felle mitzuführen und Tiefschneeabfahrten zu machen, vor allem unsere beiden Tourenabfahrten vom Horn über die Hechenblaike nach Hygna (Bus retour), oder über Kohlgrube und Schindlebenalm zum Hochkolberhof (im Bild rechts unten).

BILD Das Wiedersberger Horn (rechts oben) mit seinem markanten Pistenkegel in der Nordflanke. Man sieht die Bergstation des Liftes am Wetterkreuz und die Mittelstation an der Kriegalm. Am rechten Bildrand Teile unserer Tiefschneeabfahrt über die Kohlgrube und den Hochkolber (unten). Links oben der Große Galtenberg.

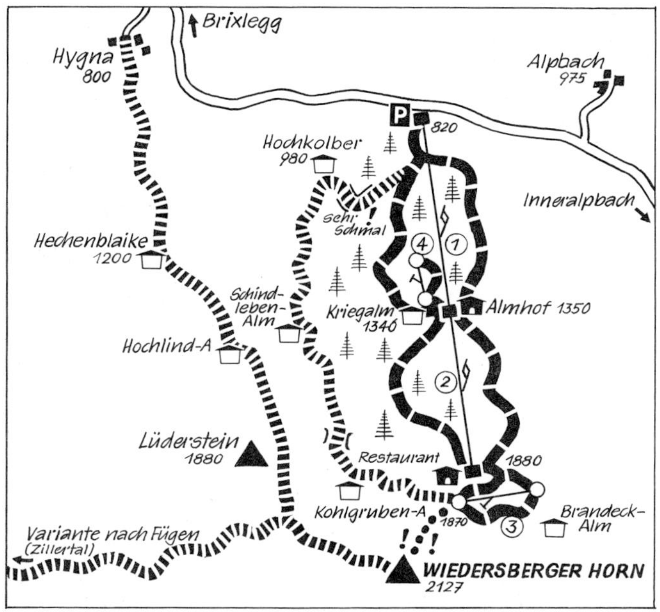

51 Von Alpbach auf den Großen Galtenberg

Viereinhalb Stunden Aufstieg – 1326 Meter Tiefschneeabfahrt

Skitour 120 km 1326 m HU Nord Bis Anfang Mai

An der wichtigen Kreuzung der großen Ski-Autostraßen München–Achensee–Inntal und München–Kufstein–Innsbruck, also dicht bei Jenbach, zieht das breite Zillertal vom Innboden weg streng südlich auf den Zentralalpenkamm. Nicht weit weg davon, vom alten Inndorf Brixlegg weg, führt ein kleines, verstecktes und von engen Klammen gehütetes Paralleltal südwärts. Das ist das Alpbachtal mit seinen schon recht lang berühmten Skibergen Schatzberg, Galtenberg und Wiedersbergerhorn. Alpbach und seine alten Häuser muß man gesehen haben, man muß am Sonnhang gewohnt haben, wie die alten Münchner Skitourenfahrer seit 40 Jahren es tun, man muß vom Oberhausberg in die Schattseite (vom Wiedersbergerhorn) hinübergeblinzelt haben in der warmen Sonne, und muß auch von der Existenz des »Europaforums« wissen, mit dem das alte Alpbach sich auf ganz neu herausputzt. Die Wirte sind eigentlich anständig geblieben, trotzdem ihnen jetzt die guten Gäste nachlaufen. Die Liftanlage aufs Wiedersbergerhorn ist zu primitiv für neue Ansprüche, die Schatzbergbahn kommt und kommt nicht, aber recht ist es so ... Wir fahren gleich ganz bis nach Inner-Alpbach durch, der Wagen bleibt beim Wiedersbergerhornwirt, die Felle haben wir daheim schon angeschnallt, und auf geht's! ... Zwei kleine Stunden im geschlossenen Bergwald, auf recht bequemen Serpentinen, und ganz allein. Die Stachusaffären mit all ihrem Mief sind unglaubwürdig geworden. Auch den mitsteigenden Kindern würde es gefallen, wenn sie die Spannung aushalten könnten. Niemand glaubt mehr an die versprochene »baumfreie« Riesenabfahrt. Aber dann sticht auf einmal Sonnenlicht durchs Fichtengeäst, dann lockert sich der schwarze Wald auf und mit drei kleinen Kammstufen gelangt man ins Freie und auf den äußersten nördlichen Sporn des langen Grates zum Gipfelstock: Feierlich, verheißend, wie unberührt, steht der blaue, vom Sonnenglanz umrandete Gipfelstock des Großen Galtenberg vor uns. Tief rechts unten hockt die verschneite Greitalm unter den lawinenträchtigen Südosthängen des Wiederbergerhorns, rechts drunten plagt sich der alte Luegger Graben zum Steinberger Joch hinauf, von wo es in die Wilde Krimml ginge und zur nahestehenden Otto-Leixl-Hütte des Akademischen Alpenvereins. Jetzt geht alles gleich leichter, aus dem schattigen Trab wird eine hochgemute Expedition, die sich in noch einmal zwei kleinen Stunden bis zur tief ausgeblasenen letzten Gratmulde durchkämpft – zum klassischen Skidepot. Bacherlwarm hockt man beieinander und grad schön ist es! Aber es bleibt nichts übrig, als die Stöcke zu nehmen und in guten 20 Minuten den steilen Gipfelhang hinaufzuwaten. Man verliert alle Begeisterung bei dieser Plage, aber drei Meter unter dem höchsten Punkt ist sie wieder da, verdoppelt, verzehnfacht – wer ein Herz hat, dem pumpert es nicht nur vom strengen Steigen. Zillertaler Grenzkamm, Reichenspitzgruppe, die Zsigmondyspitze mit der Feldkante (Bild, rechts) neben dem Schwarzenstein, die am Alpbacher Sonnhang brütenden alten Höfe, Rofan, Lamsenspitze – alles ist beieinander! ... Die Abfahrt ist schön wie im Luftbild, nix ist »derlogen«. Elegante Kammwellen, dann das sanfte Abgleiten nach rechts in die endlosen Hänge, tief und steil hinab zur Kolbenalm, und weiter zur Bubenalm, weiter zur Bubenkapelle.

TALORTE Alpbach, 1050 m, oder Inner-Alpbach (Galtenberghaus), 1100 m. – Anfahrt Stachus – Autobahn – Inntaldreieck – Kufstein.

CHARAKTER $4\frac{1}{2}$ Std. Anstieg, erst im einsamen Bergwald, dann am hohen freien Kamm, zuletzt vom Skidepot steil zu Fuß zum aussichtsreichen Gipfel: ungemein schön und interessant! Die Abfahrt baumlos von oben bis unten, lang, und doch immer so schön steil, daß es nicht langweilig wird. Ideal als Familienskitour, 12jährige können mit, wenn sie vernünftig steigen und in der Spur des Vaters fahren. Heikle Stellen gibts keine, wenn man die Normalabfahrt fährt. Bei viel Neuschnee ohne Vorspur arge Plagerei. Ideal März und April! Die Variante zur Greitalm nur für standfeste Tiefschneefahrer, nur bei ganz sicheren Schneeverhältnissen! Keine Hütte am Berg!

KARTE Österreich. Vermessungskarte, 1:50 000, Alpbachtal!

BILD Blick von Nordost auf den Großen Galtenberg (Mitte) mit dem rechts anschließenden felsigen Tristenkopf. Unter diesem unser besonnter Aufstiegsgrat, den wir nach schönen Waldserpentinen rechts am Bildrand erreichen. Skidepot dort, wo sich unterm Gipfelstock Sonne und Schatten am weißen Grat trennen. Die Tiefschneeabfahrt zieht im rechten Bildteil vertikal durch die besonnten Nordnordosthänge herab und endet im rechten unteren Bildeck.

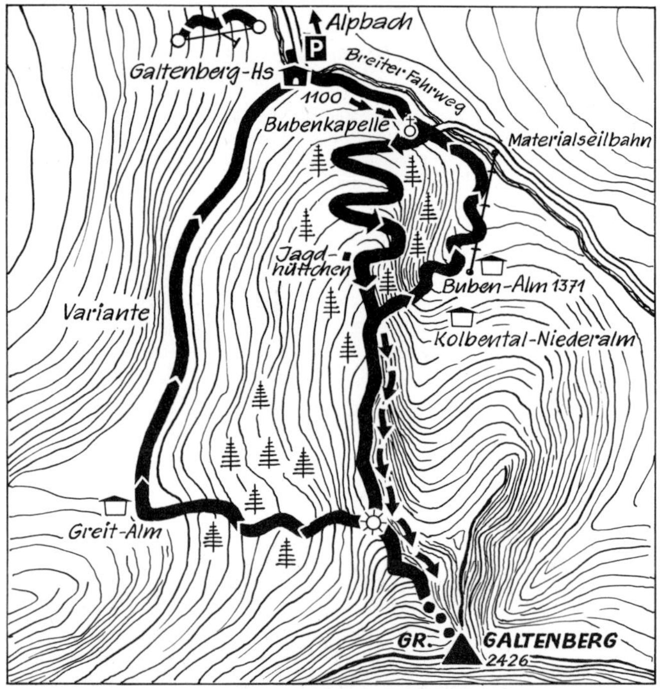

52 Schatzberg und Lempersberg

Skitouren zwischen Wildschönau und Alpbachtal

Skitour 122 km 1025/1330 m HU Nordost + Nord
Bis Ende April

Der »Weißbacher« in Auffach war einmal lange Zeit der große Geheimtip der Münchner Feinschmecker. Mir selber bedeutete die damals vollkommen verlassene Wildschönau eine Art Jugendliebe, ich kam immer wieder hin und bin überall hinaufgestiegen, und am Lempersberg hat mich die Lawine erwischt und ich hab auf einem Ski und nur mit einem Stock abfahren müssen, im Tiefschnee: heilfroh trotzdem, nicht unglücklich. Jetzt hat Auffach 550 statt 20 Betten und Sohn Max ist alle Touren mit den Langlaufskiern abgelaufen und hat auch Respekt gekriegt vor der eingewehten steilen Nordkammflanke unterm Lempersberg. Wer als Skifahrer nach Auffach kommt, soll – wenn er sich an den Markbachjochpisten eingefahren hat – zu allererst den Schatzberg anzielen, wo ihm der Lift eineinhalb von den gut drei Stunden Aufstieg abnimmt. Droben steht eine Hütte, in der es Trinkbares gibt. Die Abfahrt, oben Tiefschnee, dann Piste auf Nordosthängen, ist zünftig, kaum haklig. Ist einer alpin erfahren und entsprechend mit Schneequalitäten und Hangneigungen vertraut, dann muß er die große schöne Kammwanderung Schatzberg – Joel – Saupanzen – Lempersberg (zweieinhalb bis drei Stunden) machen und dabei den Saupanzen vorsichtig in der linken, östlichen Flanke umfahren. Jetzt kann er direkt vom Lempersberg-Nordkamm westwärts über die Hochalpe Fieberbrunn nach Inner-Alpbach abfahren (siehe Bild Tour 51, Galtenberg, vorne links), oder – mit der gehörigen Vorsicht – auch ostwärts: Da muß er aber wirklich achtgeben, denn man muß schon 80 Meter nördlich vom Gipfel östlich hinab, schnell den ersten Hang nach rechts queren und schauen (siehe Bild), daß man die weiße Höckerlandschaft in der großen Ostmulde erreicht. Ab hier geht es (im Bild links) über Baumgart- und Haasalm in den Auffacher Talgrund, oder (im Bild rechts) über den langen Rücken zur Thaleralm, zu der man vom Höckerfeld her in einer vorsichtigen Traverse kommt. In beiden Fällen kann man den Wald fast ganz vermeiden, man fährt immer dicht an den Waldrändern der Südostflanken dieser beiden Kämme und kommt beim Weiler Schwarzenau heraus... Sind die Verhältnisse nicht sicher, dann verzichtet man auf diese beiden großartigen Tiefschneeabfahrten und kehrt zum Schatzberg zurück, um von dort abzufahren. – Natürlich kann man auf diesen Schatzberg auch von Alpbach her, das ist aber steil und dauert fast vier Stunden – dafür ist auch die Abfahrt steiler, lustiger, zünftiger. Unterwegs findet man überall alte, aber kühne Pläne und Entwürfe für eine Schatzbergbahn, welche sich die sparsamen Alpbacher Wirte nicht haben bauen trauen. Mögen haben sie schon wollen, aber trauen haben sie sich nicht können... Macht nix! werden alle Skifahrer mit Sicherheit sagen, wenn sie dem Schatzberg aufs Dach gestiegen sind. – Spaziert man übrigens, was in jedem Falle eine Lust bedeutet, vom Schatzberg zum Joel oder gar bis zum Lempersberg hinüber, dann ist man zunächst einmal allein, und dann studiert man mit großem Genuß die Touren der nächsten Tage: das Feldalpenhorn vor allem, den Galtenberg und das Wiedersbergerhorn. Auf diesem Gang in immer knapp 2000 m Höhe gibt es tausend Rastplatzerl, wie man sie sich jeden Tag einmal wünscht: stad, mit weiten Ausblicken. Nix und niemand stört ein vollkommenes Behagen.

TALORT Auffach in der Wildschönau, 869 m (550 Betten). – Stachus – Kufstein – Wörgl, links ab Oberau – Auffach.

CHARAKTER UND TIPS Der Schatzberganstieg durch Lift von 869 bis 1320 m (Hohlriederalm) erleichtert, nur noch gut $1^1/_2$ Std. zum Schatzberg, ab dort Gratwanderung mit einer heiklen Stelle am Saupanzen, +2 Std. bis Gipfel Lempersberg. – Abfahrt nordwärts in die Schwarzenau nur für alpin sehr erfahrene Skibergsteiger, da dicht östlich unterm Lempersbergkamm Lawinenhang (Leehang).

BILD Anstelle eines Bildes vom unkomplizierten Schatzberg bringen wir das Luftbild des interessanten Lempersberg. Wir sehen ihn von Norden mit seiner alpinen Flanke. Rechts unterm Lempersberg (Bildmitte) oben die Einsenkung vor dem Saupanzen, der ganz rechts am Bildrand gerade noch zu sehen ist: Auf dieser Nordseite umgehen wir den etwas lawinösen Saupanzen! Knapp rechts der Bildmitte zieht der teils bewaldete Nordkamm über Thaleralm (sichtbar oben) und Höheneck (unten links) direkt nach Auffach. Parallel, in der linken Bildhälfte, zieht der weniger bewaldete Nordostkamm über Hönigkaser und Schwaighoferalm (beide ganz links sichtbar) nach Schwarzenau. Beide Kämme kann man abfahren und ansteigen, aber nur als guter Skibergsteiger. Die Gefahren drohen oberhalb rechts des weißen Kuppelfeldes der »Wiaköpfe«, genau unterm Lempersberggipfel: Hier knapp rechts vom Gipfel in die Kuppelzone queren, sowohl im Aufstieg wie in der Abfahrt, aber nur bei sicherem Schnee.

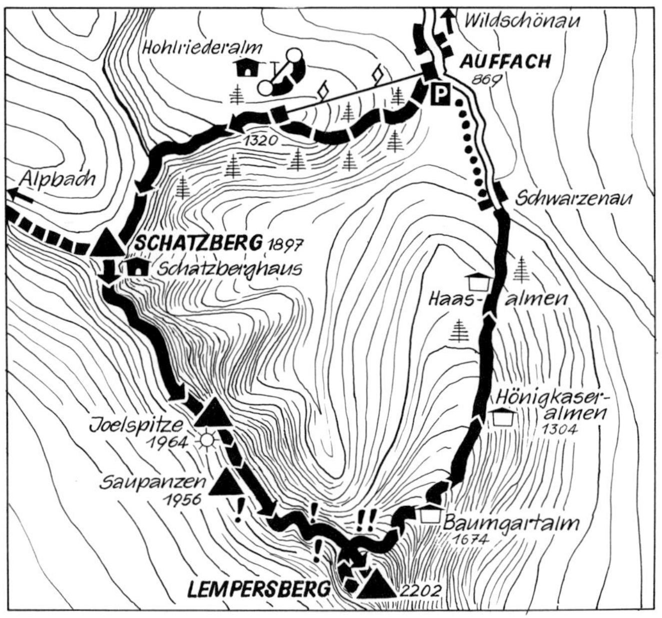

53 Gerlos–Kreuzjoch–Zillertal

2000-Meter-Abfahrt aus der »Wilden Krimml«

Alpine Skitour 140 km 2000 m HU West
Hochwinter bis Ende März

Durch die wegen ihrer Südlage manchmal verlästerten Gerloser Isskogellifte hat der gute, zu rassigen Unternehmungen aufgelegte Münchener Skibergsteiger immerhin die elegante Möglichkeit, sich 2000 sympathische Abfahrtsmeter (bei nur 500 Meter Aufstieg!) zu sichern. Das Ziel heißt Zell am Ziller und liegt leider nur 575 Meter hoch, da reicht der Schnee oft nicht mehr für den Talboden. Es kommt hinzu, daß unsere Überschreitung nur ganz selten gemacht wird – die Leut' haben es noch nicht derschmeckt! – weil jeder diesen Riesenberg scheucht ... Natürlich gibt es Vorbedingungen für diese sagenhafte Abfahrt auf Westhängen mit seinen nur kurzen Walddurchfahrten! Es muß nicht nur genügend Schnee bis ins Tal liegen (also Hochwinter!), der Schnee muß auch pulverig sein, aber auch wieder nicht zu tief! Er muß abgelagert sein in großer Kälte, gesetzt, und er muß doch noch »stauben« ... Das Problem Auto ist unschwer zu lösen, weil zwischen Zell am Ziller und Isskogelbahn Gerlos Busse verkehren. Hinter dem Café Platzer mit den guten Kuchen fährt man mit dem langweiligen Sessellift zum Ebenfeld, dann mit dem Schlepper und dem Vorkogellift auf 2060 Meter Höhe. Nun Felle anlegen und in Südwestrichtung empor, aber nicht zum abgeblasenen Grat des Isskogel, 2264 Meter, sondern in dessen linke Flanke – bis man rechts über ein Joch den Kamm Isskogel-Kreuzjoch überschreiten kann. Oben am Joch fährt man nordöstlich ein kurzes Stück ab (Felle bleiben am Ski), aber ja nicht zu weit, und schwenkt dann auf Westkurs, um den felsigen Sockel des Ostkammes zu umgehen (im Bild links). So kommt man wie von selber ins Zentrum der »Wilden Krimml«. Das ist das abgelegenste Amphitheater der westlichen Kitzbüheler Schieferalpen, da überragen im Dreiviertelkreis Torhelm, Katzenkopf, Rifflerkogel und Kreuzjoch ein Karstbekken mit fünf jetzt zugeschneiten Seen. Wie es dort ausschaut, zeigt in etwa unser Luftbild. Nicht hingemalen möcht' ich dort sein! wird der und jener Urmünchener ausrufen. Ich möcht auch nicht hin, vielleicht im Sommer einmal, oder während einer Wahlkampfzeit, wenn uns die politischen Spekulierer wieder zum Tiefschlaf überreden wollen ... Wir kommen also in unserem Bild von links herauf. Akkurat in der Bildmitte schauen wir, daß unsere Spur in die leicht verschattete, von Felsblöcken garnierte Schneerampe zu liegen kommt, die ungefähr 100 Meter vom Kreuzjochgipfel weg in den Grat mündet. Beim Abfahren später müssen wir diese 100 Meter zurück und dann scharf rechts aus dem Bild fahren, südwestwärts hinunter, immer weiter. Aber zuerst schauen wir uns vom stillen Kreuzjoch die Welt an: die Reichenspitzgruppe spielt sich mit Wildkarspitze, Gabler, Wildgerlosspitze und Zillerkopf groß auf – eine Schau, wie der Herr Sohn sagen wird. Auch Venediger- und Glocknergruppe zeigen sich, Rastkogel und Gilfert stehen ohne Dunstschleier gegenüber. Abfahrend lassen wir die Karspitze links liegen, schwingen endlos weit hinab bis zur Waldgrenze, und kommen im Wald zur Königsbrunnalm und bald auch zur Bründlalm, 1150 Meter. Hier könnte man mit dem Lift hinunterfahren, das kommt aber nicht in Frage. Nach der Brotzeit in der Sonne fahren wir die immer steileren Bauernwiesen nach Zell hinunter. Beim winzigen Bahnhof wartet ein guter Wurstladen mit Tischen, Speisen, Bier und wunderbaren Stühlen.

TALORTE Zell am Ziller, 575 m. – Dorf Gerlos, 1246 m (1900 Betten). Evtl. Kfz in Zell lassen und mit Bus nach Gerlos. – Anfahrt Stachus – Lenggries – Achensee – Zillertal.

CHARAKTER Eine unwahrscheinliche lange Abfahrt auf großzügig kupierten, unbefahrenen Westhängen. Nur wenige kurze Waldzonen um die Königsbrunnalmen, 1666 m. Aufstieg alpin, auch wenn man erst auf 2060 m Höhe beginnt. Wie das Luftbild der letzten Aufstiegszone beweist, gibt es genug Hänge, die man im Zweifelsfall nicht betreten darf. Lawinensicheres Wetter ist unabdingbare Voraussetzung genau so wie Sicherheit vor Nebel und Wetterumschlägen. – Man versuche unter keinen Umständen ostwärts abzufahren!

GUTE KARTE Gerlos und Umgebung, 1:50000 (Gerloser Kaufhäusl).

BILD Wir schauen über den Nordwestgrat des Kreuzjoches (rechts der Gipfel) hinweg in das mächtige, zur »Wilden Krimml« gehörende Nordbecken hinein, das wir im letzten Teil des Aufstieges vom Isskogel her (Isskogel am linken Bildrand) durchsteigen. Wir ziehen die Spur von links Mitte durch das Bild und betreten den Gipfelgrat im Vordergrund nahe dem rechten Bildrand (Mitte). Der felsige Sockel des vom Gipfel nach links abziehenden Ostgrates wird unten umgangen. Im Hintergrund Mitte oben der Großvenediger, rechts daneben die Wildkarspitze, anschließend Simonyspitzen, Dreiherrnspitze und Gabler-Eisnase.

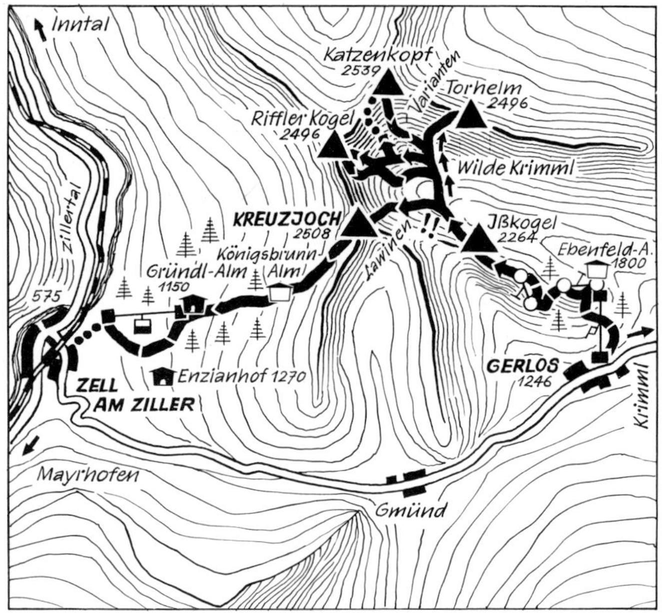

54 Vom Seespitzl zur »Kühlen Rast«

Gerlossteinbahn – Hainjöchl – Seespitzl – Gerlostal

Alpine Skitour 130 km 1150 m HU Nord Bis Mitte Mai

Die Strecke Stachus – Tölz – Lenggries – Achensee – Zillertal ist der schnellste und vom Verkehrsdruck am wenigsten belastete Zugang nach Tirol ans Innufer. Ziemlich schnell kommt man also auch bis nach Zell am Ziller, und dann muß man nur noch die steile, enge und völlig unzureichende alte Gerlospaßstraße hinauf bis Hainzenberg, wo man den Wagen an der Talstation parken kann. Die Kabine bringt uns nach relativ kurzer Wartezeit schnell von 900 auf 1641 Meter Höhe und dann könnten wir die sehr schöne, schnelle, steile Rennstrecke zurückfahren ... sparen es uns aber lieber auf! Denn man muß unsere Skitour mit nur 700 Meter Aufstieg und 1150 Meter Abfahrt früh machen, am Vormittag. Man kann sogar, wenn es dringend erforderlich ist, mit dem Lärchkopflift noch bis auf 1721 Meter Höhe fahren, aber dann legt man endlich die Felle an und entflieht in die Einsamkeit. Es gehen zwar meist Spuren übers Hainjöchl hinüber, immer dicht unter der wuchtigen Gerlossteinwand, aber drüben, nach 60 Minuten, wenn man durch die riesigen Schneemulden der Schöntaler Alm quert und mählich zum Grat am Torhelm ansteigt, da ist man bestimmt allein. Zweimal muß man die Spur hoch genug legen, um keinen Hang abzutreten, dann kommt man in Gratnähe, es geht am Westgrat des Torhelms am Schluß ein bisserl exponiert hinauf, aber man kann die Skier anlassen und sich dann drüben in die Südseite fallen lassen –bzw. feig und vorsichtig absteigen. Aber nur wenige Meter, dann kann man das kleine Schärtchen zwischen Torhelmflanke und vorgelagertem Seespitzl anpeilen und ist gleich drüben. Aufstieg bis hierher zweieinhalb bis drei Stunden, gemütlich! Man läßt die Skier am Sattel und steigt auf den feinen Felsgrat. Muß es aber nicht tun. So oder so wird man der Drohung der mächtigen Brandberger Kolm-Flanke bald entfliehen und die Abfahrt beginnen. Herrlich freie Mulden, runde Kämme, alles schnell und kurzweilig. Immer wirft man Seitenblicke auf das mächtige Gewänd rechts über sich, immer studiert der Fachskifahrer die unheimlich steile Ostrinne, die direkt am Wandsockel schnurgerade hinunterrennt bis zu den Schwarzachalmen tief drunten. Herrgott, denkt da jeder Münchner, da müass' ma im Mai noch amal her! ... Und kommt dann nicht, weil das »Medi« im Mai nach Teneriffa fliegen muß oder zu den Spaghettisten nach Jesolo. – Unsere Abfahrt wird stürmisch, wir sehen es im Bild: Man schwingt und schießt die runde Ostkante des Torhelm herab, fährt in die große Nordmulde ein und bleibt drin bis ins linke untere Bildeck. Akkurat da gibts einen natürlichen Schluf zwischen zwei Waldzonen, und schon ist man über der Weißbachalm, der Hang wird immer steiler und schöner, und mit einer Pfundsfahrt landet man vor der »Kühlen Rast« – hat 1150 großartige Abfahrtsmeter im Sack! – Man sitzt in der Sonne und läßt nur das Bier kühl sein, und dann philosophiert man. Vor drei Jahren haben sie auf die Weißbachalm (über steile 300 Meter Höhenunterschied) einen schnellen Lift gebaut. Wegen Mangel an guten Fahrern wurde er 1970 abgebaut. Ich aber behaupte: Der Ski-Boom bringt es mit sich, daß diese grandiose Nordabfahrt Seespitzl – Weißbachalm – Kühle Rast binnen sechs Jahren eine Gondelbahn besitzen wird, um die schönsten 1150 Abfahrtsmeter zu bieten, die man in dieser Gegend finden kann.

TALORTE Zell am Ziller, 575 m. – Hainzenberg, 900 m, ab hier mit der Kabine der Gerlossteinbahn auf 1641 m zum gut bewirtschafteten Gerlossteinhaus (großartige steile Rennpiste, 933 m HU, dazu oben zwei ergiebige Lifte).

CHARAKTER Diese mutmaßlich schönste und landschaftlich eindrucksvollste Nordabfahrt im Bereich des Gerlostales wird durch die Auffahrt mit der Kabine von 900 auf 1641 m außerordentlich erleichtert. Der folgende Aufstieg zum Seespitzl, 2350 m wird in $2^1/_2$–3 Std. durchgeführt. Man gehe aber nur bei sicherem Wetter. Zwar ist die riesige Nordabfahrt völlig sicher, aber in den freien Hochmulden der Schönberger Alm, die man ab Hainjöchl zu queren hat, sind zwei Hänge eingelagert, die bei ungutem Wetter (wenn es zu warm ist) lawinös sein können. Die landschaftliche Situation im Gipfelbereich ist wirklich von außerordentlich starkem Eindruck, man wird uns recht geben.

BILD Von links sehen wir, das weiße Nordplatt einrahmend, den Äußeren Falk, 2669 m, und den Schroffen Gamskopf, 2644 m. Rechts oben über seiner mächtigen Nordwand der Brandberger Kolm, 2701 m. Rechts außen (mit der Ahornspitze im Hintergrund) der Torhelm mit seinem blendendweißen Ostkamm quer durch das ganze Bild. Rechts unterm Brandberger Kolm sieht man gerade noch den feinen weißen Schneekamm des Seespitzl, der sich in etwa mit dem weißen Torhelm-Ostgrat deckt. Man kann die Abfahrt fast ganz verfolgen.

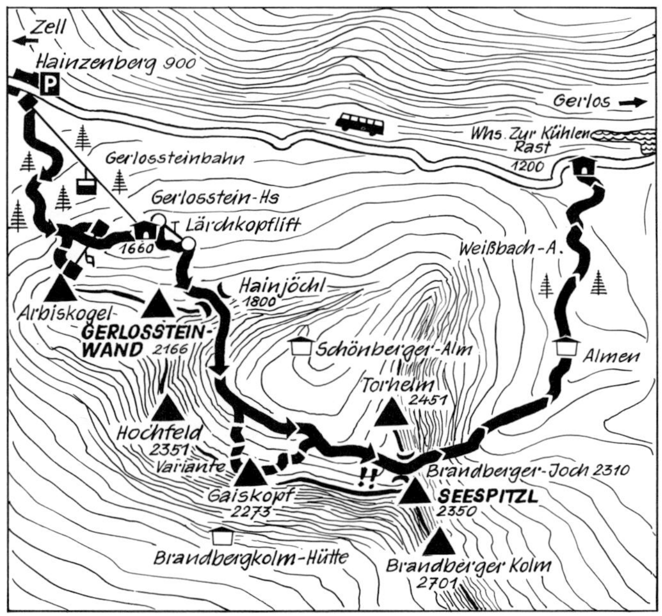

55 Auf die Wildkarspitze

Alpine Skitour 145 km 1400 m HU Nord Mitte März bis Mai

Eine schöne Plage über der Gerlosplatte

Diese hochalpine Skitour zahlt sich aus – man muß nur Geduld haben. Voraussetzung ist, daß man am Gerlospaß, im Sporthotel Gerlosplatte oder im Almdorf Königsleiten nächtigt und in aller Herrgottsfrühe aufbricht: also zwei bis drei Stunden, ehe sich der Lift zum Plattenkogel bewegt. Natürlich bricht man nur bei guter Wetterlage auf und nur, wenn keine Lawinen drohen, also nicht nach schweren Neuschneefällen, nicht nach spürbarer Erwärmung der Luft. Im Rucksack hat man Handschuhe, Anorak und soviel Äpfel, wie die Begeisterung zuläßt. Man legt sofort die Felle an und steigt in der klirrenden Kälte des frühen Morgens den Plattenkogel nach rechts an, schön gemütlich, und umrundet ihn dergestalt, daß man oben möglichst in derselben Höhe bleibt. Der (im Bild sichtbare) runde helle Firnbuckel (zwischen beiden Scharten) vor den teilweise beschatteten ersten Schrofen- und Felskuppen wird dabei nicht überschritten, sondern auch wieder rechts umgangen. Dabei kommt man schnell zu den letzten oberen Zirben unter dem zu Recht rabenschwarzen Schatten des dreieckigen felsigen Steinkarkopfes: Hier, genau am unteren Schattenrand, quert man schnell den weißen Hang nach rechts, denn hier sieht man eine ganz steile Fels- und Lawinenrinne über sich (auch im Bild). Die ist wie ein Kanonenrohr auf uns gerichtet! Drüben warten rettende Bäume, und ein Absatz im steilen Gelände, der uns den wunderschönen Zutritt in das riesige Wildkar erlaubt. Letzte Zirben, wir bleiben links am Hang, bis wir sehen, daß uns rechts ein felsiger Abbruch begleitet. Den können wir erst queren, wenn wir ihn ganz oben, nach einem steilen Schinder, überlisten. Wir bleiben nun am linken, östlichen Karrand und gelangen so in die überfirnte Wüstenei um den Wildkarsee. Von jetzt an spannt sich die Situation, auch während der Steigplage. Man sieht die scharfen Felsgrate über sich, die vom Gletscher umspülten scharfen Gratscharten, den schwarzen Gipfelturm – und sieht auf der drüberen Karseite einen steilen Firnboden über dem anderen . . . Letzte Blöcke, letzte Serpentinen auf dem Gletscher, man hält sich nach links oben, zieht die steile Spur nahe an den Grat, errichtet das Skidepot. Damit hat man die ganze Rechnung für das folgende Riesenvergnügen bezahlt und kann guter Laune sein. Sieht man eine Trittspur, dann steigt man mit der gehörigen Vorsicht (Trittsicherheit und Stöcke unerläßlich) bis zum Gipfel. Das ist eine Heldenloge und man sieht Reichenspitze, Venediger, Wildgerlosspitze, Löffler, Wilde Krimml und den Pinzgau glücklichen Auges. Wer alpine Lehrbuben bei sich hat, die nicht ganz sicher sind, spanne zwischen erstem und letztem eine 30-Meter-Reepschnur, verankere sie immer wieder und biete so ein Sicherheitsgeländer. Wer nicht auf den Gipfel darf, lege sich auf eine Granitplatte des abgewehten Grates und lasse sich rösten. Oder koche sich einen Wiener Kaffee – bei sowas haben wir im letzten Jahr zugeschaut. Bei der Abfahrt beachte man die zuweilen wechselnde Schneequalität, und halte sich bei guter Sicht an die riesigen runden Hänge im westlichen Kar. Man wird schreien vor Lust. Wir haben sogar bei Bruchharsch geschrien, in dem wir, alle gute Abfahrer, Spitzkehren fahren mußten, ehe der Schnee weich wurde. Am Ende war er angefroren und alles endete in einem Rausch von guten Gefühlen.

TALORT Dorf Gerlos, 1249 m, bzw. Hotel Gerlosplatte, 1695 m (75 Betten, bewirtschaftet). Frühzeitiger Aufbruch unerläßlich!

CHARAKTER Die Wildkarspitze, 3076 m hoch, bietet eine der schönsten Hochgebirgs-Skitouren im weitesten Umkreise an. Der stets 5 bis 6stündige Anstieg erscheint lang, aber er ist interessant, am Ende sogar fesselnd. Ein völlig stilles Hochkar mit einem zugeschneiten Wildkarsee und einem steil sich aufwölbenden Gletscher führt zum Skidepot am felsigen Nordostgrat, wobei man die letzten Schritte zu Fuß ansteigt. Nur bei ganz sicheren Verhältnissen, am besten überhaupt nur, wenn Tretspur vorhanden, steige man an diesem Nordostgrat, ausgesetzt und etwas anstrengend zum Gipfel.

GUTE KARTE Gerlos und Umgebung, 1:50 000 (Ebster), Skikarte.

BILD Im Vordergrund Hotel Gerlosplatte mit Plattenlift und Piste. Vom Sporthotel weg sieht man Aufstiegsspuren nach rechts oben ziehen, die den Plattenkogel links über sich lassen und zu den beiden Scharten zielen – Breite Scharte, 1923 m, und Schneggenscharte, 1981 m – die sich vor dem Schattendreieck der Steinkarspitze befinden. Man quert direkt am unteren Schattenrand – hier über die einzige heikle Lawinenstelle unter der gut sichtbaren Felsrinne – nach rechts hinüber in das von letzten Zirben umrahmte Kar. Rechts oben Wildkarspitze mit rechts vorgesetztem Drisslkopf, 2670 m. Links unterm Gipfel die Scharte für das Skidepot.

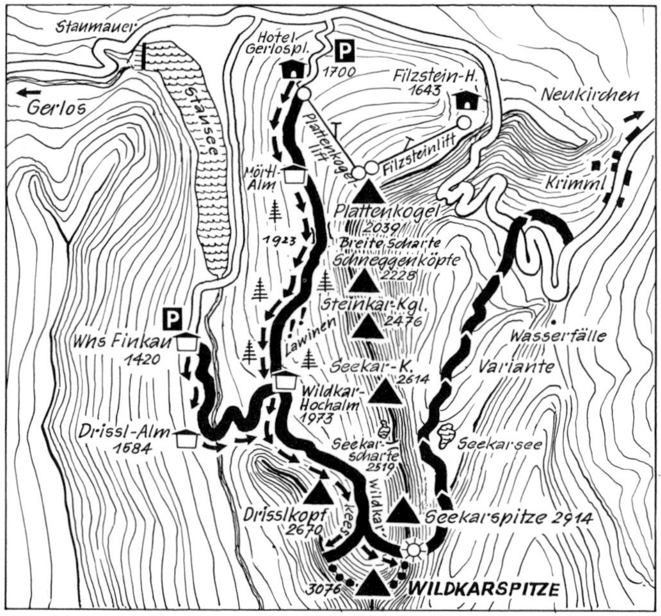

56 Königsleiten und Plattenkogel

Piste + TS 145 km 700/1000 m HU Ost + Nord Ende April

Pisten und Tourenabfahrten überm Gerlospaß

Wo die Länder Tirol und Salzburg am Gerlospaß zusammentreffen, da trennt sie der runde Firnkamm der Königsleitenspitze, von alten Zirben umstanden. Diesem alten Münchner Skitourenberg gegenüber steht – bereits im Urgestein der Reichenspitzgruppe – der Plattenkogel, den im Salzburgischen die Krimmler Wasserfälle, im Tirolischen das Wildgerlostal begrenzen. Das Attraktive in diesem Skigebiet ist die Talhöhe von rund 1600 m – das entspricht Davos. Natürlich fehlt die Schweizer Perfektion eines Skiplatzes, aber – die Reise zahlt sich aus. Die Straße vom Stachus über das Lenggrieser Isarbett und den Achensee ist die am wenigsten frequentierte Tirolzufahrt, und das Tiroler Elend der Zillertal- und Gerlostalstraße nähert sich seinem Ende. Schön langsam muß man sich nur zwischen Zell am Ziller und Dorf Gerlos ärgern, aber nochmals: Es zahlt sich aus. In Dorf Gerlos ist man sehr gut aufgehoben, wenn man eine Durchgangsstraße liebt; am Plattenhotel schläft man gut in absoluter Stille, und dasselbe tut man auch in den vorerst wenigen, demnächst rasch anwachsenden Betten in und um das neue Almdorf Königsleiten. Dort steht die Talstation des Königsleitenliftes, dessen Nordostpiste am und unterm runden Kamm flüssig und sogar rassig ist. Dafür ist der Sessellift windig und kalt. Ganz oben amüsiert man sich im windstillen Sonnenkessel um den Hochkarlift an baumlosen Hängen zwischen 2100 und 2300 Meter Höhe, meist in Gesellschaft zugereister Skidamen und vieler Kinder. Den Knalleffekt für den guten Münchner Skifahrer bilden aber die reichlich unbekannten Tiefschneeabfahrten von der Bergstation oder viel besser noch vom Königsleitengipfel (20 Minuten ansteigen) – da schwingt man in Pulver oder Firn über riesige, kräftig gewellte Südhänge, weit und breit kein Baum, bis man in einen Grabentrichter gezwungen wird, um eben dort eine kurze lichte Waldzone zu durchfahren. Und schon geht es wieder frei dahin und hinab zum Almdorf und zur Talstation. Ich wüßte dort fünf verschiedene Varianten, eine schöner und lustiger als die andere, aber ich verrate sie nicht einem jeden. – Gegenüber, an den rein nordseitigen Pisten von Plattenkogellift und Filzsteinlift, trifft sich das eifrige, aber müde fahrende Volk der Ewig-Fortgeschrittenen und schabt fröhlich an seinem großen Skiglück. – Der richtige Münchner Skibergsteiger macht zwischendurch das, was seine Eltern vor 40 und 20 Jahren schon machten: Er fährt gemütlich zur Königsleitenspitze auf, trinkt in der Sonne vor dem kleinen Bergrestaurant sein Kundler Bier, trägt dann seine Skier 20 Minuten zum Gipfelkreuz hinauf – und fährt im Tiefschnee nach Dorf Gerlos hinunter. Das ist immer wieder ein Abenteuer, mit Pistenlauf gar nicht zu vergleichen, und diese 1000 Meter Höhenunterschied mit den groben, oben weitläufigen freien Hängen, in der Waldzone aber auch Gräben und Engpässen, und mit dem lustigen Finale an den kupierten Talhängen – die muß man erst einmal hinter sich gebracht haben. Am besten mit der Frau und den Kindern. Da lernt man sich kennen, da weitet sich der Wortschatz. Und da versöhnt man sich am Ende glückselig in der Gerloser Dorfmitte, im »Café Platzer«, bei unvergleichlich guten Kuchen und Torten. – Im Hintergrund dieses hübschen Skiglückes wartet eine Riesenskitour ab Gerlosplatte: die Wildkarspitze (s. Tour 55)!

TALORTE Dorf Gerlos, 1249 m (1500 Betten, Hallenbad). – Almdorf Königsleiten, 1590 m (im Ausbau, 120 Betten). – Hotel Gerlosplatte, 1695 m (75 Betten). – Stachus – Achensee – Zillertal – Gerlostal.

PISTEN/LIFTE ① Königsleitenlift, 610 m HU, 360. – ② Hochkarlift, 190 m HU, 800. – ③ Plattenkogellift, 330 m HU, 720. – ④ Filzsteinlift, 320 m HU, 600. – ⑤ Duxeralmlift, 150 m HU, 700. – Projekt: Larmachalmlift, 360 m HU, 800. – Dazu 2 Babylifte. Weitere große Südhanglifte beim Dorf Gerlos, 552 m, 720; 180, 850; 255, 460.

CHARAKTER Die Königsleiten bietet eine sehr schöne schnelle Piste über 610 m HU, Nordostflanke, und einen sonnigen Übungsgarten um den Hochkarlift. Dazu ganz unverhofft schöne und rassige Tiefschneeabfahrten in West- und Südhängen bei 610–1000 m HU! – Die Doppelpiste am reinen Nordhang der Gerlosplatte ist flach, wellig, hübsch, leicht, und als pulveriger Riesenübungshang hoch beliebt. Ähnlich die benachbarte Filzsteinpiste.

BILD Rechts der Bildmitte oben die Königsleitenspitze, 2316 m, rechts darüber der Falschriedl, 2434 m. Von der Königsleitenspitze führt dicht am Kamm nach links abwärts die schöne schnelle Piste. Unten links das neue Almdorf mit der Talstation. Dicht über dem Pistenkamm die großartigen Tiefschneehänge direkt zum Almdorf. Über diesen im Hintergrund das Pistenrevier von Dorf Gerlos am Isskogel. Links oben in der Bildmitte das Kreuzjoch, 2559 m (Tour 53).

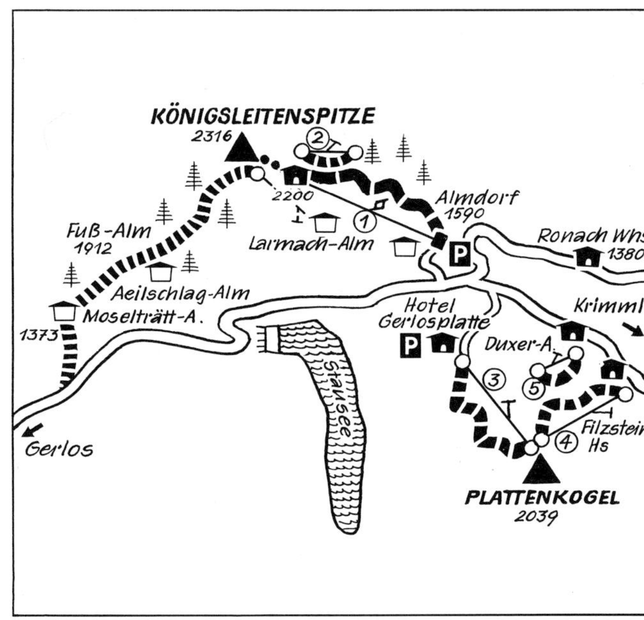

57 Schön gemütlich auf den Lodron

ein Musterskiberg über der Kelchsau

Skitour 124 km 1095 m HU Nordwest Bis Ende April

Kelchsau? Das ist eines der letzten Kitzbüheler Verstecke wie Auffach und Aschau. Eine im vorderen Langen Grund verstreute Siedlung mit zwei Wirten und einer winzigen, aber langen Materialseilbahn bis zur Oberen Lodronalm. Kein Zweifel, daß die zwei Wirte ganz gerne Kabinen oder Sessel an jener Seilbahn hängen sähen. Das heißt auf gut bayrisch: Man muß sich schicken, um eine der schönsten, stillsten und angenehmsten Skitouren im ganzen Kitzbüheler Skigebirge zu erleben – ehe die Sesselbahnkrankheit auch im Langen Grund ausbricht. Der Lodron, das muß man sich auf der Karte anschauen, ist nichts als eine flache Kuppel im riesigen Schieferkamm zwischen Langem Grund und Windautal, besser gesagt: zwischen Hopfgarten und Pinzgau, zwischen Glantererkogel im Norden und Kröndlhorn, 2444 m, im Süden. Man sieht unseren Aufstieg fast zur Gänze im Luftbild, links, parallel zum Bildrand. Die zwei schwarzen Waldstreifen in den Almhängen werden jeweils links umgangen, die Lodronhütte (Obere Lodronalm) sieht man unter dem großen Schattenfleck links unterm weißen Gipfelkamm liegen ... Man fährt von Hopfgarten nach Kelchsau hinein, läßt die zwei Wirte zunächst einmal zurück und schwindelt sich bis zum Kraftwerk durch auf 830 m Talhöhe. Hier parkt man, schnallt die Felle an, geht auf der Brücke links über den Bach und hält sich an das meist erkennbare, wenn nicht gar eingefahrene Bergstraßerl (DAV-Schild: »Lodron«), das wir schon im linken unteren Bildeck sehen. Quer durch den dünnen Waldgürtel zum »Urschla«, dem höchsten Bergbauer, dann jeweils links ausholend am breiten Kamm in die Höhe, einmal steiler, einmal flacher, aber nie schikanös. Die Waldränder links laden eindringlich zur Rast, je höher man kommt, aber man muß hart sein, denn droben am Gipfelkamm, aber auch schon vor der Lodronhütte sitzend, wird man gerührt sein über den Unterschied zwischen »Stachus« und »Lodron« ... Stader geht's nicht mehr! Und das Gebirg ist wieder aufgestellt, daß es nimmer höher geht, alle Kitzbüheler Skimugel sind vollständig um den Großen Rettenstein versammelt, der Wilde Kaiser steht eingefroren im Norden, die Hohen Tauern zwischen Wiesbachhorn und Venediger winken mit glänzenden Firntüchern im Süden. Der Kamerad leiht einem sicher gern einen oder zwei Äpfel gegen den Durst, ehe man sich des eigenen Bierflascherls im Rucksack erinnert, von dem man in Gottes Namen auch dem anderen mal trinken lassen muß (Halt di'zruck!). – Die ganz Guten machen nach diesem Dreieinhalb-Stunden-Aufstieg noch den Übergang zum Steinbergstein (Bild), was aber nochmal mindestens eine bis eineinhalb Stunden kostet. Andere überlegen sich, ob sie nicht umgekehrt den ganzen Kamm nördlich bis zum Glantererkogel hinauslaufen und dann (erst westwärts, dann nordwärts) über den immer waldfreien Gruberberg nach Hopfgarten abfahren, oder vom Hartkaser ins Windautal östlich. Man kann das vom Gipfel aus alles gut studieren: Dann ist es nur noch Charaktersache! Alle übrigen fahren gemütlich am Aufstiegsweg zurück, das ist bärig. Von diesem Idealskiberg bin ich einmal mit einem fremden, zwei Meter langen Münchner Anwalt und einer fremden blutjungen Schwedin von ähnlicher Länge abgefahren, lang ist's her – hinterher hätt' ich auch gern 200 cm gemessen.

TALORT Kelchsau, 817 m (München – Kufstein – Wörgl – Hopfgarten). Parken erst am kleinen Kraftwerk talein bei 830 m Höhe. Hier Felle anlegen! In der Kelchsau servieren »Fuchswirt« und »Geißlerwirt« nach der Tour flüssigen Trost. Lodronhütte, 1695 m.

CHARAKTER Die immer noch gut versteckte, aber mittels der Inntalautobahn schnell zugängliche Skitour ist ungefährlich. Bei 3 bis 3½ Std. Aufstieg in absoluter Einsamkeit gibt es keinerlei Schwierigkeiten (außer dem beängstigend anwachsenden Durst). Verschiedene Almhütten laden zur Sonnenrast. Schönster Rastfleck der flach gewölbte Gipfelkamm auf 1925 m Höhe mit Prachtsblicken auf Wilden Kaiser und Glocknergruppe. Auch für relativ unerfahrene Skifahrer lohnende Skitour mit langer baumfreier Abfahrt auf Nordwesthängen. – Es eilt nicht beim Aufbruch, man steigt erst im Schatten, dann – wo es flacher wird – in der Sonne sehr gemütlich auf, und fährt am frühen Nachmittag auf vollständig besonnten Tiefschneehängen ab.

BILD Das Luftbild ist aus Westen aufgenommen und zeigt uns fast den ganzen Aufstieg von der Kelchsau (vertikal ansteigend am linken Bildrand) hinauf zum flachen Gipfelbaum des Lodron. Im rechten Kammverlauf schließt sich der interessant profilierte Steinbergstein, 2216 m, an, den man mit etwas alpiner Vorsicht auch über den Kamm erreichen kann. Links der Bildmitte oben der Große Rettenstein, rechts im Hintergrund anschließend Hoher Tenn und Wiesbachhorn.

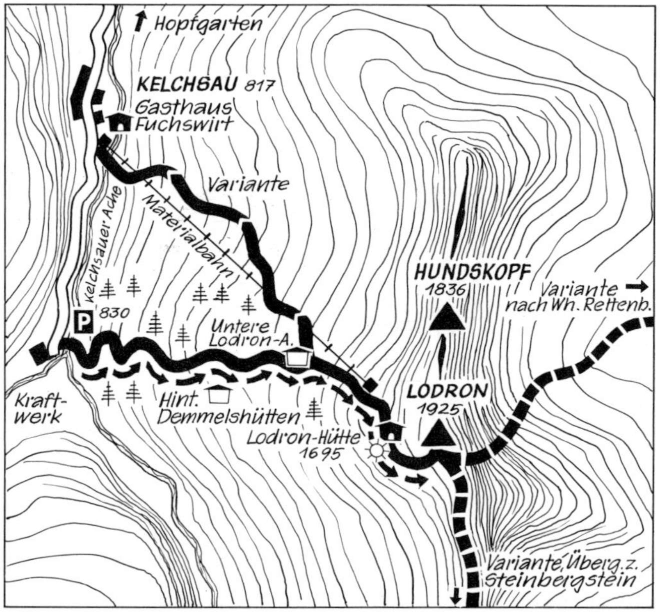

58 Feldalpenhorn und Schwaiberger Hörndl

Zwischen Wildschönau und Langem Grund

Alpine Skitour 120 km 1114 m HU Nordwest
März – Ende April

Wer seine Berge liebt, der schaue immer mal wieder auf eine gute Karte. Auch wenn Feldalpenhorn und Schwaiberger Hörndl auf dem Wochenendprogramm stehen – also gegen Ende Februar, im März und noch im ganzen April. Da sieht man im großen Karree der westlichsten Kitzbüheler Schieferalpen zwischen Brixental und Zillertal das längste Kitzbüheler Tal: den Langen Grund. Länger als lang, nämlich zwischen Dorf Hopfgarten und Wilder Krimml ungelogen 25 Kilometer. Am halben Weg dieses unmäßig langen Grundes fängt links davon das Paralleltal der Wildschönau an, und dazwischen liegen unsere drei Skigipfel Feldalpenhorn, Schwaiberger Hörndl und Breitegg. Von den beiden ersten kann man auch direkt in die Kelchsau abfahren, das ist für alpin verständige Skibergsteiger sogar eine Delikatesse (vom Dallmayer, nicht vom Großmarkt!). Wir fahren am besten nach Auffach zu einem der Wirte und lassen den Wagen dort – erst ab Mitte April kann man weiter hineinfahren bis Schwarzenau, und im Mai sogar noch ein weiteres Trumm ... Also: hinter der Schwarzenau links östlich hinauf zum Weiler Praa (auch Prädasten), das ist ziemlich steil, dafür kommt eine kleine Kapelle, um uns vom Fluchen abzuhalten. Von hier geht es immer rein ostwärts hinauf, etwas flacher als bisher, man überwindet geschickt drei kurze Waldzonen und kommt zur Prädastenalm auf 1485 Meter Höhe, die wir ganz rechts am Bildrand (Mitte) sehen. Da können wir auch gleich den weiteren Aufstieg nach links oben verfolgen. Wo es steiler dahin geht und wir schon den Gipfelhang vermuten, kommt plötzlich die wie eine Bobbahn geschwungene Riesenfurche daher, in der sich die Feldalmen verstecken. Nun geht es (im Bild zu verfolgen) brav den Schneekamm hinauf zum Gipfel, wo das Lustigsein ganz leicht fällt. Jetzt sitzt man gleich in einer windstillen Schneegrube, läßt sich von der Sonne rösten und kontrolliert dicht unter seinen Stiefelspitzen den Langen Grund, ob er auch wirklich so lang ist, wie es heißt ... Dann stiehlt einem der verlockende Kamm zum Schwaiberger Hörndl hinüber die schöne Ruhe, man schnallt an und fahrt und trabt und schiebt gemütlich hinüber, erreicht gleich 1989 Meter Höhe, und weil der Gipfel viel spitziger ist als das Feldalpenhorn, so erhöht sich auch das Selbstgefühl. Warum? Das weiß man so wenig wie die andere Tatsache, daß man auch den letzten Gedanken an schnelle Lifte, langsame Lifteschlangen und haklige Waschbrettpisten komplett vergißt. Niemand hält so viel heilige Ruhe aus, wie es ums Schwaiberger Hörndl gibt, denn ein jeder hat ja beim Herüberlaufen die steile, rein nordseitige Koberalmabfahrt studiert und brennt jetzt darauf, in die schönen Mulden hinabzuschwingen. Man fährt in einem Zuge durch und schwindelt sich erst ganz weit unten zwischen Bäumen ins Tal. Jetzt folgt der Hatscher nach Auffach ..., aber das ist wie ein Trinkgeld nach einem guten Essen, man zahlt es gern. – Das Breitegg mit seinem »vogelwuiden« Nordhang geht nur bei Firn. Die Abfahrt am Aufstiegswege vom Feldalpenhorn, das sieht man im Bild, ist reizend, auch wenn man am Nordwesthang ist. – Bei der sehr schönen großen Nordostkamm-Abfahrt in die Kelchsau muß man bei den ersten 200 Metern vorsichtig sein, bei Wächten evtl. ein Stück abschnallen, ansonsten der reinste Genuß für leidlich gute Fahrer ...

TALORT Auffach in der Wildschönau, 875 m (mehrere Wirte, 550 Betten). – Zufahrt Stachus – AB – Inntaldreieck – Kufstein – Wörgl, ab in Wildschönau. – Keine Hütte am Weg. Schönste Rast: Prädastenalm!

CHARAKTER Eine aussichtsreiche, echte Wildschönau-Skifahrt, weil man im hintersten Talgrund aufbricht, um geschickt aus schweren Waldkulissen in die freie Höhe zu finden. Oben ein bei gutem Wetter hinreißender, weil auch relativ bequemer Höhenweg vom Feldalpenhorn zum Schwaiberger Hörndl, das seine bessere Nordflanke mit der Koberalm anbietet. Diese Nordflanke ist steiler als die Nordwestflanke vom Feldalpenhorn und konserviert auch länger guten Pulverschnee. Der Aufstieg zum Feldalpenhorn dauert sehr gute 3 Std., er ist viel rentabler als der etwa gleich lange Übergang vom Markbachjoch her. Der Übergang zum Schwaiberger Hörndl nimmt 45 Min. in Anspruch. Die Nordabfahrt von dort über gute 1100 m in den hintersten Talschluß muß zu den schönsten Kitzbüheler Tourenabfahrten gezählt werden. Wichtig: Geokarte, 1 : 50 000!

BILD Das Feldalpenhorn (links oben) über der hinteren Wildschönau, anschließend nach rechts der Kamm zum Schwaiberger Hörndl und Breitegg. Im Mittelgrund ganz rechts (in der Aufstiegsroute) die 1485 m hochliegende Prädastenalm, im Vordergrund Mitte die drei Hütten der Unterbergalm, unterm Feldalpenhorn am Schneegrat die oberen Feldalmen. Links oben am Feldalpenhorn der Starthang zur großen Nordostabfahrt in die Kelchsau.

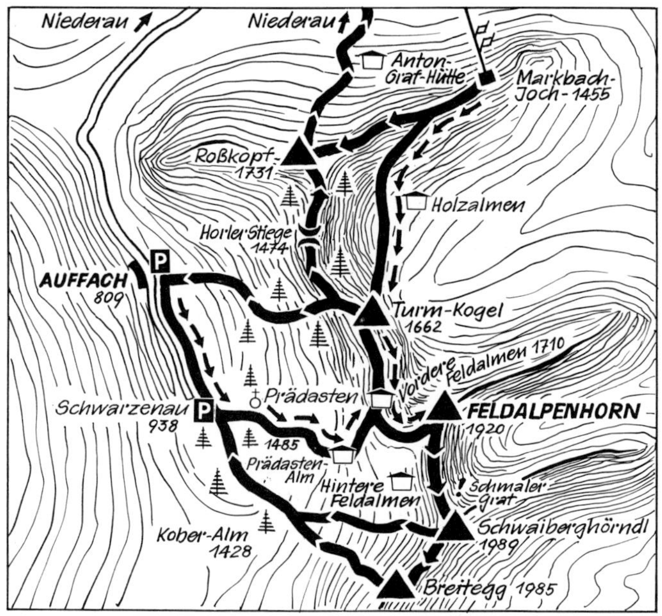

59 Pisten unterm Markbachjoch

18 Lifte in der Wildschönau

Pisten 116 km 670 m HU Nord + Süd Bis Mitte April

Die Wildschönau, die man vom Inntal bei Wörgl über ein schmales altes Mautstraßerl und von Kundl am Inn durch eine (nur im Sommer begehbare) Klamm erreicht, bedeutet für den Kenner Tirols einen unverlierbaren Schatz. Ich bin seit 40 Jahren dort zu Hause, die Familie hat dorthin so ausgefallen stille Wege gesucht wie die über den Gratlspitz von Alpbach und über den Grafenweg von Hopfgarten her, die Skigipfel über der Wildschönau – Schatzberg, Lempersberg, Turmkogel, Schwaiberger Hörndl, Feldalpenhorn, ja selbst Turmkogel – kennen wir von hint' und vorn, und seit über zehn Jahren müssen unsere Kinder vom Isartaler Gymnasium aus auch noch zum »Nachhilfeskiunterricht« in diese Wildschönau ... Wir sagen oft: Wenn die Tausende von schnellen Pistenfahrern, die jedes Wochenende in der Wildschönau ihr Plaisir suchen, nur einmal im Sommer wiederkämen, zum Wandern, zum Bergsteigen, zum Jochbummeln, – die würden Augen machen! Da sind die Pisten grün und Eigentum der Kühe, und die Skiberge sind überhaupt's vergessen. Unser Luftbild zeigt das Skiplaisir in einem umfassenden Ausmaße. Die 670 Höhenmeter zwischen Markbachjochhaus (links von der Bergstation über der Waldkante stehend) will man nicht recht glauben, aber die stimmen. Die Neigung der Pisten, wie sie das Bild zeigt, ist glaubhaft. Martina sagt, die schönste Abfahrt sei die über die Sixtwiesen (links im Bogen ablaufend). Andrea meint, die Tennladenabfahrt sei langweilig (ganz links am Bildrand, oben und unten einzusehen), aber der Tennladenlift sei zum Zeitvertreib recht lustig. Sohn Max sagt: Schönste Abfahrt zweifellos Sixtwiesen, interessant wäre die Märchenwiese, wenn sie nicht so eine unangenehm haklige Querfahrt aufwiese. Wenn wenig Pulverschnee auf harter Unterlage, dann fährt man solange, bis der Pulver weg ist, und geht dann eine gute Stunde von der Bergstation hinüber zum Roßkopf (am besten also kurz vor dem Essen), um die großartige Tiefschneeabfahrt zu machen, die nebenbei 900 Höhenmeter einbringt. Darauf ißt man am Markbachjochhaus oder bei einem der drei Wirte von Niederau, und dann strapaziert man die oben am Markbachjoch und unten am Talboden aufgereihten Lifte, von denen drei doch zwischen 160 und 200 Höhenmeter liefern. Sohn Micki verteidigt die Stockhangabfahrt als Test- und Trainingsstrecke, – aber wir wissen, daß er sich auch nicht geniert, Sixtwiesen und Turmkogel zu frequentieren. – Wer in die Wildschönau nicht nur zum Pistenjagen kommt, oder noch besser: Wer das Waschbrettfahren auf den abgefrästen Buckelpisten mal satt bekommt, sollte in der Wildschönau wissen, wie man sich zu helfen weiß. Man geht auf eine stille lange schöne Skitour. Dann geht einem eine neue Welt auf, da schmeckt Essen und Trinken dreimal so gut als sonst. Spätestens beim ersten Verlobungsversuch sind die ... zigtausend Buben, die man da am Markjochbach schneidig, aber eintönig herabrauschen sieht, fähig, meinem Ratschlag zu folgen. Und damit hat sich die Anschaffung dieses Münchner Skibuches bereits bezahlt gemacht. – Was die Wildschönau an einschlägigen Skitouren anbietet, ist aus den Tourentexten 52 und 58 genau zu ersehen. Dazu kommt direkt vom Markbachjoch weg der lange Übergang zum Feldalpenhorn, an das man auch das Schwaiberger Hörndl anschließen sollte.

TALORTE in der Wildschönau Niederau, 823 m (1700 Betten). – Oberau, 936 m (1000 Betten). Zwei gut versteckte Skidörfer für mittlere Ansprüche. Anfahrt Stachus – AB – Inntaldreieck – Wörgl.

LIFTE (wir nenen von 18 nur 5) ① Sesselbahn Markbachjoch, 670 m HU, 400. – ② Sixtwiesenschlepper, 160 m HU, 900. – ③ Hotelhanglift Markbachjoch, 80 m HU, 100. – ④ Sonnhanglift Niederau, 170 m, HU, 400. – ⑤ Tennladenlift, 200 m HU, 800.

CHARAKTER Relativ kurze, aber hübsche bis sehr interessante Pisten auf der großen, das Tal beherrschenden Nordflanke vom Markbachjoch herab. Einige Sonnenlifte. Fast alles zerstreut, keine Koordination. Die Pisten werden unzureichend gepflegt. Am Hauptlift: Stockpiste ausgesprochen schwer, Sixtwiesen mittelschwer, Tennladenabfahrt leicht. – Andrang an Wochenenden sehr stark, wochentags gering. Teilweise hohe Buckel an den steilen Hängen. – Wenig Sonne, Pisten infolge der starken Befahrung ausgefahren, zuweilen eisig. Heikle Stelle: Einfahrt in den Steilhang zu schmal! – Markbachjoch-Liftpreise: Bergfahrt 15 S, Alpinvereine 12 S, Kinder 7 S, Tageskarte 80 S (unfairerweise sonntags ungültig). 7-Tage-Karte 300 S.

BILD Der Höhenzug des Markbachjoch mit den rechts anschließenden Gipfeln des Halsgatterl und des Roßkopfes (rechts mit Firnglatze). Vorne rechts Dorf Niederau. Ganz links die Tennladen-Familienabfahrt. Oben Feldalpenhorn und Schwaiberger Hörndl.

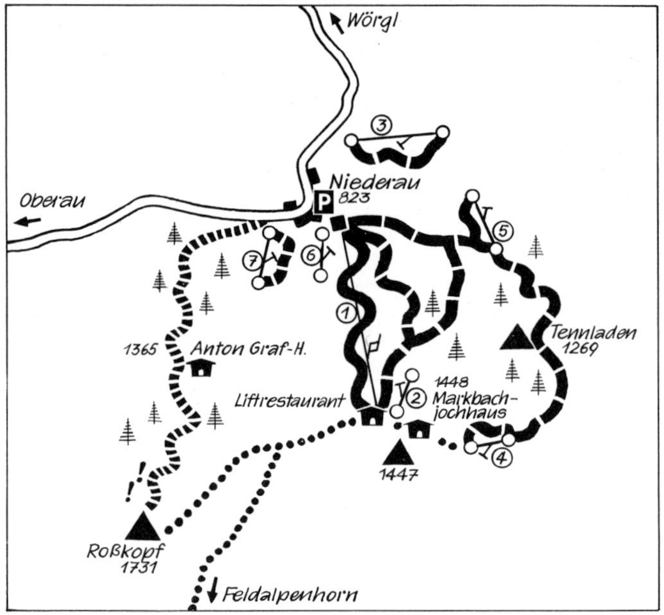

60 Tanzkogel und Floch

Stille Skitouren im Spertental

Alpine Skitouren 146 km 1083 m HU Nord + Nordost
Bis Mai

In der langen Kette der Skigipfel westlich überm Spertental, die vom Nachsöllberg und Fleiding im Norden bis hinter zum Geigenkopf und Frühmesser überm Pinzgau reicht, dominieren Brechhorn, Floch und Tanzkogel. Das sind eindeutig die dankbarsten Ziele. Man fährt nach Aschau hinein, und wenn es im Mai sein kann, sogar bis dicht unter die Labalm: was aber keinesfalls vorgeschrieben ist! Hinter Aschau und Oberlandhütte beginnt ein Reich absoluter Stille, im späten Frühjahr zumal. Bis zur Labalm, die gut sichtbar knapp überm Talgrund steht, ist es ab Aschau sowieso nur eine knappe Stunde zu laufen bzw. zu schieben. Man geht ins rechte, nicht ins linke Tal hinein, also an der Unteren Grund-Ache dahin. Kurz nach einem Brückerl auf das orografisch linke Ufer des Baches beginnen die deutlichen Ski-Markierungen – Pfosten mit roter Blechscheibe! – die nun in gerader Linie zur Labalm hinaufleiten. Man geht an der Alm vorbei in gleicher Richtung weiter – wenn man zum Tanzkogel will. Bald kommt man flach an einer neu erbauten Alm vorbei, und schon ist man an den Hütten des Anger Alpl: Sie stehen auf einem großen Hang, der südostwärts bis ganz hinunter zu den Karalmen reicht. Nach dem Anger Alpl muß man in den Graben des von der Haglanger Hochalm herunterkommenden Baches hineingehen und den Bach im Talgrund überschreiten. Das ist ganz wichtig! Gleich danach geht es recht steil durch wunderbaren lichten Wald südwestwärts hinauf, dann wird es flacher, der Wald sinkt hinter uns ab, und am baumlosen Hang steigen wir gegen Süden aufwärts. Mit einem kleinen Linksbogen wird der Ostgrat erreicht, man bleibt in der Südflanke, kommt zum Gipfel und jubelt vor Freude ... Falls man nicht eine Zwangspause zum Schnaufen einlegen muß. Es wäre verrucht, das Glück mit Worten beschreiben zu wollen ... man kann es nur erleben. – Wir empfehlen dringend, die Anstiegsspur auch für die Abfahrt anzupeilen. Diese Abfahrt ist je nach Können und Schneequalität phantastisch bis schwierig. Denn Tiefschnee ist tief ... Und neben Pulver auf Harsch gibt's ja auch Bruchharsch bester Qualitäten, und es gibt Firn, Sulz und Pappschnee. – Von derselben Labalm steigt man auch auf den Floch. Da geht man nach der Alm nicht links, sondern rechts am selben Rücken empor, kommt in einen Bachgraben und kehrt dort nach rechts oben hinauf zur Hinterkaralm. Da sind wir bereits über der Waldgrenze. Jetzt steuert man keinesfalls den Floch direkt an, sondern legt westwärts über die schönen freien Hangwellen eine vernünftige Spur hinauf bis in den Sattel zwischen Gerstingerjoch und Floch. Von dort steigt man dann am besten in der Westflanke knapp unterm Kamm zum Gipfel. Keinesfalls steige man in der steilen Südflanke des Floch an, die man ja beim Anstieg von der Hinterkaralm immer rechts über sich sieht, ja die man im unteren Teil sogar benützen muß, dort wo sie noch nicht so steil (und gefährlich) ist. Je nach Orientierungsvermögen kann der Floch auch über seinen runden Ostkamm bestiegen werden, den man von der Hinterkaralm, oberhalb der Waldgrenze nordwärts querend, erreicht. Man sieht diesen Ostkamm recht gut auf unserem Luftbild. Dort sieht man aber auch, daß die Abfahrt vom Floch über seine Nordostflanke in Richtung Wirtsalm recht heikel sein kann, da steile Gräben drohen.

TALORT Aschau im Spertental, 1014 m (Zufahrt Wörgl – Kirchberg).

CHARAKTER Beide Skiberge, Tanzkogel wie Floch, fordern einen Aufstieg von 3½ bis 4½ Stunden. Beste Zeit März und April. – Der Übergang Floch – Gerstingerjoch – Tanzkogel verlohnt sich nicht! – Auch nicht in umgekehrter Richtung! – Man bleibe an vorhandenen Spuren und halte sich an die Markierung, bzw. an den Tourentext. Wer von der Route abkommt, etwa nach Überqueren des Haglanger Baches unterm Tanzkogel, kann leicht in steile schneebrettgefährliche Hänge geraten! – Schönster Rastplatz beim Tanzkogel der Gipfel und die Ostschulter. Bei unsichtigem Wetter scharf auf die Schneekonturen schauen in der Abfahrt! – Ausgangspunkt für beide Touren ist die Labalm, 1265 m hoch, dicht über dem Talboden (Anfang Mai mit Kfz zu erreichen!) Sonst Anmarsch von Aschau bzw. Oberlandhütte. – Nach der Tour Einkehr im Aschauer Wirtshaus Falkenstein, nicht schlecht. – Man benütze die Skikarte Kützbüheler Alpen, 1 : 50 000.

BILD Wir sehen auf diesem Bild die interessantesten Skigipfel des Spertentales, von rechts: Brechhorn, Floch (Bildmitte), Gerstingerjoch (links, oben flach) und Tanzkogel. Von letzterem sehen wir am linken Bildrand leider nur den Gipfelkamm und das Becken der Haglanger Hochalm. Im Vordergrund der ganze Aufstieg ab Aschau über die Durach-Hochalm zur Brechhornostgrat. Unser Flochanstieg ab Labalm führt zuletzt von der linken Bildmitte diagonal nach rechts oben.

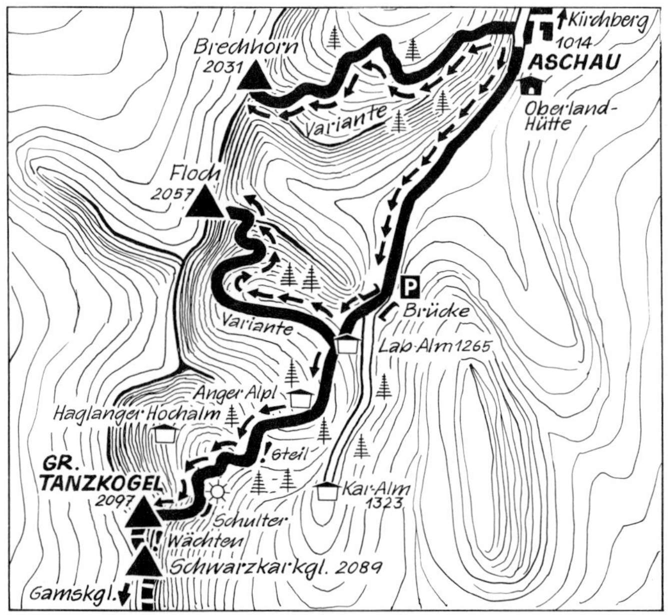

61 Gampenkogel und Brechhorn

Im großen Kitzbüheler Skitourenkamm

Skitouren 145 km bis 1020 m HU Nordost Bis Ende April

Der längste und interessanteste Skitourenkamm in den ganzen Kitzbüheler Skialpen – vom Gaisberg und Gampenkogel bis zum Frühmesser – wird in seiner Ostflanke vom Spertental begleitet, das sich unterm Großen Rettenstein in den Oberen und Unteren Grund teilt. Dieses Spertental schlupft bei Kirchberg in ein bekanntes und immer noch vielgeliebtes Skitourenparadies und aus ihm steigen wir auf – falls wir nicht der Faulheit erliegen und von Westendorf, an der Alpenrose vorüber, zum Nachsöllberg auffahren. Und dann am Fleiding vorbei zum Brechhornhaus zu wandern (wobei man im Südhang des unbedingt zu umgehenden Gipfels bei lawinösem Wetter seine Sorgen haben kann). Weil wir schon davon sprechen: ob an Fleiding, Brechhorn, Gampenkogel, Floch, Tanzkogel oder Frühmesser, wir müssen uns hier immer mit den klassischen hochalpinen Gefahren messen! Da gibt es keine Pistenmarkierungen, da gibt es nur die eigene gute Nase und eine gute Skikinderstube. Was an diesen groben, wenn auch feierlich und schön verschneiten Skibergen an Runsen, Gräben, Wächtenkanten, Lawinenhängen jeder Größe, an Waldecken, abgewehten und schmalen Graten alles hergeht, kann man kaum aufzählen. Sicher ist, daß man hier die »Hohe Schule des Skibergsteigens« absolviert. Und daß einer, der sie absolviert hat, immer wieder kommt. – Jetzt heißt es aufpassen! Man hat folgende Möglichkeiten: 1. direkt ab Aschau in dreieinhalb bis vier Stunden über Durach-Hochalm und Breitlahnalm zum Ostkamm und Gipfel des Brechhorn, mit der schönsten Abfahrt am Anstiegswege, oder 2. mit Übergang, meist abfahrend, zum Brechhornhaus, um 3. am folgenden Tag den Gampenkogel über seinen (im Bild gut sichtbaren) Südostgrat zu machen (eineinviertel Stunden ab Haus); 4. man steigt vom Wirtshaus Reiserer im mittleren Spertental genau westwärts auf, erst ziemlich steil in Richtung Gampenkogel, dann unter ihm links flacher abbiegend zum Brechhornhaus bzw. vorher rechts abbiegend und querend zur Kobingerhütte. In diesem Falle nächtigt man oben und steigt von Norden in sehr interessanter Kammwanderung am Schledererkopf vorbei ganz links hinüber zum Brechhorn-Ostgrat und zum Gipfel (zwei Stunden). Abfahrt zurück – oder ohne Gegensteigung und großartig! – ostwärts ins Spertental hinab über die Durach-Hochalm; 5. man fährt von Westendorf zum Nachsöllberg auf und wandert in eineinhalb Stunden, aber mit der gehörigen alpinen Vorsicht, zum Brechhornhaus. Nächtigt man dort gegen Ende März oder im April, dann kann man Glück haben und die verfirnte Südflanke des Gampenkogel zur Hütte herabschwingen: steil, mit ein bisserl Schneid. – Gewarnt sei vor dem Gipfelübergang Nachsöllberg-Fleiding-Gampenkogel! Der ist infolge Verwehungen, Wächten und Leebetten immer etwas heikel, also ein strenges hochalpines (wenn auch kurzes) Unternehmen. – Erfährt man im Spertental bzw. in Westendorf, daß Brechhornhaus und Kobingerhütte unbewirtschaftet sind, dann steuert man das Oberlandhaus oder einen Wirt im hintersten Spertental an und macht eine Tagestour ohne Nächtigung: die schönsten wären da, weil absolut still, der leichte Tanzkogel, 2102 Meter, ab Labalm dreieinhalb Stunden, und der viel steilere Floch, 2060 Meter, über Hinterkar-Nieder- und Hochalm, in fast vier Stunden ...

TALORTE Aschau im Spertental, 1014 m (mehrere Wirte, dazu AV-Oberlandhütte). – Westendorf, 785 m, Lift zum Nachsöllberg, 1886 m: ab hier alpiner Tourenübergang zum Brechhornhaus. – Wirtshaus Reiserer, 960 m, im Spertental (Bus, Parkmöglichkeit).

CHARAKTER Hier werden zwei rentable Wege auf den Gampenkogel, 1956 m, und dreierlei Wege auf das Brechhorn, 2031 m, aufgezeigt. Man ist zwischen 3 bis 5½ Std. ansteigend unterwegs. Wer es sich bequem machen will, fahre zum Nachsöllberg auf und quere zum Brechhornhaus, 1660 m, oder steige vom W. H. Reiserer zum Brechhornhaus hinauf. Nächtigung empfehlenswert, weil man dann vielleicht beide Gipfel besteigen kann. – Der kürzeste Weg zum Brechhorn ist der von Aschau, man steigt 3½–4 Std., je nach Kondition. – Die Kobingerhütte am Harlosanger, 1532 m, eine alte Münchner Skifahrer-Zukehr, kommt ebenfalls als Ausgangspunkt in Frage. Man erkundige sich im Tal, ob die Hütten bewirtschaftet sind. Die Umfahrung des Fleiding in seiner Südflanke kann nur bei lawinensicherem Wetter und mit alpinem Verstand unternommen werden!

BILD Im Anflug auf den Gampenkogel (oben rechts mit seiner typischen Ostmulde). Rechts daneben schaut der Fleidinggipfel heraus. Unter dem Gampenkogel und im Vordergrund der Harlosanger mit der Kobingerhütte. Das Brechhornhaus liegt dicht hinter dem Südostgrat des Gampenkogel versteckt. Links davon der Schledererkopf und das Brechhorn (am Bildrand) mit seiner Nordflanke.

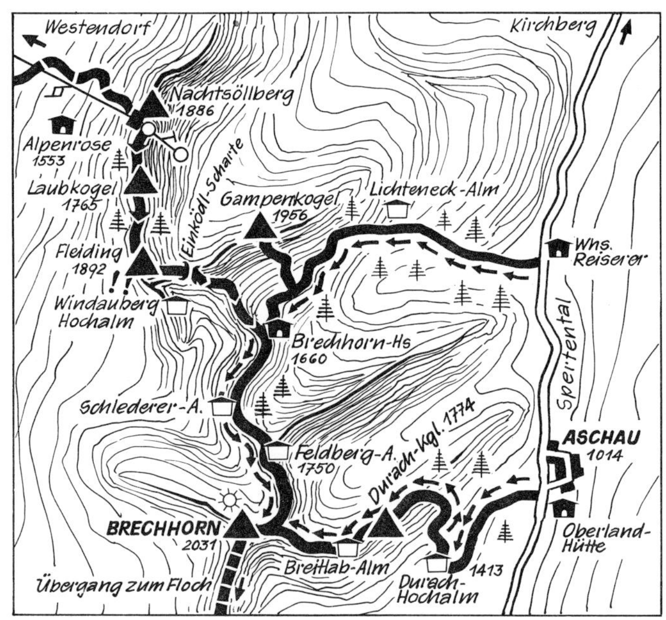

62 Am Nachsöllberg

Nordwestpisten über Westendorf

Piste Anfahrt 122 km 1000 m HU Nordwest Bis April

Westendorf im Brixental, genau zwischen Wörgl am Inn und Kirchberg bei Kitzbühel, bedeutete für den älteren Münchner Skifahrer jahrzehntelang einen Geheimtip. Viele Münchner Skifamilien, deren jüngste Ableger heute diametral durch die ganzen Alpen reisen, haben sich einst hier eingenistet, haben bei Bauern und kleinen Wirten ihr Zugehplatzerl gehabt. Es war hundsgemütlich. Klar, daß die Westendorfer Wirtssöhne heute damit ihre Werbung betreiben: Der Prospekt ist dreisprachig, gibt an, gibt aber keine genauen Daten an, keine Talhöhe, keine präzisen Höhenunterschiede bei den Liften und so fort. »800 bis 2400 Meter« liest der Münchner auf dem Prospekt und denkt sich was . . . Die Aufschneiderei macht aber gar nix, weil, wie wir gesehen haben, viel internationales Publikum anreist, ganze Gruppen nämlich, und wer aus dem brettlflachen Holland oder Dänemark kommt, der glaubt hohe Zahlen lieber als niedere. Aber zur Hauptsache: Den Nachsöllberg über der berühmten »Alpenrose« hat man nicht umgebaut, der steht als letzte Nordschulter des berühmten Kitzbüheler Skigipfelkammes Frühmesser – Tanzkogel – Floch – Brechhorn – Fleiding immer noch da, steht immer noch der kugelrunden Hohen Salve direkt gegenüber. Alle zwei haben sich übrigens herausgemacht. Die Hohe Salve, früher durch ihre Südhanglifte arg im Hintertreffen gegenüber den fabelhaft schönen Nordwesthängen an der »Alpenrose«, ist jetzt von Norden her, also von Söll her, neu aufgerüstet worden, und gleich so, daß es hinhaut: Siehe Tour 63! Den Nachsöllberg aber hat man jetzt bis zum Gipfelkamm ausgebaut, hat den klassischen – siehe Bild – Nordwestkamm dazugeschlagen und schon hat man seine 1000 Höhenmeter beisammen. Der aufgestockte Lift zum Gipfelgrat hat eine höhere Stundenkapazität als der alte untere Lift, was freilich auch wieder unerfreulich ist. Die Abfahrt ist eine typische Kitzbüheler Genußpiste, freie, runde Almhänge zwischen Fichtenwänden mit viel Platz, oben steil, unten flacher, – man spürt die 1000 Meter in den Wadeln. Natürlich (aber leider) sind diese feinen Alpenrose-Pisten arg überlaufen und an Sonntagen kann man gar nicht mehr hinfahren: Weil eben die 380-Mann-Stunden-Kapazität des unteren Liftes nicht ausreicht. Sonntags nie! heißt es also. Oder man kommt ganz früh, fährt hinauf und bleibt dann den ganzen Tag zwischen Mittel- und Bergstation. Das sind 530 Meter und bei zwölfmal Abfahren glatt der Nanga Parbat. Droben ist der Schnee natürlich immer besser. Ein Trost für alle: Überall neben der Piste gibt's Berg- und Wirtshäuser! Und hinterm Gipfel, raffiniert versteckt, erlaubt uns ein neuer kleiner 120-Meter-Lift, die steilen Osthänge auszuprobieren. – Wer die zehntausend Pistenbuckel satt hat, findet zwei Tiefschneeabfahrten, die keiner bereut, der sie einmal macht: 1. den Nordkamm bis zur Westschneise (links beschattet im Wald), dann die Westschneise hinab und über die Zieplwiesen zum Zieplllift bzw. zur Talstation zurück. 2. stur nordnordostwärts den Rücken hinaus und über die Chor-Almen in den unteren Wald und nach Lauterbach im Brixental – zum Bus nach Westendorf. Der ist in fünf Minuten drüben ! – Pistenauskunft für Westendorf: Österreich 0 53 34-2 23! – Der Nachsöllberg mit dem neuen Lift erleichtert natürlich auch den Tourenstart Richtung Fleiding–Brechhorn.

TALORT Westendorf/Tirol, 800 m (2200 Betten). Zufahrt München – Kufstein – Wörgl – Hopfgarten. Nur kleiner Parkplatz an Talstation.

PISTEN/KAPAZITÄT ① SSL Alpenrose I, 500 m HU, Kp. 380. – ② SSL Alpenrose II, 530 m HU, Kp. 460. – ③ SL Talkaser (Ostgipfelhang) 120 m HU, Kp. 800. – ④ SL Ziepl, 200 m HU, Kp. 600.

CHARAKTER Rassige Nordwestpisten, verhältnismäßig steil und kupiert, eigentlich nur für gute Abfahrer im oberen Teil, unterhalb der Mittelstation leichter. Die ganzen 1000 Höhenmeter sind anstrengend! Die beiden Pistenwalzen sind am steilen Gipfelhang machtlos. Im Hochwinter sehr kalter Lift, im Frühjahr warm, weil sonnig. Der Sonntagsbetrieb ist bei Wartezeiten bis eine Stunde stark, man benütze dann nur den oberen Lift. Die Entsatzlifte liegen leider nicht an der Hauptabfahrtsstrecke. Die Pistenpflege ist zeitgemäß. Die Pistenstruktur ist entsprechend Steilheit, Nordwestlage und starkem Betrieb nicht ganz einfach, meist große Buckelfelder, die kurzen Waldschneisen zeitweilig vereist. Achtung dicht vor der Talstation!

LIFTPREISE (1970/71) Einzel SS 12 S. 6er-Karte 60 S. – Tageskarte

BILD Wir schauen genau von Westen auf die Nordwestflanke des Nachsöllberg (rechts oben, 1886 m). Unten links die Mittelstation, 1300 m, dazwischen an der Waldinsel die berühmte Einkehr »Alpenrose«, 1553 m. Unter der Mittelstation die kurze Querschneise zu den freien Talhängen. Links oben beschattet die breite Westschneise.

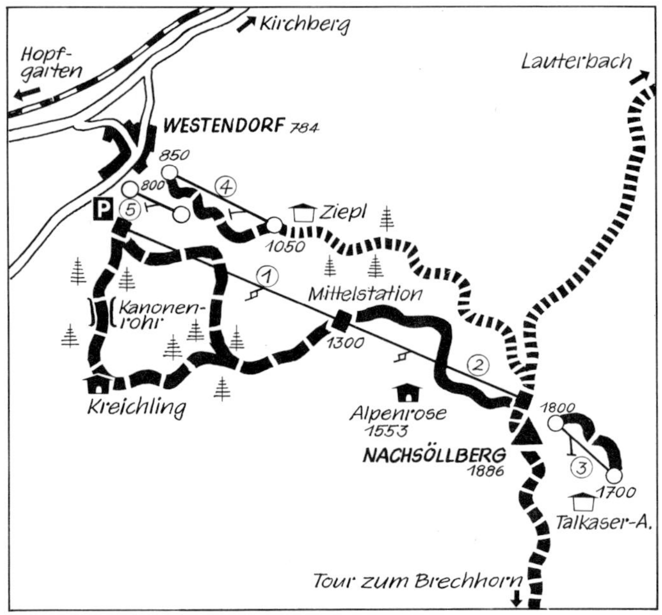

63 Die hohe Salve von allen Seiten

Südosthänge nach Hopfgarten – Nordhänge nach Söll

Pisten 116 km 1206/820 mHU Südost + Nord
Bis März/April

Als Skiberg war sie schon in Pionierszeiten berühmt, als Pistenberg mußte sie auf den Ruhm warten. Das kam daher, daß sie zuerst von der falschen Seite, nämlich über Südhänge erschlossen wurde. Da wird der Münchner Skifahrer schnell skeptisch. Auf der anderen Seite gingen ihm niemals die kolossalen 1200 Höhenmeter aus dem Kopf, und so besuchte er die Hohe Salve dann und wann. Am Gipfel war jeder hochzufrieden, weil man in die Alpen schaut und gafft wie in ein Weihnachtsschaufenster für Skifahrer... soviel schöne fertige glänzende Kitzbüheler Skiberge rundherum, und dazu »im Gnack« der Wilde Kaiser. Wär' nur erst wieder der Sommer da!... Wär nur erst wieder der Winter da! heißt es aber jetzt, wenn einer im Sommer auf der Ellmauer Halt oder an der Kegelstatt am Scheffauer liegt und entdeckt, daß die Tiroler plötzlich die Hohe Salve umgestellt haben: daß die Leut aus Söll die so schön nackerte, nämlich oben waldfreie Nordseite der Hohen Salve mit Liften gespickt haben. Herunterhalb von Hochsöll (im Bild unten) geht natürlich der Waldgürtel an, und da lauft der Berg immer mehr auseinander, so daß aus steilen Hängen halt auch flache werden. Die Sachlage in der Söller Nordflanke ist ganz einfach: Zwischen 1170 und 1520 Meter Höhe ist alles freier Hang, weitläufig breit und schön kupiert, der tiefe Schattengraben in der Bildmitte ist nur zur Gaudi da... aber zwischen 1170 und 700 fängt der Abfahrer rechts des Liftes mit einer Querung an, dann kommen ein paar steilere, aber schmale Hänge, und auf die Letzt' zwei kurze Ziehwege auf den Talboden. Es reicht nicht zum Ärgern! Denn die Planung für den nördlichen Gipfellift ist zu schön, und da wären ja fast 800 Höhenmeter bis Hochsöll beieinander! – Söll liegt am Straßenkreuz »unserer« München–Kitzbüheler Hauptstraße, gleich wenn man nach der »Steinernen Stiege« aus dem Weißachgraben fährt – genau da, wo von rechts die Wörgler Straße kommt. Hopfgarten auf der drenteren Seite liegt natürlich weiter weg für die Münchner, und durchs Brixental fahren halt nur wenige. Das hat dort auf die Wartezeiten einen angenehmen Einfluß, ärgert aber die Bahnunternehmer, weil die sich sowieso ausgeschmiert fühlen mit ihrer schönen grünen Salve, die diesem gemütlichen Platzerl nur ihre Südseite zukehrt. Nun, wenn die Söller, die drüben auf der »richtigen« Salvenseite sitzen und den Hopfgartnern zur Zeit »die Schau stehlen«, ihren Gipfellift fertig haben, dann wird Hopfgarten profitieren: wegen seiner Sonnenseite nämlich! Das Beste ist bestimmt – wenig zu denken und alles schön gemütlich auszuprobieren. Jede Hälfte der Hohen Salve hat ihre guten und ihre schlechten Seiten. Für Sonnen- und Schattenseite aber gilt gleich, daß man um die Hohe Salve herum immer noch stark das Mittelalter des Skilaufs spürt, – während sich zwischen Kitzbüheler Horn und Pengelstein die Skifahrer gegenseitig auf die Bindung treten. – Ein Tip, den man den Münchnern gar nicht erst zu geben brauchte: Kurz bevor in der Hopfgartner Südflanke der Schnee ausgeht, muß man auf die Uhr schauen und zur richtigen Stunde am Gipfel sein. Dann kann man sich noch ein Viertelstünderl leisten, um Kaiser und Glocknerpanoramen zu kontrollieren und dann im Firn abzufahren. Dazu braucht man gar keine Piste – der »Tiefschnee« ist 2 Zentimeter aufgeweicht, der Berg breit.

TALORTE Hopfgarten, 621 m (1400 Betten). Söll, 700 m (1800 Betten).

LIFTE AB HOPFGARTEN ① Salvesessellift I, 540 m HU, 350. – ②Salve II, 370 m HU, 350. – ③ Gipfellift, 280 m HU, 650. – ④ Slalomhanglift, 150 m HU, 600. – ⑤ Übungshanglift, 60 m HU, 550.

PREISE: Einzel Gipfel 27 S. Tageskarte 80 S. – AV- und DSV-Ermäßigung auf Einzelfahrten. – Sonntagswartezeit bis 30 Min. – Großer Parkplatz an Talstation. – Brotzeit im Berghaus Rigi. – Pisten schwieriger als es den Anschein hat! Einige unerwartete Kurven, viele Engstellen, sonnige Südosthänge, Gipfelhang nicht immer gut, da abgeweht. Untere Südpiste sehr lang, aber altmodisch umständlich.

LIFTE AB SÖLL ⑥ Sessellift Hochsöll, 450 m HU, 550. – ⑦ Keatlift, 400 m HU, 750. – ⑧ Stöckllift, 180 m HU, 650. – ⑨ Salvenmooserlift, 90 m HU, 600. – ⑩ Knollnleitlift, 80 m HU, 500. – Babylift am Mühlbichl. – Tageskarte 90 S. Wochenkarte 250 S. – Wartezeit am Sessellift sonntags bis 60 Min., oben bis 30 Min. Werktags keine! – Pistenpflege gut. – Verbindung nach Hopfgarten vorhanden, Koordination kommt erst, wenn der Gipfellift ab Hochsöll über die Nordflanke fertig. – Lifte dieser Nordseite kalt und schattig: Unbedingt Überanzüge mitführen! – Essen in Hochsöll gut. – Entlastungslift Söll – Hochsöll in der Planung. – Ideale Nordpisten!

BILD Die Hohe Salve, 1827 m, mit ihrer eben erst liftemäßig erschlossenen Nordflanke. Unten Hochsöll mit Keatlift und Stöckllift. Über dem Sattel rechts über der Bildmitte das Berghaus Rigi, 1510 m.

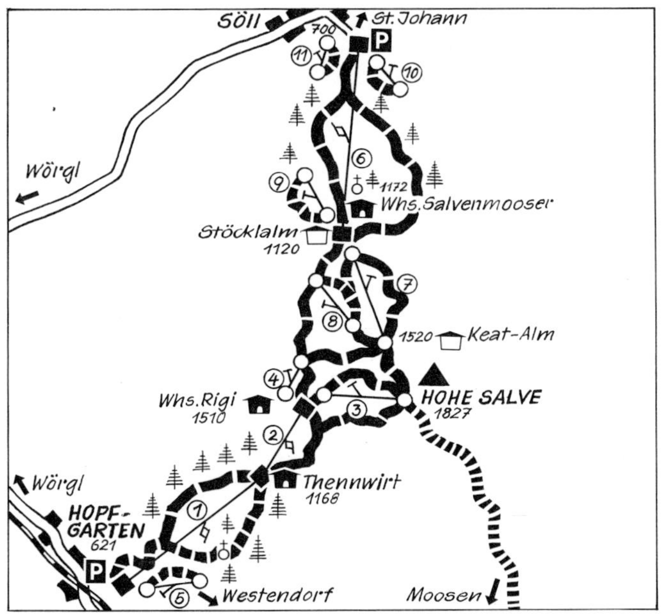

64 Ehrenbachhöhe: »Fleck« und »Kaser«

Kitzbühel sportlich – und eine Bummerlabfahrt

Pisten 138 km 1000 m HU Nord + Nordwest
Bis Ende März

Wer das Kirchberg von 1950 oder gar das von 1930 kannte, den haut es zurück, wenn er heute hinkommt. Das Dorf ist dick herangewachsen, auch die Wirte sind nicht dünner geworden. Denn Kirchberg ist erklärtes Ziel vieler europäischer Skifahrer-Versandgeschäfte geworden. Dort wird nur nach Hunderten von Betten gebucht, nicht für ein seliges frommes Paar. Auf den Pisten kann man alle möglichen Sprachen hören. Trotzdem schlägt jener vornehme Dialekt durch, der zwischen Dachau, Sendlingerhöh' und Altötting gesprochen wird. Man merkt's jeden Samstag und Sonntag. Besonders gut merkt man es vor den Warteschlangen, die sich die Inhaber der vielen Maierllifte für alle Zeiten haben patentieren lassen: Da werden die Münchener stocknarrisch! Viele reißen aus, nehmen die Maierllift-Staffette nicht ernst und springen ab Maierl II über zum Fleckhochalmlift. Da kommt man schneller in die Höhe. – Beide Abfahrten, »Fleck« wie »Kaser«, sind schön. Aber der gute Abfahrer, den München zu Zehntausenden nach Tirol schicken muß, weil man »daheim« noch Ski-Boom entwickelt, fährt selbstverständlich die sportliche Fleck... Scharf am Grat zur Oberen Fleckalm, hinein in den rechten Steilhang, hinaus zur Unteren Alm und dann endlos und schnell hinab zu den Bussen bei Klausen – 1000 Meter Höhenunterschied – für einen besinnlichen Alpenbesucher immer noch hinreißend. Man merkt es am deutlichsten bei den netten Münchener Skifamilien, die an der Fleck sozusagen eingeheiratet haben. – Ganz anders steht es um die »Kaser«, auf der ich mich einmal schwer verliebt habe. In die falsche. Vielleicht hab' ich deswegen nicht gespannt, daß die »Kaser« eine Bummerlabfahrt ist. Später bin ich gescheiter geworden: Sie ist eine Bummerlpiste, auch wenn alle Herrschaften aus Bruxelles, Maastricht, Köln, Kopenhagen, Limburg und München-Ost das Gegenteil behaupten. Das ist ja gerade das Schöne am Skilaufen! Und weil es so ist, geht's auf der Kaser oft zu wie am Oktoberfest. Eine allgemeine Hochstimmung entsteht, eine Mordsgaudi, und viel Spannung, weil jeder wartet, bis es wieder einen »z'reißt«... Alle Münchener müssen mal irgendwo »Anfänger« sein, auch der Herr Sohn muß mit fünf Jahren anfangen. Er tut es nach dem ersten Kurs am liebsten auf der Kaser. Dort legt man sofort Hemmungen und letzte Ängste beiseite. Es passiert nichts. Und dann fünfmal Kaser, und schon fährt man mit der Mama (Betonung auf dem ersten a!) auch die Fleck. – Die »Fleck« kann man ebensogut vom Hahnenkamm wie von Kirchberg anfahren und das gilt auch für die »Kaser« – nur muß man ab Hahnenkamm über die Steinberggrube ab- und auffahren. – Wer heutzutage gescheit ist, wie der Münchener sagt statt klug, der fährt irgendwo zur Ehrenbachhöhe hinauf und strapaziert das, was gerade relativ frei ist, die rüden Steilpisten am Steinbergkogel, die feineren am Jufen, oder die Genußpisten am Pengelstein drüben, fährt überall auf und ab, und kommt erst ganz auf die Letzt' wieder zurück und zielt dann seine »Kaser« an oder seine »Fleck«. Wem es nicht wohl ist in dem manchmal grauslich überfüllten Kitzbüheler Getriebe, der wandere in die stille Kelchsau aus – oder stelle sich die Zukunft der Kitzbüheler Skialpen von 1980 vor. Ja nicht mehr! Denn wer sich die von 1990 vorstellen könnte, der fiele noch bei Maierl tot um.

TALORTE Kitzbühel, 762 m. – Kirchberg in Tirol, 837 m (4000 Betten). – Zufahrt: Stachus – AB Inntaldreieck – Wörgl – Kirchberg.

LIFTE (siehe auch Kitzbühel/Hahnenkamm) ① Lift Maierl I, 340 m HU, 800 Pers./Std. – ② Maierl II, 350 m HU, 900. – ③ Maierl III, 300 m HU, 900. – ④ Oxalmlift, 331 m HU, 600. – ⑤ Obwiesenlift, 222 m HU, 660. – ⑥ Krinerlift, 130 m HU, 615. – ⑦ Gaisberglift, 435 m HU, 320. – ⑧ Fleckhochalm, 280 m HU, 1000.

UMSTÄNDE Preise: wie Kitzbühel. Einzel Maierl I 15 S. Einzel Maierl II und III je 10 S. – Sonntagswartezeit: an den Maierlliften 15 bis 30 Minuten, an den Schleppern maximal 10 Minuten. – Werktags nur Maierl III bis 15 Minuten! – Pistenpflege nicht sonderlich gut; alle Pisten stark abgefahren, daher oft auch stellenweise eisig. Aber nur lange Buckel! – Man parkt besser beim Obwiesenlift! Kommt so auch schneller hinauf.

CHARAKTER Die Fleck-Piste zum Klausenbach (hier wartet Bus) ist sportlich, normalerweise mittelschwer. Die Kaser ist viel flacher, weniger effektvoll, wir Münchner sagen dazu: Bummerlabfahrt. 1000 Höhenmeter sind beide Male drin. Ansteherei oft ekelhaft.

BILD Blick von Westen auf die Ehrenbachhöhe (Bildmitte oben) mit dem rechts anschließenden Jufenkamm und Steinbergkogel. Links oben erkennt man die ganze Fleck mit Oberen und Niederen Fleckalmen. Der davorliegende Kamm trägt Maierlifte und Kaser-Abfahrt.

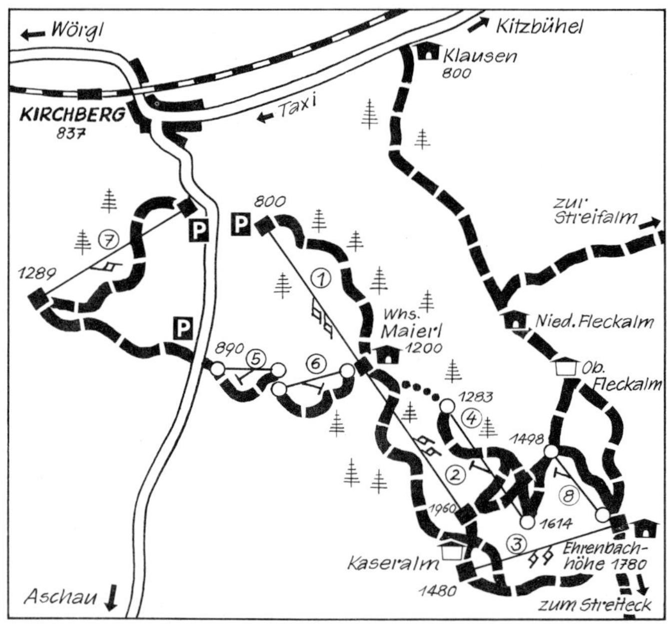

65 Vom Pengelstein zum Schrolln

Die erste Liebe vieler Münchener Skifahrer

Piste + TS 138 km 1080 m HU Nordwest Bis Anfang April

Es zahlt sich nicht mehr aus, immer von »damals« zu reden. Aber welcher Münchener Skifahrer hat sich denn in den letzten 40 Jahren nicht in diesen Spaziergang vom Hahnenkamm und dann von der Ehrenbachhöhe zum Pengelstein verliebt, mit all den kleinen vertrackten Zwischenaufstiegen auf glattem Ski, die heute von Liften abgelöst wurden!... Es war das klassische Unternehmen, und auch die dann oft ausgefahrene Tiefschneeabfahrt, 1000 Meter auf schön geschwungenen Westflanken hinab zum Schrolln und Reiserer war äußerst beliebt. Sie ist es noch heute, haben wir festgestellt. Wenn auch der Druck nicht mehr so stark ist wie auf die Normalverbraucherpisten um Ehrenbachhöhe, Maierl, Steinbergkogel und Jufen. Wir sehen die ganze Abfahrt im linken Bildviertel bis zum Wirtshaus Schrolln herab, sehen auch den berühmten Buckelwall dicht überm Wirt, wo einem die Gäste zuschauen und oft recht grob loben... Aus dem Kammspaziergang von einst ist heute ein halbtechnisches Auf und Ab geworden, immer wieder hilft einem ein Lift wieder »auf die Höh« – und immer wieder geht's irgendwo hinunter. Nicht zu glauben, daß das kein gestandener Münchener satt kriegt. Man werfe bitte auch einen liebreichen Seitenblick auf die von den Bauern geschaffene Struktur dieser Hänge über dem Spertental, wie sich Hof um Hof sein Platzerl hergerichtet hat, wie gewachsene Hecken und Waldstreifen die Wiesen trennen, und wie der tiefe dichte Hochwald aus den unfruchtbaren und unzugänglichen Gräben schießt. Die Skifahrerhänge flicken sich zu einer großen schönen Westabfahrt zusammen bei fast gleichbleibender Steilheit. Aber diese Steilheit ist für die heutigen Fahrer flach geworden, sie suchen deshalb überall eine Direttissima, man sieht es auch im Bild oben: Schon die erste langgezogene Reibn wird jetzt abgeschnitten. Daß man vom Pengelstein auch weitergehen kann, um auf den Schwarzkogel zu steigen, braucht man Münchenern kaum zu sagen. Man muß nicht mal unbedingt Felle aufziehen. Man läßt halt in Gottes Namen die Skier am tiefsten Punkt stehen und steigt dann mit den Stöcken zum Gipfel hinauf. Es zahlt sich aus: Man sieht genauso große Portionen an Glocknergipfeln wie Herr Thorbecke aus seinem Flugzeug. Das ist nur ein bisserl übertrieben! – Die Abfahrt nach Aschau ist für standfeste Tiefschneefahrer ein Supervergnügen, eine Hetz, eine Gaudi! Denn man sieht schon auf dem Bild, was da alles hergeht an Steilhängen, Gruben, Kanten, Mulden und Gassen... und fast kein Wald. Aber ohne Wald wär's auch wieder nichts. Wald und Almbuckel in stetigem Wechsel, das macht ja die permanente Freude am Skifahren aus in den Kitzbüheler Bergen. Viele merken es nicht, aber die sind nicht zu bekehren. Die merken es später, so wie unsere lieben Jusos... Wer die Heimfahrt vom Reiserer oder Rettenbachwirt nach Kirchberg vermeiden will, kann auch vom Pengelstein zurückpendeln, um dann vom Jufen abzufahren und sich eine Piste auszusuchen, Kaser oder Fleck zum Beispiel. Daß jetzt endlich auch ein Kitzbüheler Lift in die riesigen freien Ostflanken des Pengelstein hinuntergefunden hat, ist so erstaunlich wie logisch. Erstaunlich, weil die Kitzbüheler Skiunternehmer so lang dazu gebraucht haben, und logisch, weil diese Klassehänge doch allerschönste Abfahrten auf Osthängen bieten.

TALORT Kirchberg in Tirol, 837 m. – Kitzbühel, 762 m. – Aschau im Spertental, 1014 m. – Anfahrt Inntaldreieck – Kufstein – Wörgl.

BAHNEN/LIFTE ①–③ Maierl I, II und III = 340+350+300 m HU, 900 Pers./Std. – ④ Streiteck II, 293 m HU, 2mal 450. – ⑤ Silberstubenlift, 170 m HU, 1000. – ⑥ Kälberwaldlift, 154 m HU, 1000. – ⑦ Obwiesenlift, 222 m HU, 660. – ⑧ Krinerlift, 130 m HU, 615.

UMSTÄNDE (Siehe auch Kitzbühel und Tour 64.) Stetige Sonntagswartezeiten an den Maierlliften, bis 30 Minuten. Ausweiche der Fleckhochalmlift. – Pistenpflege um den Pengelstein noch schlecht.

CHARAKTER Die klassische alte Pengelsteinabfahrt ins Spertental zum »Schrolln« und »Reiserer«, leicht bis höchstens mittelschwer, ist nicht so ausgefahren wie die übrigen Kitzbüheler Liftpisten. Ein über 1000 m hoher Westhang, runde Mulden, nur drei enge kurze Walddurchlässe, am Nachmittag lange sonnig. – Nie vom Kälberwaldlift direkt zur Pengelsteinabfahrt queren – äußerste Lawinengefahr im Graben! – Immer noch eine klassische Familienabfahrt, trotz etwas umständlichen Rückwegen.

BILD Der Kamm vom Pengelstein (links oben mit Haus) zum Schwarzkogel (Schneepyramide rechts), mit der berühmten Pengelsteinabfahrt auf Westhängen zum »Schrolln« (Wirt links am Bildrand unten) und ins Spertental. Im Hintergrund: Hochtenn, Wiesbachhorn, alle Gipfel bis Großglockner und Hocheiser.

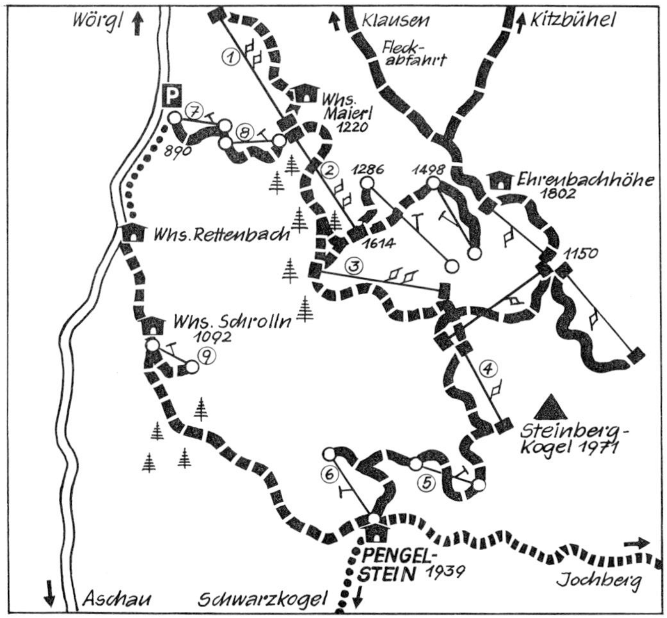

66 Die Streif – eine Rennabfahrt

2 Minuten 8,3 Sekunden für 872 Höhenmeter

Piste 132 km 872 m HU Nordnordost Bis Anfang April

Wer kennt Kitzbühel nicht! Läge es nur 300 Meter höher, dann stünde dieser klassische ostalpine Skiplatz unter den ersten Skistationen der Alpen. Aber Kitzbühel hat sich dennoch den Weltruf einer ebenso sportlichen wie eleganten Skistation erhalten: Mit 40 Bahnen und Liften, die relativ gut koordiniert sind, kann auch der Münchner Abfahrer viel anfangen. Wir reden nun von der »Streif«, jener berühmten Kandaharstrecke, die wir im Luftbild von oben bis unten sehen. Verfolgen wir sie erst im Bild: Links der genauen Bildmitte oben, halb besonnt, halb beschattet, erfolgt der Start direkt neben der Bergstation. Man fährt gleich schräg rechts einen steilen Hang hinab zu einer Kante – der »Mausefalle« – an der alle Rennfahrer zwangsläufig einen großen Sprung machen. Und schon geht es in den tiefbeschatteten, rechts und links von Wald gesäumten Steilhang hinein. Steilwelle auf Steilwelle! Dann folgt eine flache Querfahrt nach links (beschattet im Wald) und gleich eine nach rechts (besonnt), schon fällt der freie Sonnenhang steiler ab zu den G'schößwiesen, links der licht stehenden Bäume. Wir schießen nun auf die Seidlalm zu (drüber und drunter lichte Lärchen!), und schon geht es links in die Hausberghänge hinein zur gefürchteten »Hausbergkante« – wir entdecken darunter die Rillen der Querfahrt zum Waldeck. In dieser großen und zugleich steilen Querfahrt treibt man am Ende wieder nach rechts, passiert den Waldzipfel und schießt in den meist vereisten Zielhang mit seinen langen Wellen. Ziel dicht an Ort und Eisenbahn, mitten in den stark besetzten Übungswiesen. Zeit 2 Minuten 8,3 Sekunden – für Kandaharsieger. Der Münchner, der es gut mit sich meint, weicht der Hausbergkante aus, indem er vorher links (im Bild rechts) fährt. Heikelste Stelle: die Schußschneise ganz oben nach dem Steilhang – in deren Kurve oft einzelne Lebewesen stehen. Das sind andere, langsame Skifahrer ... Diese »Streif« fährt Sohn Max zwischen 16 und 17 Uhr viermal, in jeweils 6 Minuten, so daß er immer wieder dieselbe Kabine nach oben erwischt. Zwischen 16 bis 17 Uhr ist niemand unterwegs. Das ist die Sache ... Ich bin sie vor Jahren immer vor dem Frühstück gefahren, mit der ersten Kabine, weil ich das Anstehen so haßte. Aber wir fahren sie auch mit Markus, Andrea und Martina, die als schnelle Münchner Skikinder alles leichtnehmen und nur bei Vereisung schimpfen, wozu sie an der »Streif« oft Anlaß haben. Die Piste läßt sich vielleicht nicht gut pflegen. Aber wir wissen auch, daß sie bei Skirennen, nicht nur für die »Kandahar«, hervorragend hergerichtet wird. Pistenparkett! Nur dann ist sie in jenem Zustand, den sie als Musterpiste der größten und interessantesten Skistation der Ostalpen mit einem riesigen Werbe-Etat – immer bieten müßte, vielleicht auch bieten könnte ... Wer bei der Schilderung der »Streif« einen Schreck gekriegt hat, schaue im Bild nach rechts hinüber, wo man die obere Hälfte der »Fleck« entdeckt, eine um vieles sanftere, auch rein nordseitige und immer noch recht schnelle Münchner Lieblingspiste. Sie gilt heute als ideale Familienabfahrt mit zwei kleinen buckligen »Einlagen« an der Oberen und der Unteren Fleckalm, wo Skifamilien gerne laut diskutieren. – Daß man vom Hahnenkamm auch auf andere Weise lebendig zur Talstation zurückkommen kann, das beweisen die Kampen- und die Asten-Abfahrt.

TALORT Kitzbühel, 762 m (7600 Betten, neues Hallenschwimmbad). – Zufahrt Stachus – Autobahn – Kufstein – St. Johann. Parken in der Nähe der Hahnenkamm-Talstation meist möglich.

BAHNEN/LIFTE (siehe Skizze) ① Hahnenkamm/Kabine, 872 m HU, 500 Pers./Std. – ② Doppelsessellift Streifalm I, 610 m HU, 720. – ③ Doppelsessellift Streifalm II, 500 m HU (Zwischenabfahrt!) 720. – ④ Schlepper Hinterbräuleiten, 76 m HU. – ⑤ Schlepplift Ganslern, 40 m HU. – ⑥ Schlepplift Pulverturm, 43 m HU. – ⑦ Schlepplift Seidlalm, 98 m HU. – ⑧ Schlepplift Waldekopf, 76 m HU.

GÜNSTIGSTE AUFFAHRT 60-Punkte-Karte = 10mal Hahnenkamm 240 S. – Wochenpaß (für fast ganz Kitzbühel = 40 Bahnen und Lifte) 480 S. – Einzelauffahrt Hahnenkamm 32 S. – Sonntagswartezeit etwa 1 Std.! – Wochentags weniger. Die Zeit »10 bis 11 Uhr« meiden! An den Sesselliften nur kurze Wartezeiten. Pistenpflege nicht sonderlich gut. Alle Lifte und Pisten relativ gut koordiniert. 45-Mann-Gondel warm, Sessellifte im Hochwinter bitterkalt (10 plus 8 Min.!).

CHARAKTER Eine oben und unten sehr steile, sonst leidlich flache Rennstrecke (Kandahar-Standardstrecke) für gute Abfahrer. Nur fahren, wenn wenig Leute unterwegs! Beste Zeit 9–10 und 16–17 Uhr!

BILD Die »Streif« von oben bis unten. Links oben der Steinbergkogel, links der vertikalen Bildmitte der Hahnenkamm (Start), rechts davon Waldekopf und Ehrenbachhöhe.

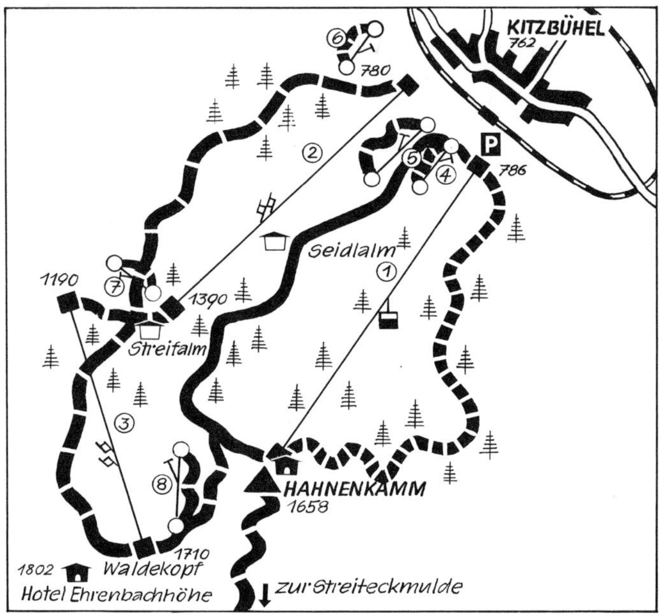

67 Tiefschnee auf der »Blaufeld«

»Überhänge« am Sticklberg

Tiefschnee Anfahrt 132 km 1133 m HU Nordost Ende April

Wir wollen zuerst unser Flugbild studieren: Der oben scharfe Nordnordostkamm, der vom Steinbergkogel (links oben) herabzieht und, immer breiter werdend, der Waldgrenze zustrebt, teilt sich unter der gut sichtbaren, genau auf dem obersten Kammrücken stehenden Oberen Blaufeldalm in zwei weniger ausgeprägte Kämme. Im linken Bildteil haben wir, von Licht und Schatten, freien Almböden und dekorativen Waldstücken durchwirkt, den Blaufeldrücken mit der Unteren Blaufeldalm dicht links am ersten größeren Waldstück. Rechts sehen wir die obere Kammkante auf eine besonnte Kammterrasse zulaufen. Hierher müssen wir, wenn wir die Sticklbergabfahrt suchen! Die beiden Abfahrten teilen sich also unter der Oberen Blaufeldalm am Kamm. Die »Blaufeld«, wie wir diese rassige Tiefschneeabfahrt kurz nennen, zielt von der Unteren Blaufeldalm weg kurz flach nach links (im Sinne des Bildbetrachters), erreicht also den runden, sonnigen, nach unten steiler und beschattet absinkenden Zwischenkamm, von dem aus ganz simpel die Kette der untereinander liegenden Steilhänge am dichten Waldrand (parallel zum linken Bildrand) angepeilt wird. Dieser Streckenverlauf ist logisch, das sieht man im Luftbild. – Anders bei der »Sticklberg«, der sehr schwierigen, für gute Abfahrer aber großartigen 1150-Meter-Steilabfahrt. Bis zur Oberen Blaufeldalm ist alles wie bei der »Blaufeld«, dann fährt man nach den nächsten drei Kammwellen links (im Bild rechts) in die beschatteten Hänge ein und auf die besonnte, auffallend flache Terrasse (knapp rechts der vertikalen Bildmitte) zu. Von hier nun nicht der Sonne nach, östlich, sondern zwischen kurzen Waldkulissen durch und nun nur noch im Schatten, nur noch steil, nur noch fast vertikal die aufeinander folgenden, supersteilen Schlußhänge hinab ... direkt in den dort wartenden Bauernhof hinein. Diese letzten Steilhänge werden rechts und links von scharfen schwarzen Waldrändern begrenzt. Als ich das erstemal mit meinem sechsjährigem Sohn Maxi und achtjähriger Tochter Butzi dort herunterkam, ohne Vorspur, die direkteste Linie suchend, da war auf jenen steilen Hängen nur noch ganz wenig Schnee, und der war gefroren. Keine Rede von steilen kurzen Schwüngen, die Kanten hielten nicht. Also sagte ich Frau und Kindern, bittschön, einfach quer durch den Hang schießen und drüben »ins Holz hinein«. Damit sie sich derfangen könnten! Im übrigen haben beide Tiefschneeabfahrten jenen typischen Kitzbüheler Charakter, weshalb man sie einfach mag. Bei beiden Abfahrten der etwas heikle Start, denn es kann passieren, daß man vom Startpunkt – wegen der Wächten am Blaufeldgrat! – erst ostwärts in den Schattenhang einfahren und diesen dann links hinüber zum Blaufeldkamm queren muß. Man orientiert sich an den Vorgängerspuren. Ist man am Grat, dann ist alles ein reiner Genuß, dann wird der Berg immer steiler, und wo er am steilsten ist, da steht ein Bauernhof, von alten Obstbäumen umgartet, und drüben an der Straße nach Kitzbühel wartet der Kleinbus. – Übrigens: »Sticklberg« und »Blaufeld« sind für heutige Begriffe, trotz 1100 Abfahrtsmeter, Abfahrten, die man en passant macht. Also vorher die »Streif«, dann Steinbergkogel und Jufen abgewedelt bis zu dem Punkt, wo man die ausgefrästen Buckel satt hat ... genau dann fährt man nochmals auf und genießt eine unserer Tiefschneeabfahrten als ganz großes Finale.

TALORTE Kitzbühel, 762 m. – Anfahrt München – Kufstein – St. Johann – Kitzbühel. Zwischen Hahnenkamm-Bergstation und Unteraurach keine Gaststätte, nur Standerl im Ehrenbachgraben!

CHARAKTER Die Blaufeld ist steiler und schwerer als die Giggling. Nur ganz standfeste Kinder ab 12 Jahren mitnehmen! Die Einfahrt in die Blaufeld ist hochalpin. Schon der schmale Grat vom Steinbergkogel weg, dann die meist nötige Querung des östlichen Hanges (unter Wächten und durch angewehte Schneebretter!) erfordern alpinen Verstand, also Vorsicht! Die Blaufeld ist eine klassisch schöne Tiefschneeabfahrt, sie wird weniger befahren als die Giggling. Die Sticklberg-Variante ist eine tolle Steilabfahrt. Da reine Nordabfahrt, hat man bis weit ins Frühjahr hinein meist Pulverschnee!

AUFFAHRT Genau wie bei Tour 68 (Giggling). Kabinenbahn Hahnenkamm, dann Abfahrt Ehrenbachgraben, dann Auffahrt im Sessellift zur Steinbergkogel-Ostschulter auf 1922 m Höhe. – In Unteraurach bzw. bei Gansern halten die von Hechenmoos bzw. Jochberg kommenden Kleinbusse, die ununterbrochen bis zur Talstation der Kitzbüheler Hahnenkammbahn fahren.

BILD Wir sehen die Nordostflanke des Steinbergkogel im Vordergrund, rechts den Hahnenkammrücken. Ganz rechts die Hohe Salve. Über der Ehrenbachhöhe erkennt man den Gampenkogel (vom Spertental). Ganz links oben der Steinbergkogel mit der Liftstation.

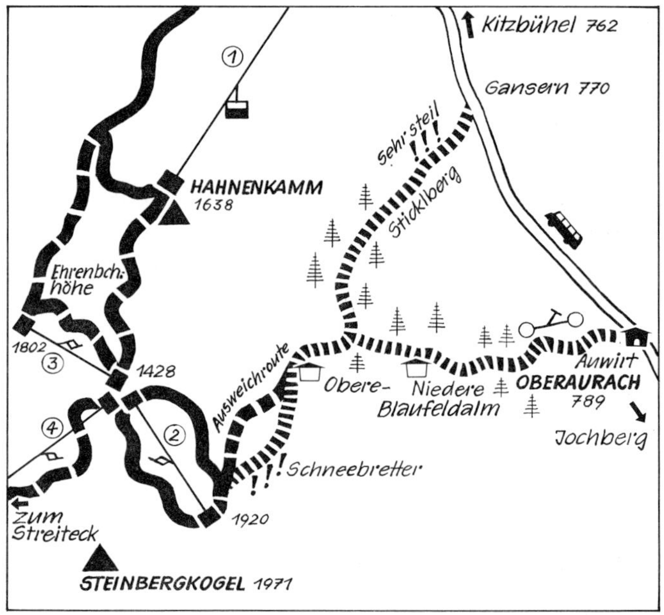

68 Eine Familienabfahrt – die Giggling

1100 Höhenmeter Tiefschnee – meist eingefahren

Tiefschnee   Anfahrt 132 km   1096 m HU   Ost   Bis Anfang April

Dies ist die lustigste und leichteste Familienabfahrt abseits der Pisten rings um Kitzbühel. Man kippt oben am Steinbergkogel ost- statt nordwärts in den Hang und hat das »Waschbrett« der Steinbergkogelpisten sofort vergessen, ist in einem einzigen Augenblick allein. Nur das leicht dapperte Geschau einiger Berufspistenfahrer verfolgt uns noch einige Meter. Was ein Vater von sechs Skikindern ist wie ich, der kennt die Giggling auswendig, denn hier hat er den Kindern beibringen müssen, daß es abseits der Pisten schöner ist als auf den Pisten. Keiner hat es glauben wollen! Aber dann sind sie doch alle einmal die Giggling hinuntergefahren, mißtrauisch, mit Apo-Mienen, aber nur auf den ersten zweihundert Metern. Dann hatte sie der Reiz des Tiefschneefahrens gepackt, dann wollten sie sauber schwingen – und das Abschaben der ausgefrästen harten Steinbergpisten war vergessen. Die fünfjährige Andrea fuhr im Mantel ab, bei einem bösen kalten Schneewind am Grat, und sie war mehrfach auf den Beistand der vorangefahrenen Mutter angewiesen, um wichtige Aufenthalte zu machen. O mei! Haben da die anderen geschimpft, weil sie warten sollten ... Sie haben nicht gewartet, haben einander den Kamm hinuntergehetzt, und haben geschrien vor Vergnügen, wenn es den anderen im Tiefschnee »aufstellte«. Von aller Last befreit, furchte und stemmte Andrea hinterher, und mit leisen Schreien nahm sie Buckel und Gruben und schnaufte tief auf, wenn sie wieder neben der Mutter stand ... Wir waren fast immer allein unterwegs in den letzten 15 Jahren, selten traf man auf andere Schlaumeier, und dann grüßte man sich freundlich, schrie sich etwas Lustiges zu. In den letzten Jahren sind wir einige Male auch einem Skilehrer begegnet, der – wirklich nicht bei bestem Wetter! – eine Gruppe Norddeutscher durch den Tiefschnee schleuste. Bei dem winzigen haklichen Stück in der kleinen Walddurchfahrt mußte er sein sanftes Zureden stets bis zum saftigen Fluchen steigern: immer mit Erfolg, seine weiß eingestaubten Skidamen zeigten sich sofort willig, ja entzückt. – Was soll man von Nachteilen sagen? Der Kitzbüheler Winter hört in der Ostflanke um ganze drei Wochen früher auf als im Norden. Aber man schwindelt sich meist bis Mitte April bis zum Bach und Bus! Der Steinbergkogel, das heißt also seine Liftstation, ist der Startplatz für drei bedeutende Tiefschneeabfahrten: (siehe auch Tour 67!) – die »Giggling« ist davon die leichteste und die längste, eine noble Familienabfahrt ohne Tücken. – Die nächste, dicht nördlich parallel ins Tal zielend, ist die »Blaufeld«: Da geht's schon viel steiler her, die Abfahrt sucht einen direkteren Weg ins Tal, und die Hänge sind unten steiler und die Gräben markanter. – Die allerschwerste, also für gute Steher die allerschönste ist und bleibt natürlich die »Sticklberg«, die an der Oberen Blaufeldalm links (im Abfahrtssinne) abzweigt und bei der jeder Hang steiler ist als der vorige. Wenn ich nicht so gegen das Übertreiben wäre, würde ich sagen, die zwei untersten Hänge hängen über ... Kurz und gut: »Blaufeld« und »Giggling« sind die Super-Tiefschneeabfahrten rings um Kitzbühel, und dort gibt es ja viele. Auf jeder warten eine Menge Sonnen- und Rastplatzerl, dazu viele Gratisausblicke auf die Hohen Tauern. Daß die Varianten nicht fehlen, lehrt das Studium unseres Luftbildes, man kann viele Male ausbrechen.

TALORTE Kitzbühel, 762 m – bzw. Hechenmoos, 826 m.

BROTZEIT Zwischen der Bergstation Steinbergkogel und Wirtshaus Hechenmoos KEINE Gaststätte. Hechenmoos-Wirt gut!

AUFFAHRT ① Kabinenbahn Kitzbühel – Hahnenkamm, also von 786 auf 1658 m = 872 m HU. – Anschließend mittelschwere Abfahrt in die Ehrenbachgrube und ② Sessellift von 1446 auf 1922 m = 476 m HU. – Nach der großen Abfahrt von Ende Dezember bis Ende März ständiger Bus-Verkehr Hechenmoos – Kitzbühel Talstation.

CHARAKTER Eine fast durchgängig leichte, typisch Kitzbüheler Tourenabfahrt von genau 1096 m HU. Die Osthänge beginnen mit einem welligen Südostkamm. Es gibt nur eine einzige Waldpassage. Die Abfahrt, reizend für leidlich standsichere Familien (also auch für Kinder ab 8–10 Jahren), wird neuerdings auch von einigen vernünftigen Kitzbüheler Skilehrern frequentiert.

BILD Wir schauen aus dem Flugzeug auf die mächtige Ostflanke des Steinbergkogel. Rechts oben dessen Liftstation in 1922 m Höhe. Unsere meist nur wenig befahrene Tiefschneeabfahrt zieht vom rechten oberen Bildeck diagonal nach links unten bis zu den freien Hängen der Alm- und Bauernwiesen. Die Abfahrt endet genau im linken unteren Bildeck, wo der Bus wartet.

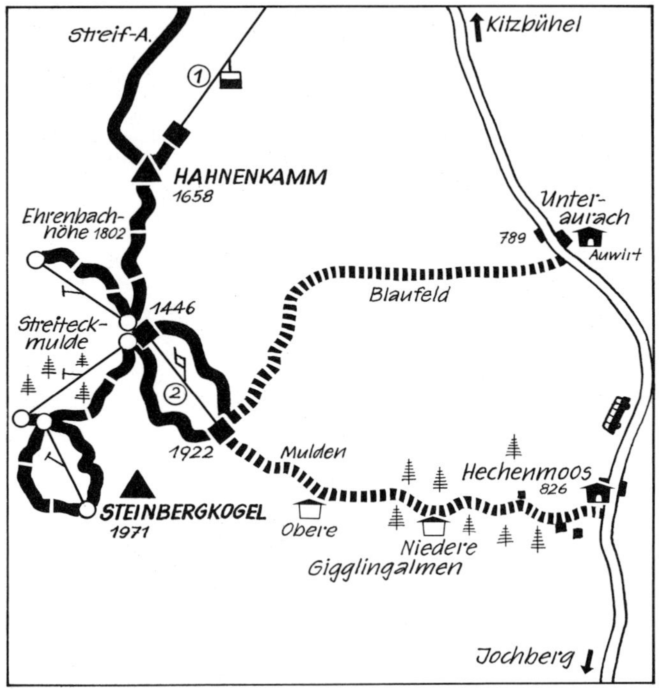

69 Wurzachhöhe und Wagstättalm

Eine Salonpiste über der Jochberger Ache

Piste 141 km 800 m HU Nordost Bis Ende April

Diesmal müssen wir unser Luftbild selber loben: Es ist so verlockend, daß man beim langen Hinschauen das Skifahren ganz von selber lernt! Wer es schon kann, studiere das Bild trotzdem, schon weil ihm aufgeht, wie fein neben den Wagstättpisten die große Tour 73 sein muß, die wir links oben im Bild sehen: wo man vom Lift der Resterhöhe zum Zweitausender spaziert und nach der Abfahrt zur Trattenbachalm die Riesenabfahrt vom Bärenbadkogel zur »Alten Wacht« macht... Was die Wagstättpisten betrifft, so sieht man selber: Schöner kann es gar nicht sein! Kein Wald, alles relativ flache, schöne Hänge ohne Felsen, Gräben und Zäune, dazu das Tal schon fast 1000 Meter hoch, so daß man ausreichend Schnee und Sonne hat. Das beste, man ist »abseits von Kitzbühel«, braucht in der Hahnenkamm-Schlange nicht leise auf die Seilbahnunternehmer schimpfen, fährt einen lieben langen Tag Ski, und kann Frau, Kind oder Muckerl auch einmal am unteren Übungslift (oder auch oben) abstellen. Die Pistenpflege funktioniert jetzt gut, an der Wagstättalm warten viele Rastplatzerl und eine Brotzeit. Wer unternehmend ist, kann das Pistenfahren auch einmal einstellen und sich – bei gutem Schnee – Tiefschneevarianten, von Ende März bis Anfang Mai auch Firnvarianten, suchen. Schon das Studium des Luftbildes lädt dazu ein... Die Wagstättalm ist lange schon bekannt, nur haben die bisherigen 400 Höhenmeter nicht ausgereicht, um den Kitzbüheler Pisten untreu zu werden. Jetzt fährt man echte 800 Höhenmeter ab, und wenn wir ganz ehrlich sind, müssen wir schon zugeben, daß die Hänge in Wirklichkeit etwas steiler sind als auf dem Luftbild. Von »fad« oder »langsam« ist gar keine Rede. Nur schwere Hänge fehlen. Hier spielt der Genuß die große Rolle, hier wird das Wedeln auf und neben der Piste wie Kalligraphie betrieben, wie schöne Kunstschrift... Noch eine Überlegung: Von der Bergstation aus in 1730 Meter Höhe, also vom Ende des langen, vom Kleinen Rettenstein absinkenden Talsenkammes (Bildmitte oben), sieht man gegenüber den eleganten Schneekamm des Großen Schütz und weiter südwärts, links überm Paß Thurn, den Kuhkaser: Beides sind genauso schöne, wenn auch anstrengendere Skitouren wie Zweitausender und Bärenbadkogel (Tour 73). Man sollte sich halt mal Steigfelle kaufen und mit einem erfahrenen Skibergsteiger anfangen. Dann lernt man nämlich das sympathisch gelassene Ansteigen in tiefer Stille kennen, quer durch die Urlandschaft des verschneiten Hochgebirges, vertut zwei einsame Stunden eines vollkommenen Glückes am Gipfel und fährt dann nicht als blinder Pistenraser, sondern als Genußspecht ab, mit offenen Augen, nach eigener Fasson. Eine erste Skitour dieser Art versetzt den Skifreund sofort in eine neue Dimension seiner Passion. Wir sagen das mit so großem Bedacht, weil wir bewußt fast so viel Skitouren wie Skipisten in diesem Buche vorstellen... Hat man endlich Felle, dann kann man über Jochberg beispielsweise zur Wurzachhöhe auffahren, dort die Felle anlegen und gemütlich den Talsenkamm ansteigen, immer ganz oben am runden Grat, immer in respektvoller Entfernung von den Wächten. Man geht dabei immer auf den Kleinen Rettenstein zu, den man aber nicht angehen kann. Dieser stille gemütliche Spaziergang am Talsenkamm lehrt bereits richtiges alpines Verhalten.

TALORT Jochberg bei Kitzbühel, 930 m, Wirtshäuser zwischen »Alter Wacht« und Aurach. Gute preiswerte Unterkunft, angenehmer als Kitzbühel, zur Hauptsaison meist ausgebucht. – Anfahrt Kufstein – Kitzbühel – Paß-Thurn-Straße.

CHARAKTER Eine überaus lohnende »Salonpiste« auf reinen, waldfreien Nordosthängen. Ideal für Familien mit Kindern, ideal auch für alle Güteklassen unterhalb der Wedelgrenze! Im Hochwinter endlos weite Tiefschneevarianten. Gute Ausweiche, wenn am Hahnenkamm in Kitzbühel Schlangen stehen! Noch kein hektischer Pistenbetrieb. Abfahrten flacher als über Kitzbühel. Großer Parkplatz an der Talstation. Brotzeit nur auf der Wagstättalm, 1310 m, und in den verschiedenen Gasthäusern von Jochberg. Wenn auch in Jochberg Andrang, dann oberen Schlepplift benützen, doppelte Kapazität!

LIFTE ① Sessellift Wagstättalm I, 400 m HU, 400. – ② Schlepplift Wagstätt II (Wurzach), 400 m HU, 900. – ③ Hausleitenschlepplift im Tal, 93 m HU, 400. – LIFTPREISE 60-Punkte-Karte 240 S. – Wochenkarte 480 S. – Einzelauffahrt Jochberg – Wurzachhöhe, 20 S. Höchstwartezeit an schönen Sonntagen unten 20 Minuten, oben keine.

BLID Unten Jochberg an der Paß-Thurn-Straße mit Kirche, Parkplatz und Talstation im linken unteren Eck. In Bildmitte die Zwischenstation Wagstättalm, oben die Wurzachhöhe, 1739 m. Rechts oben der große Rettenstein. Links oben Bärenbadkogel (Tour 73).

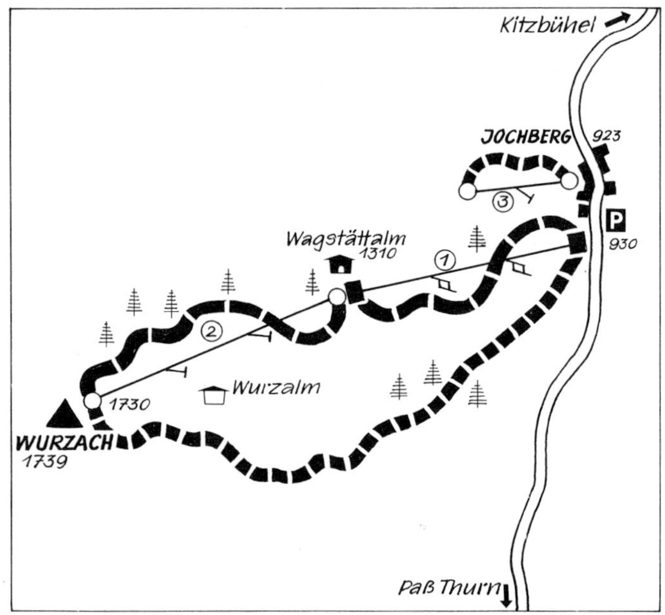

70 Das Kitzbüheler Horn

Trattalmkessel, Raintal und große Westabfahrt

Pisten 132 km 1196 m HU West + Süd + Ost Bis April

Das Kitzbüheler Horn steht als markante Schieferpyramide völlig isoliert zwischen Kitzbüheler und Pillersee Ache. Als isoliert galt es auch für den Skisport der vergangenen 40 Jahre. Trotzdem Ski-Pionier Franz Reisch dort oben sein kantenloses Unwesen trieb ... Aber daß man auf Südhängen skifahren kann, war den Münchenern nicht leicht vorzumachen. Und so blieben sie bei Hahnenkamm, Ehrenbachhöhe und Pengelstein. Inzwischen entstand am »Horn« ein Skizirkus, dessen Zentrale zwar als »Alpenhaus« am Südhang steht, der aber Pisten nach allen Richtungen entsendet. Nur nicht in den kostbaren scheereichen Norden – den hat sich der Nachbar St. Johann rechtzeitig fürs eigene Geldmachen gesichert. Immerhin, ich hab' das Horn nie mögen, bis ich das erstemal samt Familie ostwärts hinunter zum »Grieswirt« abgefahren bin, am Ende von Engländern begleitet, die schneidig über die sausteile, aber verfirnte Hoferschneid abgefahren waren. Seitdem gefallen mir die Briten so gut wie das Horn. Inzwischen hat man in das Raintal einen Schlepper gebaut, der seinesgleichen sucht: 573 Höhenmeter, die man auf herrlichen Schneiden, Hängen, Mulden und freien Rücken abfahren kann – Osthängen, mit ganz wenigen, sehr dekorativ aufgestellten Fichten. Und inzwischen hat man mit Hornköpfllift, Trattalmlift und Hoferschneidschlepper sogenannte Reizlifte geschaffen, die man benützt, weil sie da sind. Lustig bei viel Sonne, lustig im Skitreiben, leicht, zünftig. Zünftig ist auch die Hauptwestabfahrt, aber ganz leicht ist die auch wieder nicht. Der Steilhang, der aus dem Trattalmkessel zur Mittelstation Pletzeralm zieht, ist zwar ganz geschickt ausgebaut, aber man muß diszipliniert fahren. Wer's nicht kann, fällt in den Drahtzaun oder strudelt den Hang hinunter. Mit Dampf kommt man zur Pletzeralm und ... ja, wer gescheit ist, fahrt gradaus weiter in die schönen steilen Mulden hinein, durch Almzäune, durch Almtrichter, die unverhofft einen Durchschlupf freigeben, kaum durch richtige Waldgassen. Zum Schluß geht es in einem endlosen Schuß bis vor die Talstation. – Wer nicht wirklich gut abfahren kann, sollte sich auf den oberen Kessel beschränken und mit der Bahn ins Tal kommen. Wer wenigstens gut steht und stemmt, sollte die fromme Hagsteinpiste ab Pletzeralm versuchen – da kann nicht viel passieren. – Die »ganz Guaten« haben auch ihre Chancen, abseits der Pisten: 1. Die erwähnte Hoferschneid, das ist der arg zugespitzte scharfe Ostkamm des Horns, der steile muldige Südflanken anbietet. Die Hoferschneid ist oft wegen Lawinengefahr gesperrt. Auch wenn sie nicht gesperrt ist, muß man gut, sehr gut abfahren können. Drunten wartet der Raintallift, den man sowieso frequentiert, wenn es im Hornzirkus oben zu voll wird. 2. Die nach Belieben, aber mit guter Spürnase auszusuchenden Tiefschneevarianten parallel zur Standard ab Pletzeralm, an den Bergbauernhöfen vorüber. 3. Die nur bei absolut lawinensicheren Verhältnissen zu machende Tiefschneeabfahrt vom Gipfel oder vom Alpenhaus nördlich der tiefen Einschartung über die Goinger Ostenalm (das ganze linke untere Bildeck!). Auch die Sinneben-Grub-Abfahrt gehört hierher. – Einen allgemeinen Tip zum Schluß: Wer im Tal Schlangen zu fürchten hat, der fährt vom Gipfelgrat gleich ins Raintal hinunter und beschäftigt dort den großen Superlift.

TALORT Kitzbühel, 762 m (13 500 Betten, 40 Bahnen und Lifte, 90 Pisten-km, Hallenbad, Kinderbetreuung, Spielcasino, Flirt).

BAHNEN/LIFTE ① Hornbahn I, 503 m HU, 450. – ② Hornbahn II, 692 m HU, 500. – ③ Hornbahn III, 383 m, 250. – ④ Raintallift, 573 m HU, 720. – ⑤ Hoferschneidschlepper, 120 m HU, 1000. – ⑥ Hornköpfllift, 220 m HU, 500. – ⑦ Egglift, 92 m HU, 750. – ⑧ Trattalmlift, 178 m HU, 400. – PREISE Einzel Kitzbühel–Horn 32 S. – Sonntagswartezeit an Hornbahnen 30–60 Min. – Pistenpflege nicht sonderlich gut. – Alle Lifte gut miteinander koordiniert. – Raintallift sehr kalt bei 13 Min. Fahrzeit (schönster Lift!), Überanzug mitnehmen. – Anfänger sollten nicht von der Trattalm ins Tal abfahren! – Großer Parkplatz an der Talstation! Kabinenbahn zur Trattalm geplant!

CHARAKTER Der obere Teil des Horns ist trotz Südlage so gut ausgebaut, daß man Genuß am Abfahren findet. Hauptabfahrten nach Kitzbühel nur im Hochwinter sehr schön, aber mittelschwer und nicht zu unterschätzen. Die Südhänge apern 4 Wochen früher aus als alle anderen Kitzbüheler Abfahrten. Hagstein-Abfahrt = mittelschwer bis Pletzeralm, dann leicht. Standard = mittelschwer.

BILD Einblick von Westen in den Trattalmkessel unter dem Kitzbüheler Horn (links oben). In Bildmitte die Umsteigestation Alpenhaus, rechts darüber das Hornköpfl. Links unten knapp (außerhalb des Bildrandes) die Mittelstation Pletzeralm, wo freie Hänge beginnen.

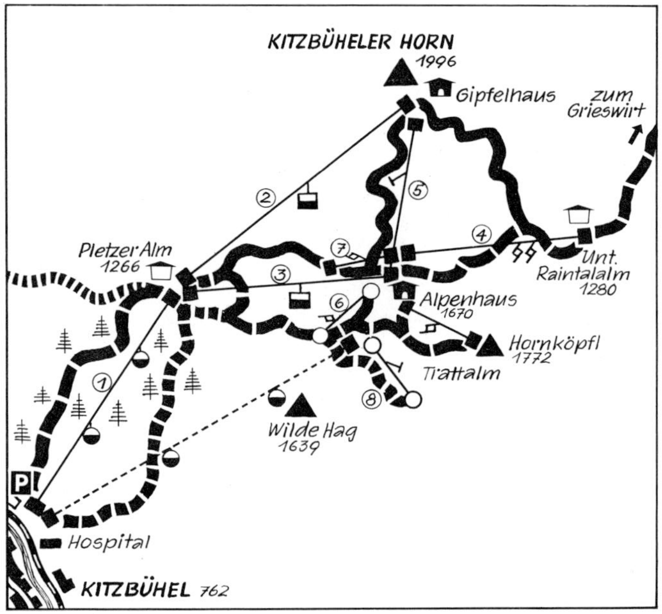

71 Vom Harschbichl nach St. Johann

Der Kitzbüheler Nachbar macht allerhand möglich

Pisten 125 km 914 m HU Nord+Nordwest Bis Anfang April

In Sichtweite von Kaser-Abfahrt, Fleck, Streif, Sticklberg und Steinbergkogel eine schöne Skipiste lauthals »schön« zu nennen, dazu gehört schon allerhand – in St. Johann. Aber die das tun, allesamt brave Münchner Skifamilien, fahren natürlich keine Kandahar-Rennstrecke mit frisch geschliffenen Kanten herunter, und die wollen auch gar nicht mit sowas auftrumpfen ... nein, die wollen gemütlich skifahren, Bogen an Bogen fügen, die wollen sich Zeit lassen, und wollen schon gar nichts wissen von Vergleichen. Viele Kinder sind dabei, für die es »das Höchste« bedeutet, vor der Mama herzufahren und ihr etwas vorzumachen, oder dem »Vata« davonzufahren und ihn dann schön dumm zu fragen: Wo bist'd denn blieb'n? Weit über 4000 Betten müssen die Tiroler aus St. Johann füllen, ehe ihnen am Abend der Rote schmeckt. Das ist allerhand, wenn man nur 20 Autominuten vom gewaltigen Kitzbüheler Skizirkus entfernt ist: Kitzbühel ist ein Weltbegriff, auch wenn die Kitzbüheler dann, wenn es darauf ankommt, ihre berüchtigten Hahnenkammwartezeiten abzustellen, nichts davon wissen wollen. Diese St. Johanner Tiroler haben nicht sehr lange gefackelt, als sie zuschauen mußten, wie gut den Kitzbühelern das Skifahren bekam: Sie stahlen ihnen das halbe Kitzbüheler Horn und obendrein dessen schneesichere Nordflanke. Also die einzige schöne Flanke, wie man sagen muß, wenn man als Skifahrer urteilt und den Jammer im Hornkessel der Südseite kennt. In diese Nordseite des Horns bauten sie zuerst eine solide, schön altmodische, aber auch bacherlwarme Standbahn, für die jeder erfahrene Pistenfahrer gern zwölf eisigkalte Sessellifte herschenken würde. Dann erst kamen die anderen Lifte, dann kamen die Querverbindungen, und auf die Letzt' kam sogar ein Liftgespann von Westen her aus Oberndorf – das ist dort, wo sie die neuen Chalets, Ferienwohnungen und Bungalows haben. Jetzt, 1970, haben sie also acht Bahnen und Lifte beieinander und man kann im Tag, ohne einen Schritt die Skier zu tragen, viele tausend Abfahrtsmeter sammeln. Natürlich muß man es auch in diesen Gefilden der leichten Genußpisten in den Haxen haben. Denn 914 Höhenmeter, das ist schließlich mehr als am Hahnenkamm, wollen durchgestanden sein. Hierzu Sohn Max nach mehrfachem Durchfahren: »Man muß immer ganz bis zum Harschbichl hinauffahren, weil dort die Piste schwer ist und die besten Kräfte braucht – unten, wo einem der Dampf ausgeht, ist dann alles sowieso leichter.« Wir haben einen Sonntag erwischt, der in St. Johann eigentlich aus dem Kalender gestrichen gehörte – am Sonntag gibt's immer Wartezeiten! – und so sind wir nach dem zweiten Anstehen einfach vom Harschbichl hinübergewechselt auf die Penzingpisten und grad schön war's ... Diese gewaltige Nordflanke, die wie eine Pyramide aus Skiwiesen und Waldflecken aufgetürmt scheint, wird eines Tages das Zweifache an Bahnen und Liften besitzen. Denn, wenn nix wahr ist, das ist wahr, daß sich die Skifahrer in und um München weiter vervielfältigen, je ärger sie uns in der Stadt in Autodampf, Lärm und Hetz tauchen. Man wird in St. Johann daraufkommen, eine Querverbindung zur Hoferschneid zu schaffen, um in die Ostflanke oder – noch besser! – ins Raintal und zum »Grieswirt« wechseln zu können. Also: Zuawart'n!

TALORTE St. Johann in Tirol, 659 m (4100 Betten, Hallenschwimmbad). – Oberndorf, 686 m (Straße St. Johann – Kitzbühel, 800 Betten).

LIFTE/BAHNEN ① Standbahn Angereralm, 264 m HU, 900. – ② Angereralm II, 266 m HU, 900. – ③ Harschbichllift, 395 m HU, 400. – ④ Baumooslift, 93 m HU. – ⑤ Schneiderberglift, 307 m HU, 450. – ⑥ Hirschberglift, 149 m HU, 800. – ⑦ Penzinglift I, 436 m HU, 600. – ⑧ Penzinglift II, 329 m HU, 600.

PREISE Bergfahrt St. Johann – Harschbichl, 30 S. – Tageskarte 120 S. – 7-Tage-Karte 450 S. – Sonderpreise vom 6. 1. bis 1. 2. – Sonntagswartezeit Angereralm bis 20 Min., Harschbichl bis 30 Min. Werktags nie! – Pistenpflege nicht übermäßig gut. Alle Lifte ohne Zwischenaufstieg zu erreichen, weitere Verbindungslifte wären nötig. Standbahn warm, Harschbichllift kalt. – Kein ausreichender Parkplatz.

CHARAKTER Die großartige Nordflanke über 900 m Höhendifferenz macht die tiefe Tallage wieder gut. Die Flanke ist bis Anfang April schneesicher. Die Varianten in Richtung Oberndorf auf Nordwesthängen werden ein wenig früher aper. Fast alle Pisten sind leichter als die von Hahnenkamm und Steinbergkogel.

BILD Die Breit- und Nordseite vom Kitzbüheler Horn (links oben mit Fernsehmast). Unterm Gipfel der Harschbichl. Rechts (genaue Bildmitte oben) die Penzingpisten mit Liften.

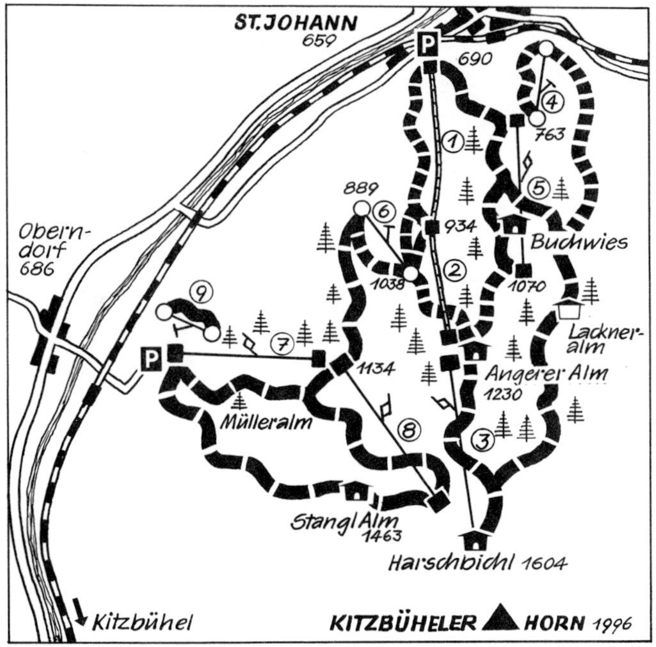

72 Die Westhänge an der Bichlalm

1100 Meter Abfahrt vom Stuckkogel nach Kitzbühel

Piste + Tiefschnee 132 km 987/1100 m HU West
Anfang April

Südlich vom großen Kitzbüheler Skikarussell am Horn liegt, ein bisserl abseitig, ein bisserl gemütlich, das kleine Pistengebiet um die Bichlalm. Ein Stiefkind vom Kitzbüheler Ruhm, weil es halt nur Westflanken bietet, und obendrein nicht so sportliche Pisten wie unter Hahnenkamm und Steinbergkogel. Das Stiefkindliche betont (leider) auch die Tatsache, daß man das Kitzbüheler Generalabonnement für sieben, 14 Tage oder die ganze Saison ausgerechnet an der Bichlalm nicht ausnützen kann. Immerhin hat der bäuerliche Initiator der Bichlalm-Region den alten Lift zum Hotel durch einen kleinen Lift zum Hochetzkogel und einen dritten größeren zum Stuckkogel aufgestockt. Das heißt, daß man vom Stuckkogel, also aus ansehnlichen 1887 Meter Höhe, bis nach Kitzbühel-Ort (bei Schloß Kaps) volle 1100 Höhenmeter abfahren kann – das ist beinahe ein Kitzbüheler Rekord! Bis zur Talstation des Bichlalmliftes sind es aber auch fast 1000 Höhenmeter. Ein Blick auf unser Bild: Man gewahrt in der Bildmitte ein dreieckiges Waldstück und genau über seiner Spitze das Bichlalm-Hotel. Rechts an diesem Waldstück teilen sich – was wichtig ist! – die Pisten. Die Beschilderung ist schlecht! Durch den Wald nach links (beim Anschauen des Bildes) und dann gerade herab in der Bildmitte kann man die Piste nach Kitzbühel verfolgen – rechts drüben aber zieht, leicht diagonal nach rechts unten, die Piste zur Talstation herab. Schwierig? Nein, alles ist leicht bis mittelschwer. Familien mit Kindern, begabte Feiglinge und alle nie vorankommenden Fortgeschrittenen haben hier die Möglichkeit, perfektes Skiglück zu finden, Selbstachtung zu sammeln, Indianerbräune und teuren Durst... Nicht ganz einfach ist nur die Einfahrt vom Stuckkogelgipfel in den ersten Hang, aber schwierig ist sie auch nicht. Rennfahrer könnten die Bichlalmpisten als ideale Trainingsstrecke benützen, weil man die großen breiten Kurven in einem Zuge durchschießen kann... das heißt freilich – sonntags nie! Nur am Werktag, wenn keine oder wenig Skifahrer auf den Pisten sind. Für gute Skifahrer, die zugleich Sonnenanbeter sind, empfiehlt es sich, an Vormittagen im März erst die kalte »Streif« abzufahren oder zehnfach das steile Waschbrett vom ebenfalls kalten Steinbergkogel, und mittags auf die Bichlalm auszubrechen – um faul zu bräunen oder das Skifahren als gemütliches Hobby zu betreiben. Womit auch der Genuß der Berglandschaft gemeint ist, das schöne altmodische gesunde Schauen und Gaffen auf eine extreme Urlandschaft. Auf unserem Luftbild sieht man vierzig Heustadl, ich schwöre – man findet sechzig. Alle haben von der Sonne schwarz verbrannte Südseiten, vor denen man sich ein stilles Platzerl einrichten kann – 130 Kilometer weg von Stachus und Marienplatz... Die in der Skizze eingezeichnete Tiefschneeabfahrt beginnt am 1887 Meter hohen Stuckkogel, und der ist ein nichtsnutziger Skibenützer, der dort nur auf die Bindung schaut und abhaut... Denn der Stuckkogel markiert eine ungemein exponierte, schon recht hochalpine Situation: Man fährt also den (im Bild rechts oben) feinen, langen, runden Südkamm hinaus, bis er steiler in den Gaisbergsattel auf 1746 Meter absinkt. Dann geht es rechts an der Brunneralm vorbei hinab und über schönste runde Westhänge hinunter und hinaus nach Unteraurach – oder halbwegs nach rechts drehend bis zum Bichlalmlift.

TALORTE Kitzbühel, 762 m (13 500 Betten, 40 Bahnen und Lifte). – Unter-Aurach, 789 m, bzw. Bichlalm, 1670 m, bzw. Ober-Aurach, 846 m.

LIFTE/KAPAZITÄTEN ① Bichlalm-Sessellift, 770 m HU, 320 Pers./Std. – ② Hochetz-Sessellift, 60 m HU, 280. – ③ Stuckkogel-Sessellift, 170 m HU, 680. – PREISE: Berg Einzel 18 S, 10er-Block 160 S, Tageskarte (nur in der Nachsaison) 80 S. – An der Bichlalm gilt KEIN Kitzbüheler Generalabonnement! – Alle Lifte sind ohne Anstiege zu erreichen. Der Hauptlift über 770 m HU bei 16 Min. sehr kalt!

CHARAKTER DER PISTEN Die gut gepflegten Westpisten sind zwischen Stuckkogel und Bichlalm beinahe schwierig, ab Bichlalm leicht bis mittelschwer. Teilweise mittelhohe Buckel, sonst glatte Mulden. Nachmittags sonnig, im Frühjahr oft schnell weich, aber kaum eisig. Pistenbreite 20–40 m, die eingezeichnete Tiefschneeabfahrt vom Gipfel des Stuckkogel über den Gaisbergsattel und dann westlich ins Tal bieten bei gutem Schnee hohen Genuß.

BILD Wir schauen von Westen auf das südlich vom Kitzbüheler Horn liegende Skigebiet um die Bichlalm (Bildmitte oben, genau unter dem Stuckkogelgipfel). Links über der Bichlalm der mit Lift II erreichbare Hochetzkogel, ganz links oben der zum Massiv gehörende Karstein, 1927 m. Rechts oben am Bildrand der Gaisbergsattel, wichtiger Punkt für unsere Tiefschneeabfahrten. Links im Vordergrund die Piste nach Kitzbühel, rechts die zur Talstation.

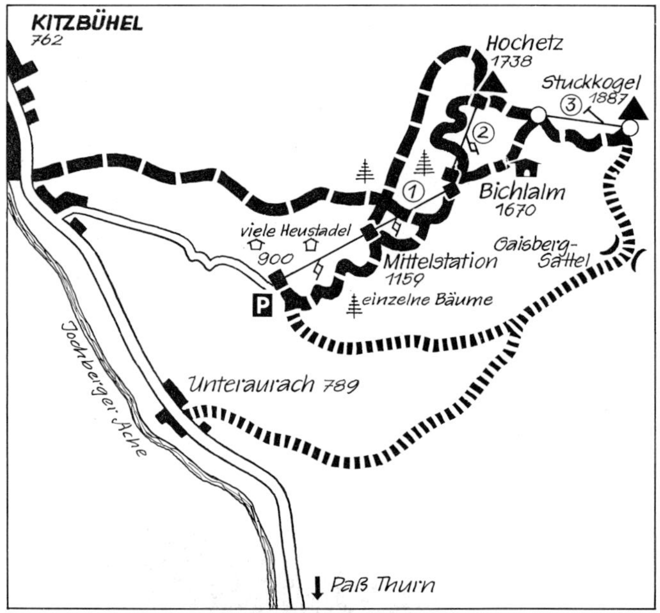

73 Zweitausender und Bärenbadkogel

Tauern-Spaziergang bei 1300 Meter Abfahrt

Skitour 145 km 1300 m HU Nordnordost Ende April

Der Paß Thurn zwischen Kitzbühel und Pinzgau wurde durch den zu früh eröffneten Felbertauerntunnel zu einem peinlichen Engpaß. Eine Chance: Von März bis Mai kann man trotz ganzjährig offenem Felbertauerntunnel doch gut bis zum Paß Thurn kommen, um eine der allerschönsten und bei gutem Wetter auch interessantesten Skiwandertouren dieses Buches zu unternehmen. Den Wagen parkt man an der Talstation des kleinen Liftes an der Paß-Thurnstraße, der uns 457 Aufstiegsmeter schenkt, so daß wir bis zum ersten Gipfel, dem 2005 Meter hohen »Zweitausender«, nur gute zwei Stunden gehen. Sagen wir bummeln – denn wenn wir, die eigentliche Resterhöhe links liegen lassend, den großen Firnkamm erreicht haben, dann gibt es eine hochalpine Augenweide fast ohne Beispiel. Denn genau gegenüber, jenseits des in blauer Tiefe zu unseren Füßen liegenden Pinzgaues, steht der Eiskamm der Hohen Tauern. Gipfel um Gipfel wölbt sich in eisige Höhen, steht still gleißend im Feuer der Firne, von der Dreiherrnspitze über den Geiger und Großvenediger bis hinüber zum Großglockner und Wiesbachhorn. Jeder aber wandert stillvergnügt über den baumlosen hohen Kamm, passiert Tanztörl und Latschinger Kogel, schaut immer wieder rechts und links hinab und hinaus, und studiert dabei auch den einfachen Aufstieg von der Trattenbachalm zum Bärenbadkogel, der uns nach der ersten Abfahrt vom Zweitausender bevorsteht. Nach zwei Stunden stehen wir auf diesem Zweitausender und dieselben Markierungstaferln, die uns hergeführt haben, helfen uns auch weiter. Bei einfallendem Nebel eine große Hilfe! Man fährt nun nicht direkt nördlich zur Trattenbachalm hinab, sondern wendet sich vom Gipfel erst kurz südwärts zurück, um dann west- und endlich nordwärts die gewaltige, großzügig gewölbte Riesenmulde hinabzuschwingen, die viele Münchner eine »Parsenn« nennen. Wer nicht vom Höhenunterschied spricht, hat natürlich Recht. Immerhin sind es 400 Höhenmeter auf Idealhängen, angenehm steil, und ungefährlich, wenn man sich mehr rechts hält und den Roßgruberhängen nicht zu nahe kommt. Die sind nicht frei von lawinengefährlichen Stellen. Man fährt unten im Trattenbachgraben über den Bach und wendet sich rechts zur meist bewirtschafteten Alm. Was nach der hier fälligen Brotzeit kommt, nämlich der kurze Zwischenanstieg auf den Bärenbadkogel, ist kein Malheur: Man steigt in einigen Serpentinen, nicht steil, seine guten 250 Höhenmeter hinauf, also eine dreiviertel Stunde, und schon wartet die nächste, die größte, die schönste Abfahrt des Tages. Es geht von 1881 auf 990 m hinab, man fährt (im Abfahrtssinne) erst links, westlich vom Nordkamm, nützt die freien Hänge, streift ein paar Einzelfichten, findet wieder einen schön gemuldeten Hang und wo der links aufhört, zieht eine lichte breite Gasse rechts durch das Holz und schon sind wir in der genauen Mitte unseres Luftfotos gelandet, nämlich am Ende des Waldstreifens und vor neuen freien Hängen, die mehr ostwärts absinken. Wir passieren zwei Heustadel (im Bild), die Markierungstaferln findet man auch hier, unten muß man abermals einen Waldstreifen durchqueren und dann gehen schon die Bauernwiesen los, frei, lustig gekuppelt, und grad schön zum »Abischwingen«. Ganz auf die Letzt geht's durch einen Hof und man steht an der Paßstraße, ganz nah am Wirtshaus »Alte Wacht«.

TALORTE Paß Thurn, 1274 m (Bus von Kitzbühel und Pinzgau). – Wirtshaus »Alte Wacht«, 990 m, an der nördlichen Paßauffahrt.

LIFTE ① Dicht am Paß Thurn Sessellift. 1271 bis 1728 m = 457 m HU (wichtig als Starthilfe für unsere Tour). – ② Moseralmlift HU 120 m. – ① Paß-Thurn-Schlepper (Übungslift) HU 80 m.

RAST/UNTERKUNFT zwischen Zweitausender und Bärenbadkogel die bewirtschaftete Trattenbachalm, 1628 m (einfach). – Am Ende der letzten Abfahrt Whs. »Alte Wacht«, sehr gut. – Unterkunft auch im Wirtshaus Jochbergwald (Kapelle), und in den Paß-Hotels.

CHARAKTER Gemütliche große Skitour mit nur 3–4 Std. Aufstieg, weil Starthilfe durch den Lift unter die Resterhöhe. Aufstiege flach und nicht lang, Tiefschneeabfahrten nordseitig und von besonderem Reiz, auch für Nichttiefschneefahrer noch geeignet! Als Skitour idiotensicher, da mit roten runden Blechtafeln markiert. Nie zu spät abfahren, da letzter Bus zum Parkplatz am Paß Thurn um 17.30 Uhr!

BILD (siehe auch Bild 69, links oben) Wir schauen von Nordnordost auf den mittleren und oberen Teil unserer letzten großen Tiefschneeabfahrt vom Bärenbadkogel (rechts oben). Man fährt erst im Bild rechts durch lichten Wald, quert dann durch eine Waldgasse in die Bildmitte. Links im Hintergrund unser Weg von der Resterhöhe über den ganzen Hochkamm westwärts zum Zweitausender.

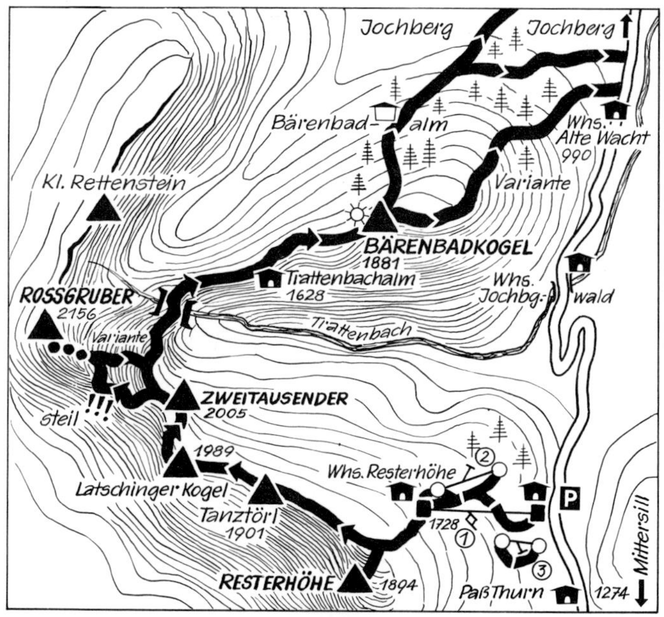

74 Nichts gegen den Kuhkaser

Die schönste Skitour über der »Alten Wacht«

Tour   Anfahrt 143 km   1060 m HU   Nordnordwest
Bis Mitte Mai

Der Kuhkaser hat einen deutlichen, aber keinen schönen Namen. Doch er macht das durch seine geographische Bedeutung – und als pfundiger Skitourentip – wieder gut. Bedeutend ist er als Westschulter des 20 Kilometer und 20 Skigipfel langen Riesenkammes zwischen Schmittenhöhe und Paß Thurn – dem einst so berühmten »Pinzgauer Spaziergang« mit dem Dauerausblick über den Pinzgau hinüber auf die Hohen Tauern ... Unter uns Skibergsteigern: Eine schönere, stadere und ergiebigere Skitour in den diesbezüglich so überreichen Kitzbüheler Schieferalpen gibt's eigentlich gar nicht mehr. Man braucht es sich nur vorzurechnen: drei bis dreieinhalb Stunden Aufstieg mit Fellen und der Erlaubnis, auch fünf Stunden zu steigen, dann ungelogene 1000 Meter Tiefschneeabfahrt, alsdann durchgängig freie Nord- und Nordwesthänge, und am Ziel den Wirt von der »Alten Wacht« oder die Wirtin vom »Jochbergwald«. Die Rechnung stimmt immer: Man profitiert und nimmt sich vor, es nie, nie anderen Leuten zu sagen. Außer dem besten Freund ... Vernünftige, also alpin erfahrene Skitouristen, können auch im Hochwinter ansteigen, wenn nicht zuviel Neuschnee liegt. Überhaupt sollten nur erfahrene Skiläufer auf den Kuhkaser steigen, obwohl die paar Lawinenhänge (abseits der Spur) bei Sicht leicht zu vermeiden, also zu umgehen sind. – Man macht es so: vom Wirtshaus »Alte Wacht« östlich 30 Meter hinunter und über die Jochberger Ache hinweg. Drüben an einem mit Bäumen gesäumten Bach süd- und südostwärts entlang bis zur auffallend großen Spitalalm, an der man einen Haken zurück schlägt. Jetzt geht es nämlich ost-, dann gleich nordwärts hinauf, bald über einen steilen Hang, eine Baumreihe passierend, und weiter in derselben Richtung bis zur Hörgeralm (Bild vorne). Jetzt ist alles klar: Man erreicht am Waldrand den Nordrücken, steigt in Südrichtung an ihm hinauf, nie durch Wald, aber mehrfach durch letzte kleine Bäumchen. Es ist immer interessant, immer aussichtsreich, bis man ganz oben vorsichtig den letzten steilen Hang unterm Vorgipfel nach rechts quert. Man sieht die Spuren im Bild! So kommt man also rechts des felsigen P. 2002 auf den Gipfelkamm – und erstarrt zunächst einmal. Denn auch der Faulste und Zwiderste vergißt jetzt die ganze Schinderei herauf – kein Mensch weit und breit, und die Hohen Tauern wie frisch angemalte Kulissen aus dem Tegernseer Bauerntheater, ganz tief drunten der Pinzgau, und alle Kitzbüheler Traumberge im Rücken. Gemütlich, fast schnurgerade und eben geht es zum Hauptgipfel hinüber und keiner schämt sich, wenn er immer wieder stehenbleiben muß. So schön, so unverschämt still ist es hier oben ... Abgefahren wird neben der Aufstiegsspur. Die letzte Rast hält man auf dem abgeblasenen Blechdach der Schöntagweidalm, falls man zur Paßstraße beim Jochbergwald hinunter will. Im späten Frühjahr spekuliert man auf Firn, den man an Westhängen Richtung Paß Thurn genießen kann. Am Nordwestkamm kommt er natürlich mit Verspätung. Und nun noch einmal: Alpin muß man erfahren sein, auch wenn man noch so schön wedelt. Und wer zum ersten Male auf Fellen steigt, der gehe halt mit einem erfahrenen Skibergsteiger, der genau weiß, welchen Hang man anschneiden darf und welchen nicht, und ob unten oder oben. Es gibt da ganz bestimmte Regeln.

TALORT Aschach, Wirtshaus »Alte Wacht«, 990 m, an der Nordauffahrt zum Paß Thurn. – Wirtschaft Jochbergwald, 1063 m, etwas oberhalb. Anfahrt München – Kufstein – Kitzbühel – Paß-Thurn-Straße.

BROTZEIT UND UNTERKUNFT in den beiden genannten Wirtschaften an der Paß-Thurn-Auffahrt, ferner zweifach in Paßnähe.

CHARAKTER Eine bemerkenswert schöne stille Kitzbüheler Skitour in fast waldfreiem Gelände auf Nord- und Nordwestflanken – aber doch nur für alpin erfahrene, vernünftige Skibergsteiger! Variante auch ab Wirtshaus Jochbergwald möglich. Nie bei Nebel! Nur bei ganz lawinensicherem Schnee von Mitte März bis Mitte Mai. Zeitweilig schon im Hochwinter möglich. Gefahrenstelle (siehe Spuren im Luftbild) der rechts zu umgehende Steilhang unterm Gipfelaufbau des Schöntagweidkopf (Bildmitte oben). Unüberbietbar schöne Tauernsicht! Bis Kuhkasergipfel 3½ Std., für bequeme »Fernseher« 4–5 Std.!

BILD Blick aus Nordnordwest auf unsere ganze Skitour. Unten vorn die Hörgeralm mit der Spur. Rechts am Bildrand Abfahrtsspuren zum Paß Thurn bzw. Wirt Jochbergwald. Bildmitte oben Schöntagweidkopf, 2013 m, rechts am Rand der Schellenberg, 2048 m, links oben der zugespitzte Kuhkaser, 2054 m. Schönster Rastfleck der kleine felsige P. 2002 rechts neben dem Schöntagweidkopf, wo wir den Gipfelgrat und den ersten pfundigen Ausblick erreichen.

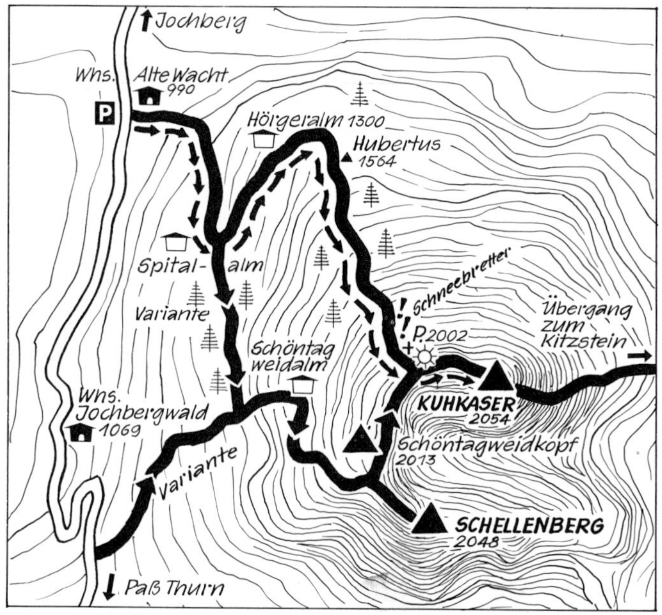

75 Lärchfilzkogel und Wildseeloder

Pisten und eine Tour über Fieberbrunn

Piste + Tour 133 km 805 m HU Nord Bis Anfang April

Die Kitzbüheler Schieferalpen zwischen Wildem Kaiser, Leoganger Steinbergen und Zillertal könnten drei Dutzend solcher reizender Skistationen aufweisen wie – Fieberbrunn. Hier ist einfach immer alles da, was dazugehört... Fieberbrunn mit seinen 2400 Betten und acht, davon sechs ernstzunehmenden Skiliften liegt nur wenig höher als Kitzbühel und St. Johann: macht ihnen aber plötzlich Konkurrenz. Nicht weil das langgestreckte und doch etwas entlegene Dorf eine eisenhaltige Quelle besitzt, die vor 600 Jahren schon Margarete Maultasch, die Gräfin von Tirol, vom Fieber heilte, nicht weil man Schloß Alt-Rosenegg, ein Schwefelbad und ein Moorschwimmbad entdeckt, nein, nur weil man hier endlich einmal den Andrang der Skifahrer durch geschickt plazierte, gut koordinierte und schnelle Sessellifte aufgefangen hat. 1300 Meter über Fieberbrunn steht der Gipfel des Wildseeloder. Links unterm Gipfelstock liegt im Wildseekessel die Schutzhütte für die Sommerbergsteiger, und links über diesem erhebt sich der Doppelgipfel von Henne, 2078 m, und Hochhörndler, 1981 m. Das sieht man alles gut in unserem Luftbild, auch, daß man links von der Henne durch die schöne Reckmoosmulde zur Lärchfilzhochalm abfahren kann. Dies bedingt allerdings eine gewissenhafte Spur. Wir meinen, daß sich der richtige Münchener Skifahrer, wenn nicht beim ersten, so doch beim zweiten Besuch dazu entschließt, Fieberbrunn ganz auszukosten, das heißt: morgens über die Streuböden zum Lärchfilzkogel aufzufahren, die Felle anzulegen und von 1655 auf 2117 m Höhe auf den Gipfel des Wildseeloder zu steigen und erst nachmittags die schönen Nordpisten abzuschaben. Der Weg zum Gipfel erfordert zwei Stunden Zeit und ist alpin: Man steigt (in unserem Bild einzusehen) von links nach rechts gegen die »Platte« (den weißen runden Kegel rechts unterm Wildseeloder) hinauf, bis man ungefährdet nach links hinüber in den Wildseekessel queren kann. Im Kessel folgt man vorsichtig dem Sommerweg durch die Seewand zum »Törl«, einem markanten Durchlaß am Südgrat. Dort ist das Skidepot, ab dort geht man zu Fuß zum herrlich aussichtsreichen Gipfel: Die ganze Glocknergruppe wie in unserem Luftbild, alles ist zu sehen. Bei der Abfahrt kann man der Aufstiegsspur folgen oder – vorsichtig erst die Seenieder, dann die Scharte zwischen Henne und Hochhörndler anpeilen, um drüben die große Reckmoosabfahrt zu machen, die uns zur Lärchfilzhochalm bzw. zum Lift zurückbringt. – Nach dieser kurzen, aber interessanten und für Skibergsteiger sehr schönen Skitour kann man an der gut bewirtschafteten Lärchfilzhochalm jausen und dann auf die Pisten gehen. Die interessanteste Piste verläuft im oberen Teil über die großzügigen Geländewellen um die Lärchfilzhochalm: Start am Kogel bei der Bergstation, dann ein Gratstück, ein steiler Nordosthang und anschließend die Querung zur Lärchfilzhochalm. Bei der weiteren Abfahrt folgt man blauen Markierungen, quert eine Lawinenrinne und kommt über flacheres Gelände und über einige vertrackte Kurven wieder zur Talstation. Die Pisten weisen, weil meist Nordflanken, Pulverschnee auf. Erst ab Mitte März gibt es im Wald einige eisige Stellen. – Es sind viel schlechte Fahrer auf den im ganzen kaum mittelschweren Pisten, so daß der gute Abfahrer gehalten ist, nicht blindlings draufloszuschießen.

TALORT Fieberbrunn, 790 m (an der Bahnlinie zwischen St. Johann und Saalfelden). – Anfahrt über St. Johann, Straße ab St. Johann im Winter nicht erfreulich. – Kleiner Parkplatz an der Talstation!

LIFTE (1) Sessellift Streuböden, 370 m HU, 450 Pers./Std. – (2) Sessel Lärchfilzkogel, 435 m HU, 600. – (3) Doppelsessel Streuböden, 370 m HU, 900. – (4) Sessel Hochalm, 329 m HU, 900. – (5) Sessel Gatterl, 205 m HU, 720. – (6) Sessel Zillstatt, 46 m HU, 1000. – (7) Reitlift, 80 m HU, 400. – (8) Pfaffenschwendtlift, 50 m HU, 200.

PREISE Fieberbrunn–Lärchfilzkogel Einzel 24 S., Tageskarte 100 S., Wochenkarte 320 S., 48-Punkte-Karte 140 S. – Sonntagswartezeit bis zu 40 Minuten, werktags keine! – Alle Lifte gut koordiniert, ausgenommen Reitlift und Pfaffenschwendt, die abseits liegen. – Lifte kalt, da alles nordseitig! – Kinderskikurse. – Pistenpflege gut!

CHARAKTER Eine durch neue Liftanlagen interessant gewordene Skistation auf reinen Nordhängen. Zwei Sessellifte nebeneinander vom Tal zu den Streuböden verteilen die Skifahrer gut, ebenso der ausgezeichnet ableitende Hochalmlift.

BILD Das Pistengebiet von Fieberbrunn, genau von Norden aufgenommen. Vorne der von zwei Liften angefahrene Kamm der Streuböden, darüber der Lift zum Lärchfilzkogel. Rechts oben Wildseeloder, links darunter das Haus, über diesem links Henne und Hochhörndler. Links oben am Bildrand die Lärchfilzhochalm.

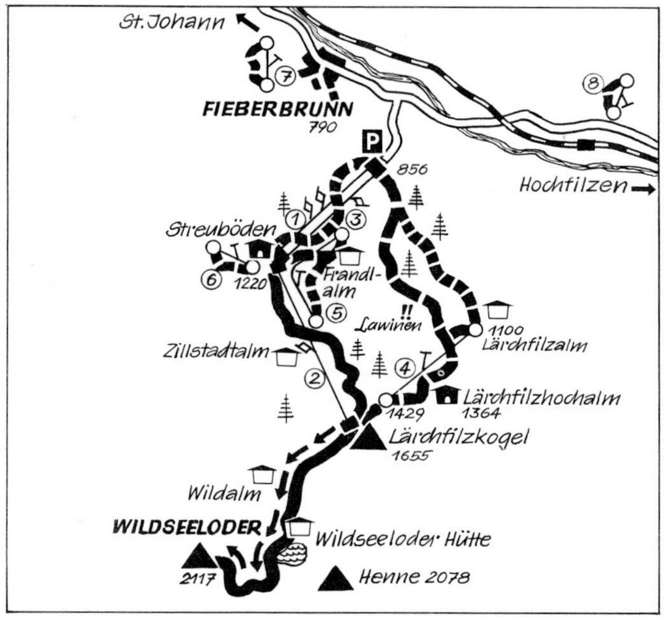

76 Eggerskrin und Griesner Kar

Zwei Super-Frühlingstouren im Kaiser

Hochalpin Skitour 85 km je 1000 m HU Nord Nur April/Mai

An einem Maisonntag im Jahr 1970 konnte man im Griesner Kar, hoch über dem Kaiserbachtal, gegen 500 Münchner, Aiblinger, Rosenheimer, Traunsteiner und Oberaudorfer Skifahrer beobachten: Sie kamen allesamt von der Griesner Alm her, wo ihre Wagen standen, und stapften und schlichen über die Russenleiten in den Steilwald und in 33 Mini-Serpentinen hinauf ins »Große Griesner Tor« – links Mitterkaiser, rechts Predigtstuhlwände – und weiter bis zur winzigen Fritz-Pflaum-Hütte. 800 Höhenmeter, zweieinhalb Stunden Steigen, Höhensonne, einen warmen Felsbrocken zur Rast, Schluß-Bumm ... Aber drei oder vier Dutzend stiegen doch weiter, gradaus die Steilrinne (Bild) hinauf zum »Schönwetterfensterl«, 2196 Meter, die anderen zum Kleinen Törl, 2102 Meter (breiter, aber oben sausteil) und in die versteckte Goinger Scharte – 2085 Meter (auch eine pfundige Rinne für Steilfahrer). Am Daumen überm Törl die Westkante (VI) oder am Kreuztörlturm die elegante Akademikerkante (IV) wurden nebenbei mitgenommen ... Drunten an der Pflaum-Hütte sonnte sich der Rest und schaute den »Dummen« zu, wie sie sich hinauf plagten, um ihre 1100 statt 800 Höhenmeter abzufahren. Ein Aiblinger machte die Umfahrung des Kleinkaisers. Genußvolle Artistik auf Skiern und ein völlig neues Skigefühl inmitten senkrecht gestellter Schichtplatten! – Um dieselbe Zeit und am selben Tag, an dem dieses rauschende Frühlingsskifahrerfest zwischen den Riesenwänden des Wilden Kaiser stattfand, suchte sich nördlich des Zahmen Kaiser eine Kiefersfeldener Dreiergruppe einen passablen Zugang in das Riesenkar der »Eggerskrin«, das 900 Meter höher in der Nähe der Pyramidenspitze am Grat beginnt ... Dieser Zugang ist etwas schwierig zu finden: Das Kar hat einen felsigen Sockel unten und oben vor dem Grat eine felsige Steilrinne, die nicht breiter ist als ein Ski lang. – Unten geht es so: Man kommt (siehe unsere Skizze) vom Kufsteiner Zoll nach Ebbs, fährt direkt an der Kirche ostwärts ein Straßerl hinein und auf ihm an meist freien Südhängen hinauf bis Buchberg mit seinen vereinzelten Höfen. Etwas weiter wäre man schon an der Aschinger Alm, knapp 1000 Meter, feines stades Rastplatzerl für hintnach ... Man kann oft noch weiter mit dem Wagen, Mitte Mai vielleicht. Dann aber 500 Meter vor der Aschinger Alm an einem alleinstehenden Heustadel südwestlich ab auf die ungeteerte Forststraße, und hinauf, bis der Schnee anfangt. An der folgenden Kehre, an der ein anderer Weg geradeaus (ostwärts) führt, verfolgen wir die Straße weiter bis zum Bachbett, das nach einer Rechtskurve nach oben deutet in eine Schneise. In ihr hinauf in eine Lichtung, hier nach Südwesten, einen Lawinenhang gequert, und jetzt direkt südlich im dichten letzten Waldstück zur mit Latschen bedeckten Steilstufe, – an deren unterem Ende ein Schild zur Aschinger Alm deutet. Jetzt 20 Meter sehr steil hinauf in den ersten unteren Karboden, einen gewaltigen Firndom zwischen nackten Kalkwänden. Serpentine an Serpentine gesetzt, auf einem flacheren Stück nach links in den oberen schlankeren Steilkessel hinauf und an der supersteilen Rinne die Skier abgeschnallt. Zu Fuß hinauf zum Grat. Das Hinunter ist die größte Gaudi, wenn man ein standfester Abfahrer ist. An der Aschinger Alm oder im Café Zacherl sitzend zieht man »hintnach« das Resümee ...

TALORT Für Eggerskrin: Ebbs bei Kufstein, 475 m, bzw. Aschinger Alm, 968 m. Zufahrt Inntaldreieck–Kufstein, am Zoll 5 km nach Ebbs. – Für Griesner Kar: Griesner Alm, 1024 m (priv. bewirt.), Parkplatz, mit Kfz auf Mautstraße über Griesenau (via St. Johann oder Kössen).

CHARAKTER Zwei hochalpine Skitouren für das späteste Frühjahr, nur bei ganz sicheren Verhältnissen, nur von guten, alpin geschulten Abfahrern zu machen. In beiden Fällen zwischen 3 und 4 Std. Aufstieg auf Fellen! Im Falle Eggerskrin stellenweise heikel, auch im Falle Griesner Kar, wenn man ab Fritz-Pflaum-Hütte weitermarschiert in Richtung »Schönwetterfensterl«, Kleines Törl oder Goinger Scharte. – Bei der Eggerskrin gilt die Pyramidenspitze als »Gipfel«. Im Griesner Kar erreicht man nur Scharten. Eggerskrin bietet bis Schneeende fast 1000 m HU, das Griesner Kar 800, 1000 oder 1100 m HU.

BESTE KARTE Für beide Supersteilabfahrten (wie für die im Text genannten Varianten) sollte man sich unbedingt der AV-Karte (1:25000) Kaisergebirge bedienen.

BILD LINKS In der Nordflanke des Zahmen Kaiser erkennen wir die S-förmige Riesenrinne des Eggerskrin-Kares zwischen Einserkogel rechts und Elferkogel bzw. Pyramidenspitze links.

BILD RECHTS Rastende Skibergsteiger vor der kleinen, unbewirtschafteten Fritz-Pflaum-Hütte im Griesner Kar des Wilden Kaiser, auf 1824 m Höhe. Links oben die Steilrinne zum »Schönwetterfensterl«, 2196 m, unter der Hochgrubachspitze.

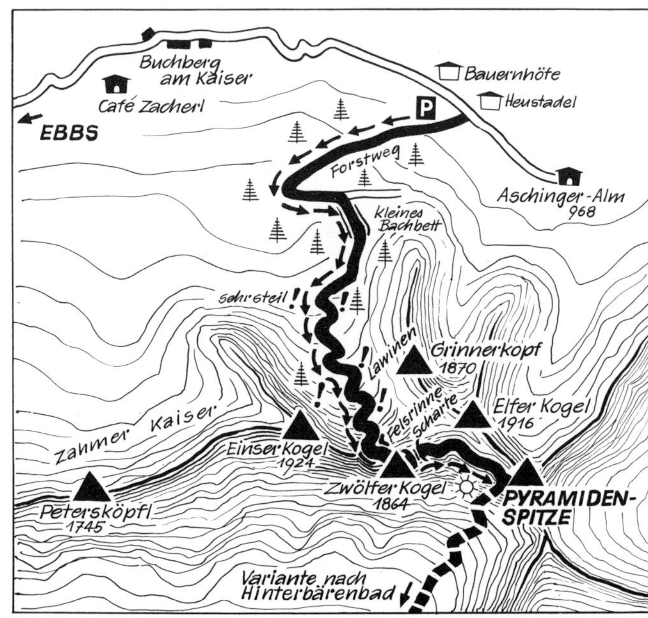

77 Am Unterberghorn über Kössen

Eine ideale Nordflanke — aber sonntags nie

Pisten 101 km 625 m HU Nord Bis Anfang April

Das 1773 Meter hohe Unterberghorn steht nordöstlich vom Wilden Kaiser und wird auf drei Seiten von der eiligen Kössener Ache umflossen. Unser Luftbild, genau von Norden geschossen, weist es mit seinem ausgeprägten, immer steiler absinkenden Nordkamm als Musterskiberg aus — aber ihm schadet der Massenbetrieb. Von den 1173 Meter Höhenunterschied zwischen Talboden und Gipfel sind nur 625 Meter durch Lifte erschlossen, was zunächst kein Fehler war, im Gegenteil, die Skibergsteiger Münchens schnallten sich an der Bergstation gerne die Felle an die Skier, sagten Dankschön für die Nachhilfe und gingen in großer Stille eineinhalb bis zwei Stunden zum Gipfel hinauf. Der ist natürlich eine Proszeniumsloge, ganz wie in der Staatsoper, und der Wilde Kaiser stellt schönere Kulissen hin, als es der Herr Professor Praetorius getan hat... Aber unten steckt man seit 15 Jahren das gute Geld aus dem großen Geschäft mit dem kleinen Lift ein und vermeidet jedes Risiko. Dabei verlangt der ständig zunehmende Zustrom an Liftgästen genau das, was einst verkündet wurde: 1. Verlängerung der geringfügigen 625 auf wenigstens 1000 Meter Höhenunterschied, 2. bessere Verteilung der Pisten zur Dezentralisation der Skifahrer, wozu 3. eben auch besser koordinierte Lifte gehörten. — Kurz und gut: eine sehr feine Nordflanke, aber bedauerlicherweise öfters mit harten Buckelfeldern überladen. Dazu manchmal überlange Wartezeiten am Wochenende. Bis eine Stunde, wir haben es öfters mitgemacht. Also: am besten nicht sonntags! Am Samstag hat man bessere Chancen! — Oder man komme ganz früh, fahre so lange auf und ab, bis einem die Schlange zu lang wird — eben da schnalle man seine Felle auf und gehe gemütlich und ungestört den immer schöneren Kamm hinauf in die Sonne und zum Gipfel. Es zahlt sich auf vielerlei Weise aus! Denn 1173 Meter Höhendifferenz sind im Vorgebirge geradezu kolossal, und die obere Hälfte ist nur ein-, nicht abgefahren. Oben hat man Sonne, unten nicht. Buckelspezialisten haben an den manchmal harten, weil schlecht zu pflegenden Pisten ihre Freude. Rennfahrer kommen gerne zum Training, haben aber die Feile für die Kanten dabei. Das Ganze ist nichts für Anfänger! Die Fortgeschrittenen müssen sich mit großen, schnellen Querfahrten begnügen. — Die kleinen Lifte, oben der Scheibenwald-, unten der Oberbachlift, sind ebenfalls überfordert. Die nächste Ausweiche wäre der Staffenberglift mit 312 Höhenmetern an einem flachen Osthang, aber auch hier hängen oft Trauben ... — Wir wollten für das schöne Unterberghorn eine Empfehlung schreiben — aber es ist fast eine Enttäuschung geworden. Weil es aber so schön zum Anschauen ist, sollte man das Unterberghorn doch einmal aufsuchen. Ein Werktag wär' gerade recht, und wär's Anfang April, es schadet nichts, da gibt's von halb elf Uhr ab leichte Firngefühle, und dann kommt nach dem Essen die Sulz. Aber auch da genieße man die Sulz erst, wenn man nach der ersten Auffahrt mit den Fellen zum Gipfel gelaufen ist: Das ist nun einmal reeller. Die's nicht glauben, kommen ja doch noch drauf... Übrigens weiß ein jeder Münchener, daß von Kössen nach Schleching zum Geigelstein nur 20 Minuten zu fahren sind, wenn im Frühjahr die schöne Klobensteinstraße auf ist. Und wie wär's mit der Eggerskrinn? Oder mit dem wunderbaren Griesnerkar? (Tour 76!)

TALORT Kössen in Tirol, 598 m (2000 Betten). — Zufahrt Stachus — AB — Inntaldreieck. Parkplatz 200 m vor der Talstation.

LIFTE (siehe Skizze) ① Unterbergsessellift, 600 m HU, 480. — ② Schlepper Scheibenwald, 100 m HU, 700. — ③ Schlepper Oberbach, 200 m HU, 1000. — ④ Sessellift Staffenberg, 312 m HU, 500. — ⑤ Moserbergschlepper, 105 m HU, 500. — ⑥ Riedlschlepper. — Günstige Punktekarte für alle Lifte: 200 S = 20mal Unterberg. — Tageskarte 85 S. Einzelfahrt 12 S. — Ungewöhnliche Sonntagswartezeiten am Unterberglift, bis 1½ Std.! Am Staffenberg bis 1 Std. — Keine Wartezeit am Werktag. — Pistenpflege mittel. — Die Nordhanglifte sind im Hochwinter eisigkalt.

CHARAKTER Ein glänzender Skiberg trotz tiefer Tallage von 600 m. Die Chance für einen erfreulichen Pistenbetrieb wird nicht genutzt. Man hat den schon lange unzureichenden Lift nicht nach oben zum Gipfel hin erweitert (wie früher oft geplant), man macht das gute Geschäft ohne Einsatz. Man nehme auf jeden Fall Steigfelle mit und gehe (in 1½ Std. und in aller Stille) zum herrlich aussichtsreichen Gipfel! So kommt in jedem Falle ein lohnender Skitag zusammen!

BILD Das herrliche Unterberghorn, 1773 m, über Kössen. Die Liftstation Scheibenwald liegt wenig über der Bildmitte am Kamm. Wie man an der Buckelfeldstruktur der Pisten sieht, ist zu wenig dezentralisiert worden. Die Pisten sind meistens bald sehr abgefahren.

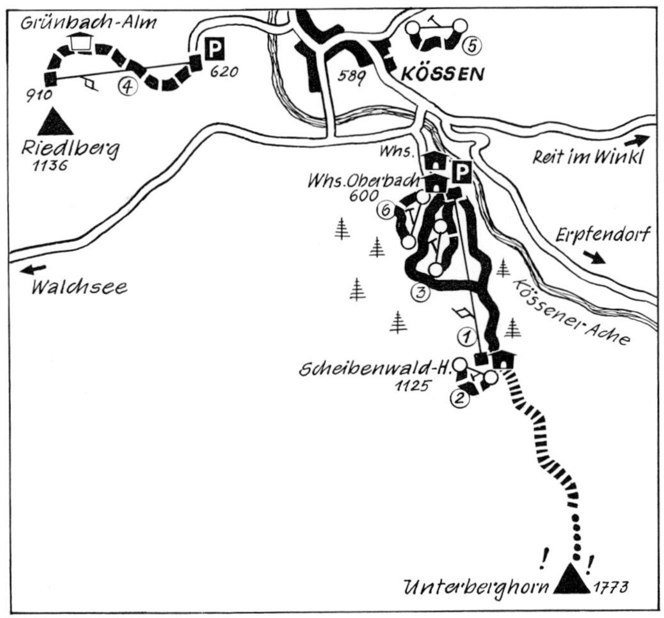

78 Kammerköhr und Fellhorn

Über Seegatterl und Winklmoosalm

Skitour 115 km 1540 m HU Abfahrt Nord Bis Mitte April

Diese uralte Münchner Skitour, immer noch auf wunderbar altmodische Weise zurückzulegen, ist durch Autobahn und bessere Straße immerhin nähergerückt. Man schlüpft hinter der Autobahnausfahrt Bernau ins Gebirge, sieht die schnelle Kössener Ache, passiert Hinterwössen und Oberwössen und ist in Reit und Winkl. Die alten Wirte, viel hellbegeisterte Schneeschuhläufer aus dem Norden und mittleren Westen, und ganz wenige Münchner, die bestimmt keinen skisportlichen Ehrgeiz haben. Ihnen gefällt der »Winkl« an Reit, das hübsche ländliche Versteck im Vorgebirge mit täglichem kostenlosen Prachtsblick auf den Wilden Kaiser. Nur wer Skitouren macht, profitiert von Reit im Winkl, oder genauer: nur wer Langlauf trainiert oder Skitouren macht oder große Sprünge. Denn die haben da drin auch eine Pfundsschanze! Wir fahren gleich weiter bis Seegatterl und lassen uns vom Bus zur Winklmoosalm entführen, einem uralten, urzünftigen Ski-Stachus zwischen dürrem Dürrnbachhorn und herrlich aufgekrempelter Kammerköhr. Da sollte man wirklich mal eine frisch angeheuerte Freundin hinaufführen, ganz schön stad dahin südwärts, mit erster kleiner Rast an der Möseralm, und dann die Rampe hinauf zur Steinplatte, um ihr zu zeigen, wie schön die Welt ist – »für uns zwei«. Denn, auch wenn sie partout erst auf der bayrischen Raupe bis zum Scheibelberg, und auch noch auf der österreichischen Raupe bis zum Gipfel beharrt, warum nicht! Selbst dann zeigt sich die Welt vom Gipfel aus als Traumlandschaft. Diese zwei Raupen haben natürlich eine feine breite Trasse hergerichtet, man tanzt auf einem schnellen Teppich zur Winklmoosalm zurück, und versucht's nach einer Brotzeit noch einmal. Oder zweimal. Gescheiter ist, wer von der Steinplatte den oberen Grat erst steil, dann flacher zurückfährt, bis er links zwischen den Felsabbrüchen durch in Richtung Wirtshaus Steinplatte abfahren kann. Bei Nebel gefährlich! Der Steinplattenwirt ist auf unserem Bild am rechten oberen Bildrand, auf dem ebenen Stück unter dem schwarzen Felsdreieck der Steinplatte, versteckt. Wir wandern nun noch zwei bis zweieinhalb Stunden durch ein großartiges Stück Unendlichkeit, wandern in einem riesigen Bogen den Plateaurand ab, passieren die Brennhütte und die Durchkaseralmen. Dann geht es weiter, erst westlich zum Markkogel, dann immer mehr südlich über Lahnerkogel und Eggenalmkogel auf den Grat zum Fellhorn. Dieses Fellhorn ist ein herrlich exponiertes Firnhorn, meist von unguten, aber höchst fotogenen Schneewächten besetzt. Senkrecht bricht es nach Süden ab, in zwei flachen Kuppen nach Norden. Nochmals: wer hier im Nebel abzufahren wagte, der verirrt sich zwischen Felsabbrüchen!... Nach dem wunderbaren Ausblick also erst am Grat zurück, dann westwärts am steilen freien Hang zur Straubinger Hütte. Von hier später nördlich, um den Steinwurfkogel herum, und durch Wald zur Unteren Hemmersuppenalm. Hinterher folgt ein steileres Waldstück zur Gschwendalm und weiter geht's hinunter nach Blindau und Reit im Winkl (Bus nach Seegatterl). – Faule brechen spät auf, um ab Winklmoosalm die Raupen bis zur Kammerköhr zu nehmen, fahren zur Steinplatte ab, kommen also dort gerade zum Mittagessen zurecht. Dann aber »müssen« sie hinauf auf das Fellhorn, müssen in zwei einsamen Stunden zu ihrem Hauptsonntagsglück gezwungen werden.

TALORTE Reit im Winkl, 695 m. – Seegatterl, 710 m. – Winkelmoosalm, 1146 m (mehrere Wirte und Skimeisterinnen, Lifte zum Dürrnbachhorn, 520 m HU, Südwesthänge). – Bus ab Seegatterl.

RASTPLÄTZE UND WIRTE Wirtshaus Möseralm, 1440 m (südlich dicht am Scheibelberg). – Berghaus Steinplatte, 1380 m (westlich unter Steinplatte Kammerköhr). – Straubinger Hütte, 1551 m (nördlich unterm Fellhorngipfel). – Untere Hemmersuppenalm, 1138 m, und Hindenburghütte (daneben), 1150 m.

CHARAKTER Man kann die Bummeltour von der Winklmoosalm über den Scheibelberg zur Steinplatte (Kammerköhrplatte), von 1146 auf 1889 m, in 2½ Std. unternehmen, samt einfacher, reizender Nordabfahrt. Grandioser Ausblick vom Gipfel! – Sportlicher ist der weitere Übergang zum Fellhorn (zuzüglich 2–3 Std.) und die mittelschwere Abfahrt nach Reit im Winkl oder Seegatterl. Vorzug absoluter Stille!

GUTE KARTE mitführen (1:50 000 Topogr. Karte, Blatt L 8340, Ruhpolding; 1:100 000, Freytag-Berndt). – Nie bei Nebel oder Schneefall!

BILD Tiefblick von Westen auf die Kammerköhrplatte (rechts oben) mit ihrem langen, rampenartigen Nordrücken. Im Vordergrund die Durchkaser Almen, links (Mitte, am Bildrand) die Schwarzloferalm, rechts (im lichten Wald) die Brennhütte. Im Hintergrund von links: Reiteralm, Hochkalter- und Hocheisgruppe, Hundstod und Hochkönig.

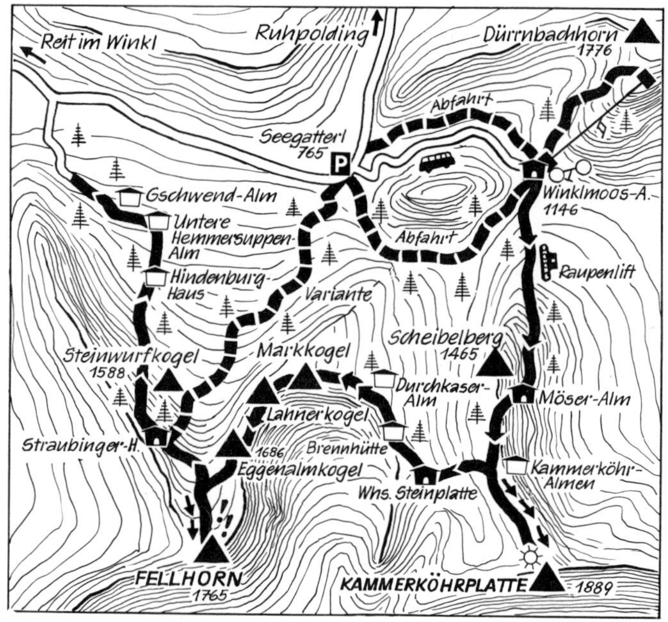

79 Die Hochries hat zwei Seiten

Eine klassische Haustour – eine steile Nordpiste

Tour + Piste 77 km 971 m HU Nord Bis zum April

Es ist lange gerangelt worden in den boarischen Ministerien, ehe man dem notleidenden Unternehmer aus Rosenheim erlaubt hat, im »Europäischen Naturschutzjahr 1970« eine Bergbahn auf die stille Hochries zu bauen. Dem Profit von drei, fünf oder zwanzig Leuten das noch großartig vereinsamte Hochriesgebiet zu opfern, an dem viele zehntausend Naturfreunde und deren Kinder und Enkelkinder ein – laut Verfassung – unveräußerliches Recht haben! Hat man verständig abgewogen? Nein. Irgendeiner hat politischen Druck ausgeübt, und dann genehmigte man alles unter dem Zeichen der »Erschließung«. Schon die allernächste Zukunft wird bittere Konsequenzen bringen für eine Regierung, die noch seelenruhig freie Natur opfert für kleine Geschäftemacher, während uns allen die Apokalypse eines zersiedelten und einzementierten Europa droht... Nein, diese letzte Heldentat des patriarchalisch im Geist von 1930 entscheidenden Ministers bleibt unvergessen... Und so sehen nun die Details für die vielen alten Hochries-Freunde aus: Dieser wundervoll hochgewölbte Bergkamm über dem Inndurchbruch wird sich künftig in zwei Zonen gliedern müssen. Die neue Bergbahn darf allein die Nordflanke beherrschen. Sonst nichts. Sie bringt die für moderne Abfahrer sehr interessante, aber sehr schwierige Piste am supersteilen Nordhang (im Bild!) mit 875 Meter Höhe. Der erste Hang wird besonders schwierig sein und dementsprechend schlecht zu pflegen, also hart, abgefahren, eisig. Wichtiger ist, daß das bisherige Skitouren- und Wandergebiet zwischen Frasdorf und Hochriesgipfelkamm in der gewohnten Ruhe absolut bewahrt bleibt. Es wird Sache der Liebhaber dieser erholsamen Region sein, niemals zuzulassen, daß der Bahn-Erbauer nun Lift um Lift in die Gipfelregion setzt. Die strenge Teilung der Voralpen in »stille Erholungslandschaften« und »Rummelgebiete« ist beschlossene Sache! – In dieser Erwartung werden wir Rosenheimer und Münchener Skibergsteiger den Aufstieg beginnen. Wir werden in Frasdorf den spitzigsten aller spitzigen Kirchtürme verlassen und südwärts hineintauchen in die weiß verschneite Urlandschaft der Hochrieswelle mit all ihren Kuppen, Gräben, Graten, Mulden und aufgesetzten Felstürmchen. Ob übers Café Sagberg und die Hofalm, oder durch den Zellboden aufwärts, an der alten Frasdorfer Hütte vorbei, hinauf jedenfalls, wohin das Herz und wohin alle Sinne drängen, zum prächtigen Hochboden um Riesenhütte und Riesenalmen, wo sich der Wald in letzten lichten Gruppen auflöst – wir werden wie eh und je den Grat zur Gipfelhütte hinaufsteigen, leise fluchend den Dampf des Geschundenen ablassen, und wir werden mit dem letzten Schritt den ewigen Lohn aller Plage empfangen: Ausblick, Rast, die Vorfreude auf die Abfahrt... Unter uns die lieben alte Ziele dieser hohen stillen Welt: Klausenberg, Predigtstuhl, Feichteck, Abereck, Spielberg und Zinnenberg, die hundert bekannten Rastplatzerl, die bescheidenen Skihänge. Drüben der vertraute Nachbar Spitzstein, daneben Gipfel um Gipfel der Wilde Kaiser. Die Abfahrten, die Ausflüge im Bereich des Hochbodens zwischen Hochries- und Klausenbergkamm haben etwas liebenswert Altmodisches und Verspieltes an sich, trotzdem die weitere Talabfahrt nach Frasdorf an einigen Stellen vertrackt ist: Aber diese Stellen kennt man ja gut.

TALORTE Frasdorf, 598 m, an der Autobahnausfahrt. Lift von 605 auf 800 m zum Sagberg, aber erst ab 9 Uhr! – Grainbach-Eßbaum, 694 m, Ausgangspunkt der (im Bau 1971) neuen Hochriesbahn.

CHARAKTER Durch den Bau einer Hochriesbahn von Norden her dürfte nur der Nordhangbereich (bisher gemieden) betroffen werden. Es steht zu erwarten, daß die Hochries als klassischer Skitourenberg ab Frasdorf (bei $3^{1}/_{2}$- bis 4stündigem Aufstieg) erhalten bleibt. Damit wäre eine radikale Trennung von Pistenfahrern und Skibergsteigern, von Rummel und Ruhe möglich: die Bergstruktur erlaubt diese sympathische Möglichkeit. Die Nordpiste fahren hervorragende Abfahrer längst als Geheimtip. Sie steigen sogar (wie mit dem Brennglasl auf dem Luftbild zu erkennen ist) diese supersteile Nordflanke der Hochries mit Fellen hinauf, um jenen Genuß zu haben. – Diese Nordflanke dürfte als Piste eine große Rolle spielen, wenn die Piste je gepflegt werden kann. – Das Skitourengebiet zwischen Frasdorf, Hochries und Predigtstuhl ist reizend, aber für den guten Abfahrer nur wenig ergiebig. Das »reizend« ist dennoch so legitim, daß man diese lange, landschaftlich bezaubernde Skitour sehr empfehlen muß.

BILD Die mächtige Nordflanke der Hochries mit dem Gipfelhaus (links). Über dem Haus der Zinnenberg. Rechts vom Hochries das Kareck (mit dem Alfred-Drechsel-Haus), darüber der Spitzstein. Im Hintergrund der Wilde Kaiser, links davon die Glocknergruppe.

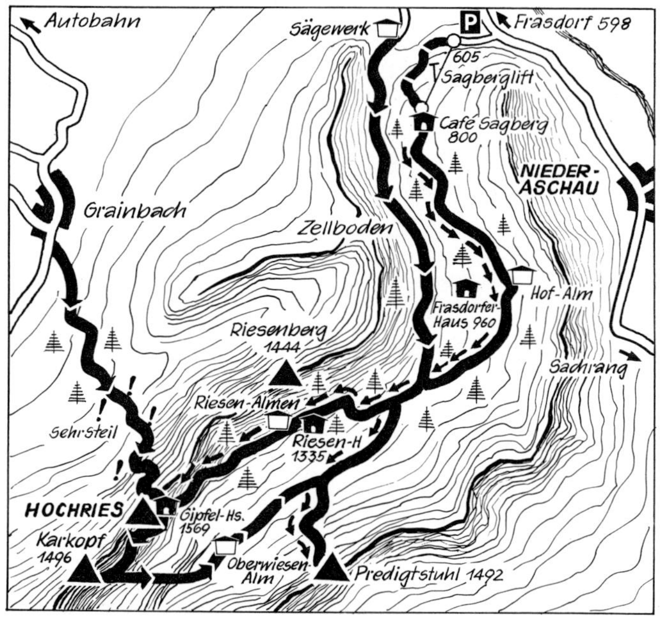

80 Grant unter der Kampenwand

Herrliche Aussicht auf bessere Pisten

Pisten 80 km 849 m HU Nord + Nordwest Bis Ende März

Daß die Kampenwand einmal ein Geheimtip war, das kann man sich gar nicht mehr vorstellen. Aber es ist so. Dann wurde sie Hausberg der Rosenheimer Skifahrer, und schließlich Hausberg der Münchener: Mit der Autobahn geht das ja wirklich schnell. Vielen Münchnern gefallt dieser freche Zackenkamm über dem Chiemseeplatt, von dem aus man tausend der allerschönsten Chiemgauer Bauernhöfe sieht – und auf der anderen Seite soviel Gebirg zwischen Reiteralm, Hochkönig, Glockner und Kitzbüheler Gemugel, daß man es einfach nicht mehr derpackt und wegschaut . . . Das Skigelände unter diesem Hahnenkamm mit seinen luftigen Klettergraten wäre prima – unser Bild beweist es. Aber die große Liebe, die man einem »Hausberg« entgegenbrachte, ist uns schlecht bekommen. Zuerst brachte sie den Aschauer Ski-Unternehmern gute Geschäfte, so daß sie völlig übersahen, wie sich das Hobby der Skifahrer explosionsartig verbreitete. Sie begriffen nicht, daß der steigende Druck aus der winterlich verräucherten Riesenstadt München eine völlige Modernisierung des Pistenbetriebes nötig gemacht hätte. Was bis heute blieb, ist ein Waschbrett dort, wo »Pistenteppiche« sein sollen, wie es in Prospekten heißt. Hier in der herrlichen Nordflanke der Kampenwand sind die Pisten immer stark abgefahren, bucklig und oft eisig. Sie werden zu wenig präpariert. Und die große Talabfahrt, die keinem erspart bleibt, hat außer einer viel zu schmalen Schneise geradezu lächerlich lang schon heikle Stellen. Außerdem: Wenn schon permanenter Andrang und Geschäft, warum nicht Dezentralisation, Verlagerung des Betriebes auf mehrere und auf breitere Pisten? Die geprüften eineinhalb Stunden Wartezeit am Sonntagmorgen klagen an. »I gang ja gern auf'd Kampenwand, wenn i mit meiner Wampn kannt!« sagen viele dicke Münchener in der Anstehschlange. Die dünneren könnten natürlich zu Fuß aufsteigen – es bekäme ihnen in jeder Hinsicht gut. Aber das »Brästiesch« . . . Und dick oder dünn, faul sein ist auch eine Sonntagsarbeit. – Ohne Grant einige Tips: 1. Man fährt von der Bergstation der Kampenwandbahn erst den flachen Hang ab (im Bild oben direkt unter der Bergstation) und gelangt sofort in einen steilen Waldgraben, aus dem man mit 20 Treppenschritten auf die Kante eines Felskopfes kommt; dort ist man unter dem Roßleitenlift, fährt aber links den sehr steilen Hang hinab, und dann, an der Schlechtenbergeralm vorbei schön und steil bis an den Waldrand. Dort stehen zwei Liftstationen. – 2. Man fährt nun mit dem Lift, der die kleinste Schlange aufweist, zur Steinlingalm oder zur Bergstation des Roßkuppenliftes auf und probiert die an sich sehr schönen, aber abgefahrenen Pisten aus. Im Hochwinter und am Werktag ist alles relativ schön, bei Neuschnee phantastisch schön. Durch die beiden Lifte ist der große Nordkessel oberhalb der Waldgrenze so erschlossen, daß man überall hin abfahren, also koordinieren kann. Nur der Gipfellift fehlt. Aber auch eine breitere Einfahrt zum Start in die Talpiste. – 3. Fährt man die große Talabfahrt ab, dann muß man, komme was wolle, den letzten Hang von seiner Mitte ab Schuß fahren, weil man sonst im flachen Stück bis zur Talstation zu lange anschieben muß. – 4. An schmalen Stellen der Abfahrt Rücksicht auf schlechtere Fahrer nehmen! Der Hintere ist immer schuld!

TALORT Aschau, 620 m (1000 Betten). – Stachus – AB – Rosenheim – Ausf. Frasdorf – Hohenaschau. – Parkplatz an Talstation!

BAHNEN/LIFTE (siehe Skizze) ① Kampenwandbahn/Gondeln, 849 m HU, 300. – ② Roßleitenlift, 349 m HU, 300. – ③ Steinlinglift, 304 m HU, 780. – ④ Lift Weiße Wanne, 55 m HU, 600. – ⑤ Brandner-Skilift, 67 m HU, 600.

HINWEISE Preise Kampenwandbahn 5 DM Einzel Berg. Tageskarte 13 DM. Wochenkarte 35 DM. – Sonntags und oft samstags lange Wartezeiten, bis 1½ Std.! – Werktags keine Wartezeit. – Pistenpflege nur bis Steinlinglift–Talstation gut. Heikle Stellen: die unsinnig schmale Waldwegquerung zur Steinlingalm. – Auf der Abfahrt die sehr schmale Einfahrt in den Steilhang. – Im Steinlingkessel und dem der Schlechtenbergeralm gibt es großzügiges Skigelände, auch für Trainings- und Rennzwecke (Slalom und Riesenslalom). – Große Abfahrt seit vielen Jahren in einem traurig vernachlässigten Zustande.

BILD Unter dem felsigen Hahnenkamm der Kampenwand der große Nordwandkessel mit den beiden Liften. Links oben die Steinlingalm, rechts die Schlechtenbergeralm, ganz rechts oben am Sattel die Bergstation der Gondelbahn. Im Vordergrund unten die schmale Schneise als Auftakt zur großen Talabfahrt.

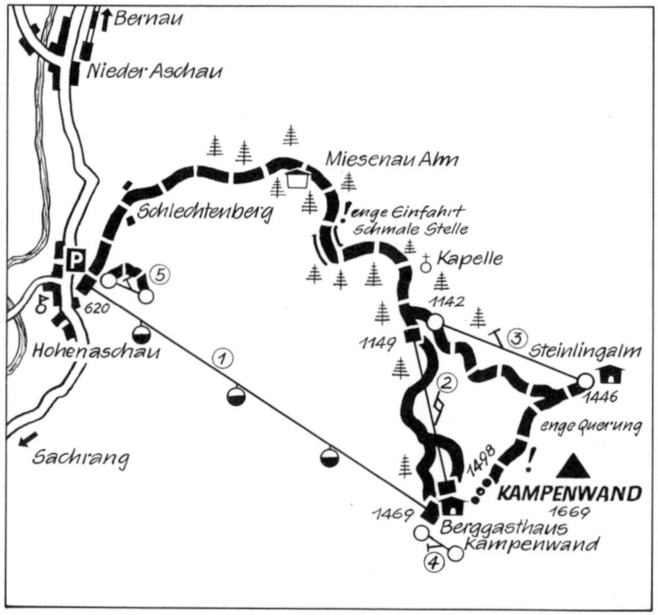

81 Der Geigelstein als Pistenberg

Große Ostabfahrt mit Tiefschneevarianten

Piste 101 km 790 (1180) m HU Ost+Nordost Bis Mitte April

Daß der klassische Skitourenberg Geigelstein im hintersten Chiemgauer Winkel über der Kössener Ache, dicht vor ihrem dramatischen Durchbruch in der felsigen Entenlochklamm, partout mit einem Liftesystem überbaut werden mußte, wird sich nicht ganz auszahlen. Dieser vorschnelle Tribut an die Walze des technischen Fortschrittes war zu vermeiden... Schon daß die Talstation auf 631 Meter Höhe liegt, also kaum drei Monate Wintersaison gewährt, gibt zu denken. Jetzt noch wird der Geigelstein in dieser Zeit gestürmt, was am Wochenend überlange Wartezeiten kostet und verstimmt. Das riesige Becken in der Ostflanke zwischen Breitenstein und Geigelstein hat nur während der Woche seine starken Reize: Da muß man nur zehn Minuten anstehen, und droben am Schlepper geht's ohne Wartezeit. Viele, die dem geliebten Skitourenberg nachtrauern, die Münchner, die Rosenheimer, die Traunsteiner Skifahrer, nehmen heute die Felle mit im kleinen Rucksackerl. Denn während der überlangen Auffahrt kriegt man eisige Füße, und da tut es gut, an der Wirtsalm anzuschnallen, und in dem gemütlichen, landschaftlich immer reizvolleren Anstieg über das oberste Becken zur Scharte und von dort zum Gipfel warm zu werden, und Ruhe zu genießen. Droben auf 1808 Meter Höhe wartet außer einer unglaublich schönen Nahsicht auf Wilden Kaiser und Loferer Steinberge ein angenehmes, jäh aufflammendes Selbstgefühl. Und dann freut man sich doppelt auf die nun volle 1200 Höhenmeter bietende Abfahrt, und freut sich heimlich, die anderen, die Nurliftfahrer, doch ein bisserl ausgeschmiert zu haben. Man geht knapp eineinhalb Stunden ab Bergstation zum Gipfel! Dann genießt man eingefahrenen Tiefschnee, kann eventuell bei solidem Firn Anfang April (falls man ein alpiner Abfahrer ist!) sogar direkt das Gipfelplatt befahren, kommt aber auch da zur eigentlichen Piste, die man – wir wollen ganz korrekt sein – loben muß. Die Piste ist breit ausgebaut und wird von zwei Ratracs in Ordnung gehalten. Oben freie Hänge, unten eine breite Schneise, eigentlich nirgends gefährlich. Unser Bild zeigt links unterm Breitensteinmassiv zwei untereinander liegende freie Almböden und über ihnen Karlspitze und Sandspitze: Darauf machen wir nur aufmerksam, weil sich dort treue Skibergsteiger auf die allergemütlichste Weise verlaufen können, mit Sicherheit ihr stilles Platzerl finden und dann noch eine lustige Tiefschneeabfahrt haben. Wer keinen Wagen in Schleching stehen hat, und wer überhaupt's was vom Gebirge versteht, der sollte auch einmal vom Geigelsteinsattel aus westwärts zur nahen Priener Hütte abfahren und von dort hinaus und hinab nach Sachrang (Bus nach Aschau); das ist eine sehr amüsante Skiwanderschaft abseits der Piste und wird einen bis zum ersten guten Wirt nie reuen. – Ein Vorteil der vielen Geigelsteinrennen: Hinterher kann der gute Fahrer die stets besonders gut hergerichtete Piste wie einen Teppich benützen, kann großzügig schwingen und schießen – ehe wieder eine Buckellandschaft entsteht, ein Pisten-Waschbrett. – Wenn die Skiunternehmer von Schleching den neuen Lift zur Käferlschneid gebaut haben, dann fährt man von 1560 bis 631 Meter ab – also 929 Meter HU. Das ist allerhand! Vor allem auch deshalb, weil die Nordostmulde unter der Käferlschneid besondere Reize anbietet. Dazu das Schneewegerl zum Breitenstein!

TALORT Schleching-Ettenhausen, 570 m (800 Betten).

LIFTE ① Geigelsteinbahn/Doppelsessel, 472 m HU, 450 Pers./Std. – ② Schlepplift Wuhrsteinalm, 326 m HU, 740. – ③ Steinrückenlift Ettenhausen 50 m HU. – Geplant: Lift Käferschneid, 460 m HU!

GÜNSTIGSTE LIFTPREISE Berg Einzel 2,50 DM, Wuhrstein Einzel 1,50 DM. Tageskarte alle Lifte 14 DM, Wochenpaß 40 DM. – Der Sessellift ist kalt bei vollen 17 Min. Dauer! Es gibt Decken.

CHARAKTER Der bei den Münchnern seit Jahrzehnten beliebte Chiemgauer Hausberg Geigelstein mit seinem mächtigen, streng ostwärts absinkenden Ostbecken ist vom klassischen Skitourenberg zum Pistenberg verwandelt worden. Die Strecke zwischen höchster Bergstation (Wirtsalm, 1450 m) und Talstation, 631 m, ist als Rennstrecke ausgebaut. Es finden an Wochenenden oft Rennen statt, wozu der allgemeine Wochenendandrang kommt. Wartezeiten bis 1½ Stunden.

BILD Wir überschauen aus dem Flugzeug die Ostflanke zwischen Geigelstein (rechts oben) und Breitenstein (Bildmitte). Zwischen beiden Gipfeln die demnächst ebenfalls mit einem Lift erreichbare Käferlschneid, ca. 1560 m. Links unterm Geigelsteingipfel die wichtige Scharte, 1650 m, über die man zum Gipfel ansteigt. Die Piste benützt das obere freie Ostbecken bis zur oberen Liftschneise und ist samt großem Schlußhang bis ins Ziel zu übersehen.

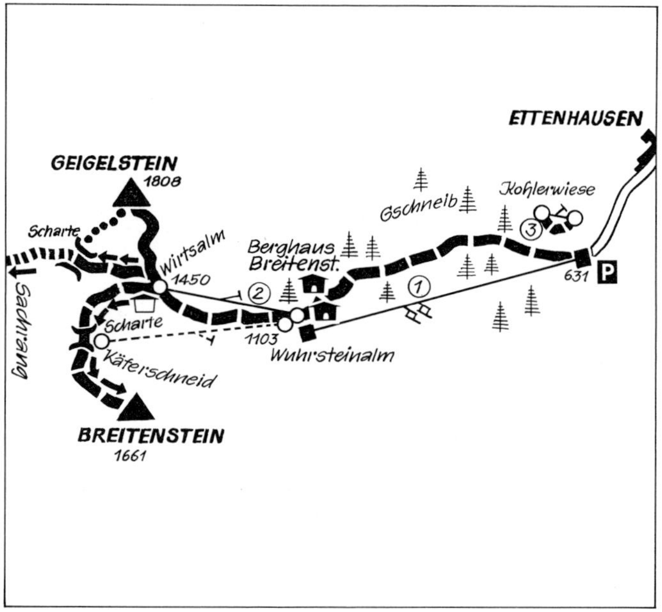

82 Hochfelln und Bründlingalm

Ein neuer Skiberg über dem Chiemsee

Pisten 104 km 930 m HU Nordwest Bis Anfang April

Soll man dem alten lieben stillen Hochfelln nachweinen? ... Es ist passiert, die Kabinenbahn fährt, der Naturschutz wurde von unseren Ministeriellen abermals überfahren. Aber warten wir, wem die Stunde schlägt! Dem, der aus patriarchalischem Genuß der Macht die Rettung der Erholungslandschaften versäumt hat ... Bergen und seine industrielle Dependance Maximilianshütte liegen 555 Meter hoch – also tief, viel zu tief für das große Skigeschäft. Das Sommergeschäft aber wird gut gehen. Für den Winter haben sich die Unternehmer wenigstens viel einfallen lassen: Sie bauen die einzig sich anbietende große Nordwestabfahrt zur Kohlstadt sehr vernünftig aus, sie haben auch den Pendelverkehr Kohlstadt–Talstation gut geregelt, sie haben Kabinen für 70 bzw. 45 Mann angeschafft – statt elender eisiger Sessellifte. Das muß man gutschreiben! Auch der wind- und sonnengeschützte Pulverschneekessel an der Bründlingalm, an dem zweckmäßig auch die Mittelstation der großen Kabinenbahn steht, ist klug ausgebaut: Die beiden Lifte sind im Hochwinter immerzu belegt. Und nun kommen also auch die zum Gipfel auffahrenden Skifahrer dazu. DSV-Meisterfahrer und Verbandspräsident Fritz Wagnerberger hat – als alter Traunsteiner Kenner und Könner – die große Nordwestpiste ausgekundschaftet: Sie ist mit ihren 930 Höhenmeter bis zur Kohlstadt eine phänomenale Hochwinterpiste. Oben schwer, interessant, rassig, ab Bründlingalm mittelschwer auf den zügigen Wellen der sehr breiten Waldschneisen: Schuß–Terrassenkante–Schuß–Terrassenkante, und so fort, schöne muldige Waldkessel, lustige Durchlässe, große Fahrt ins »Ziel«, vor den Pendelbus zur Talstation. – Im Bild können wir diese aufregende Startstrecke prima verfolgen. Erstens den Osthang von Gipfelkapelle und Bergstation, sicher schnell abgefahren, durch die frühe Sonne vielleicht manchmal mittags schon hart bis eisig ... Zweitens die »Scharte«: im Bild links von einem runden Felskopf markiert, wird demnächst mit einer Plattform versehen, damit man das Grausen von einem sicheren Standpunkt aus lernt ... Drittens das Grausen selber: der supersteile Kessel, der auf den »Treffer« zuleitet, das runde felsige Wandl mitten im Steilkar, – man umfährt es ostwärts (im Bild links), da wird's Buckel und Gruben geben! ... Viertens unterm »Treffer« rechts westwärts ablaufen lassen und dann wie ein Wildschütz genau zielen, damit man das schmale »Loch« erwischt, man sieht es im Bild: eine schöne haklige Schwelle zwischen zwei Felskanten und über einem Fichtenstock. Da kommt's auf Millimeter an, bis nächstes Jahr die Betonrampe gebaut ist, die alles entschärfen soll ... Und da sind wir schon am Bründlingboden angekommen und können die schöne Piste (im Bild sieht alles kleiner aus) hinabwedeln zur Mittelstation (links unten am Waldrand sichtbar) – oder rechts, westlich in die Kohlstadt-Piste einschwenken. Alles weitere begibt sich dann auf den breiten Waldgassen zur Weißachen hinunter. Man sieht schon: Die 930 Höhenmeter warten auf gute und sehr gute Fahrer. Und an der Scharte wird manch einer stehen, der sich nicht traut, und den es doch juckt, und der an diesem Zwiespalt langsam sterben muß – weil er einfriert. Also: trauen müßt man sich schon sollen! Die Ruhpoldinger kommen über die Steinbergalm (Bus+Lift) in den Bründling-Zirkus!

TALORTE Bergen am Hochfelln, 555 m (500 Betten), für die Auffahrt mit der Kabinenbahn. – Ruhpolding, 691 m, für die Busauffahrt zum Lift ab Steinbergalm (und den Übergang in den Bründlingalm-Zirkus).

BAHNEN/LIFTE ① Kabine Bergen–Bründlingalm, 490 m HU, 500 Pers./Std. – ② Kabine Hochfelln, 574 m HU, 600. – ③ Bründlingalmlift, 146 m HU, 1080. – ④ Schlepper Oberbründling, 56 m HU, 1030. – ⑤ Steinberglift, 150 m HU, 300. – ⑥ Projekt Südhanglift (1370–1660).

UMSTÄNDE Die heiklen Stellen (im Bild sichtbar) zwischen Gipfel und Bründlingkessel werden sofort (1970) entschärft. – Die sehr schöne Nordwestabfahrt über 930 m führt nicht nach Bergen, sondern zur Kohlstadtalm, ab dort verkehren kleine Pendelbusse bis zur Talstation. Die Piste ist ab Gipfel schwierig, ab Bründlingalm mittelschwer.

BILD Einblick aus dem Flugzeug von Nordnordwest in den Bründlingkessel mit seinen zwei Liften und auf die Nordflanke des Hochfelln. Wir sehen den Osthang als Starthang, die (zu verbreiternde) Einfahrt in den großartigen Nordkessel mit dem runden Felskopf des »Treffer« (der links im Bogen umfahren wird) und darunter dem »Loch«, das den Ausschlupf aus dem Trefferkessel darstellt. Unten die Bründlingalmen, um die inzwischen der Pistenbetrieb schwirrt. Im Hintergrund der Wilde Kaiser, rechts die Ostflanke des Hochgern.

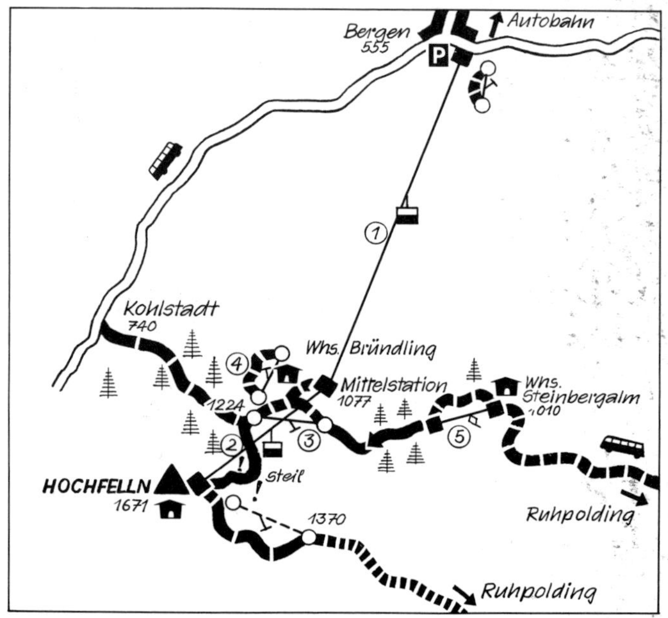

83 Rauschberg und Roßgasse

Als Reserveberg der Unternberg

Pisten 113 km 927 m HU Nord Bis Anfang April

Ruhpolding ist ein Modellfall für uns Münchner Skifahrer: Dort wartet am Rauschberg und in seiner Roßgasse eine wirklich interessante Piste, herrlich steil, reine Nordflanke, volle 927 Meter Höhenunterschied. Wie das schon klingt! ... Aber leider hat dieser so raffiniert inszenierte Fernerholungsraum für die norddeutschen Reisebüros seine Mucken. Zwar ist man schnell vom Stachus zum Rauschberg gefahren, aber dann wird langsam gewartet. Oft eineinhalb Stunden lang – bis man ausreißen will. Man ist von lauter norddeutschen Nichtskifahrern umstanden, die man erst in der viel zu kleinen Kabine wieder gern hat, richtig gern, wenn man da zuhört: »Justav, hör, mir wird janz schummrich – wenn dat Seil nun reißt!« – In diesem Falle muß man zu seinem Spezl laut, aber doch ganz nebenbei sagen: »Du, sag, is des jetzt die nämliche Gondel Nummero zwei, wo vorigen Monat der Boden durchbrochen is?« – Ist man endlich oben, dann freut einen das Leben zweimal, denn der Südhanglift schenkt immerhin 210 steile Abfahrtsmeter, und das mag man ja. Dann aber drängt es einen zur berühmten Nordabfahrt durch die Roßgasse. Man staunt nur so! Nicht weil sie schlecht gepflegt ist, weil die Walze gar nicht so steil hinauffahren kann. Nein, weil die Beschilderung so sagenhaft perfekt ist, als handle es sich um eine senkrechte Piste, zu der man den Sturzhelm braucht. Dabei kann man sogar in dieser sehr schönen Roßgasse leicht anstemmen und hat doch noch Vergnügen am Schwingen. Das hat uns eine nette Dame bewiesen. Leider ist die Roßgasse oft wegen Lawinengefahr gesperrt. Dann tummelt man sich in einem der vielen Wirtshäuser, verlernt seinen Dialekt, ißt teuer, aber nicht ganz schlecht. Wegen der Wartezeit am Rauschberg empfiehlt es sich, nach folgendem Plan zu verfahren: Ganz früh hinauf auf den Rauschberg und die Roßgasse heruntergefahren, wenn's noch geht, ein zweites Mal. Gibt es schon eine Schlange, dann wechselt man hinüber zum Unternberg, der einem 600 nordseitige Pistenmeter verschafft, ganz lustig, nicht langweilig, nicht leicht, natürlich abrasiert. Nachmittags kommt man dann wieder zum Rauschberg zurück, quert hinüber zur dramatischen Roßgasseneinfahrt, und wedelt und schwänzelt zwischen den Felswänden steil hinunter, von einem Steilkessel zum nächsten, volle 600 Höhenmeter durch, bis man auf den kilometerlangen Ziehweg entlassen wird, auf dem man wie von selbst hinausschießt zur Talstation. Wenn die Roßgassenabfahrt einmal gesperrt ist, was bei Lawinengefahr vorkommt, dann muß man die Kienbergabfahrt nehmen, die ganz harmlos ist, nämlich langsam, weil viel auf Zieh- und Waldwegen verlaufend. – Wer schon in Ruhpolding ist, sollte sich auch mal den neuen Hochfelln-Zirkus zwischen Gipfel, Gründlingalm und Kohlstadt anschauen. Die Kabine ist zwischen Bergen und Gipfel Hochfelln in Betrieb, befördert 70 bzw. 40 Mann, und an der Bründlingalm warten zwei flotte Lifte. Siehe Tour 82! – Wie unser Bild andeutet, befinden wir uns zwischen Rauschberg und Unternberg in einem allerschönsten Winkel der Chiemgauer Vorberge. Der Wilde Kaiser blinzelt von draußen herein, Hörndlwand, Sonntagshorn, Dürrnbachhorn und Hochfelln mit den aufgestockten felsigen Kronen haben ein richtiges bayrisches G'schau, und man fragt sich am Schluß ganz dumm: Komisch, warum red'n die da herin eigentlich preußisch?

TALORT Ruhpolding, 691 m (3800 Betten). – Zufahrt Stachus – AB – Siegsdorf – Ruhpolding. – Parkplatz an beiden Talstationen.

BAHNEN/LIFTE (siehe Skizze): ① Rauschbergbahn (Kabine), 927 m HU, 200 Pers./Std. – ② Rauschberglift, 210 m HU, 350 Pers./Std. – ③ Unterberglift I, 180 m HU, 1000 Pers./Std. – ④ Unterberglift II, 445 m HU, 600 Pers./Std. – ⑤ Maiergschwendtlift, 140 m HU, 700 Pers./Std. – ⑥ Weingartenlift, 200 m HU, 550 Pers./Std. – Dazu weitere 7 Kurzlifte. – Preise: Rauschberg einzeln 5 DM, Tageskarte 14 DM.

WARTEZEIT am Rauschberg, sonntags bis 1½ Std! Werktags bis 20 Min. – Roßgassenabfahrt glänzend beschildert, aber wegen Steilheit ungepflegt. – Interessant die hervorragenden Langlaufloipen.

CHARAKTER Die Rauschbergabfahrt über die Roßgasse ist, nicht nur wegen der ansehnlichen 927 m Höhenunterschied, eine der interessantesten Abfahrten dieses Buches. Dafür sind die Wartezeiten unfaßbar lang. Reine Nordflanke. Die Entsatzpisten am Unternberg sind aus dem Bergwald ausgeschlagen und gut hergerichtet, ihre 600 Höhenmeter sind aber nicht ganz leicht abzufahren. Nordhänge!

BILD An der Bergstation des Rauschbergliftes im Südrücken dieses 1646 m hohen Berges. Der Lift ist mit 210 steilen Metern HU sehr interessant. Nach dem Lifteln wird die berühmte »Roßgasse« (im Rücken des Betrachters) abgefahren = 927 m HU Nordflanke.

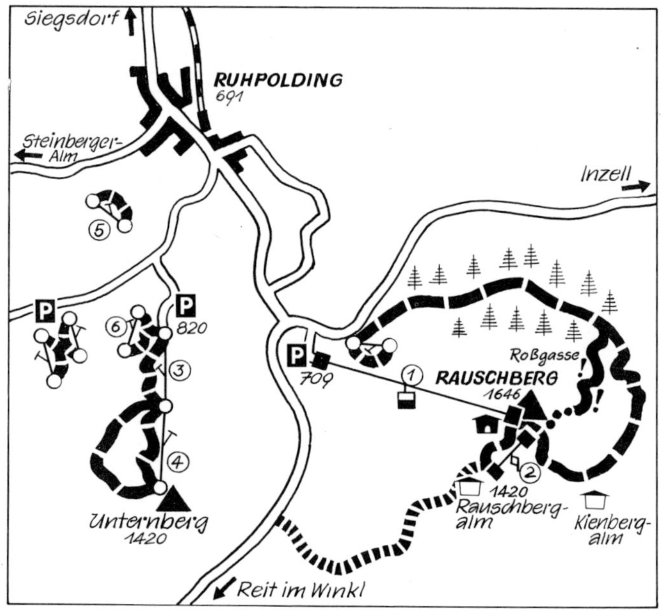

84 Am Hochschwarzeck über der Ramsau

Kleine Hochgenüsse für Anfänger und Übergewichte

Leichte Pisten 160 km 360 m HU West und Ost Ende März

Ein Hamburger »Preuß«, der Schiffsbauer Schlieker, hat an einem für das Skifahren völlig unzulänglichen Platze ein Lifte- und Pistenkarussell eingerichtet, das stark frequentiert wird. Es liegt dicht über Ramsau und Hintersee, und in einem von schwarzen Bergwäldern umhegten Sonnenkessel, aus dem man jenes Berchtesgadener Kolossalgemälde anstarrt, das früher jeden Sachsen enthemmte und heute jeden kühlen Norddeutschen in eine feierliche Hochstimmung versetzt. Das passiert hier so prompt wie sonst beim ersten Blick auf den Golf von Neapel. Herr Schlieker weiß das alles nur zu genau, und so hat er recht behalten, als er den Ehrgeiz aller seiner Konkurrenten – nämlich beste Skiparadiese für beste Skifahrer zu schaffen – einfach ignorierte und einen hübschen kleinen Skizirkus für hübsche kleine Skifahrer ausbaute. Der Anfänger und der mühselig Fortgeschrittene, der faule Schwabinger mit Übergewichten, der ästhetisch ausgerichtete Feind von Schweiß und Plage, der im Reichwerden gliederfaul und entschlußlos gewordene Zugereiste, und immer wieder dazwischen süße reizende Skifamilien, die einen goldenen Sonnentag vertändeln wollen, die alle fahren in diesem kuriosen Zirkus der sanften Kleinpisten und sind hochzufrieden. Schauen auch manchmal mit abweisenden Blicken hinüber auf die Jennerwiesen und dann auch in den Spinnergraben, wo sich »das gewöhnliche Bagaschi« (wie es im »Rosenkavalier« heißt) heiß und blutig um die Sättigung seines Ehrgeizes bemüht. Nein, nein, hier bei Schliekers wird vornehm skigefahren, ich sage das ganz ohne Ironie, ich wünschte, von jener feinen Sorte zu sein, die das viele Tage lang aushält, ja genießt. Daß hier mehr Erholung zusammenkommt als auf den meisten ostalpinen Steilwaldpisten, steht fest. Der Wirte gibt es genug im Sonnenkessel. Dort gibt es größere Portionen als auf den Pisten. Denn dort sind die Portionen der Abfahrtsmeter klein. Dafür sind wieder die Parkplätze groß ... Wer die (vielleicht geräumte) Queralpenstraße herabkommt in die Ramsau, wer jenen verrückten Schock hinter sich hat, den der erste Blick von der Schwarzbachwacht auf das Berchtesgadener Land und seine Urweltkulissen immer wieder erzeugt, der entdeckt plötzlich das neue Straßerl zum Hochschwarzeck, meint zuerst, es gehe nur »ins Holz hinein«, aber dann gehen ihm schon die Augen auf ... Man findet, wie der Münchener sagt, die Sache »recht gelungen«. Wer hintergründig denkt, der gratuliert dem Herrn Schiffsbauer Schlieker, daß ausgerechnet er mit diesem witzigen Minizirkus den Berchtesgadenern Geschäftsleuten gezeigt hat, daß man vielleicht gar keinen Riesenrummelzirkus im naturgeschützten Watzmannkar braucht. Für uns Münchner ist das wieder mal was Neues, eine Gaudi, auf die man alle zureisenden Freunde von droben verweist. Da müßt's hinfahr'n, dees is schee! Und wenn ein junger Münchner, wie es doch heute so oft passiert, eine junge Norddeutsche heiraten muß, dann fahrt er mit ihr in Gottes Namen auch mal zum Hochschwarzeck, vor allem im ersten Jahr. Daß das Berchtesgadener Land dem Herrn Schlieker den vielleicht großartigsten hochalpinen Hintergrund in den deutschen Alpen mit Göll, Watzmann und Hochkalter völlig kostenlos zur Verfügung gestellt hat, ist eine Geste, die für das unsterblich gute Herz der Altbayern spricht.

TALORTE Ramsau, 670 m (1500 Betten). – Berchtesgaden, 571 m (1370 Betten) Hallenbad. – Anfahrt AB Salzburg, ab Reichenhall.

LIFTE (siehe Skizze) ① Hirschecklift, 360 m HU, 770 Pers./Std. – ② Schmuckenlift, 90 m HU, 1000 Pers./Std. – ③ Fronwieslift, 160 m HU, 1000 Pers./Std. – ④ Stöckellift, 30 m HU, 400 Pers./Std. – ⑤ Datzmannlift, 80 m HU, 150 Pers./Std. – ⑥ Datzmannlift II, 130 m HU, 740 Pers./Std. – ⑦ Baltramlift, 130 m HU, 500 Pers./Std.

GÜNSTIGSTE PREISE: Hirscheck Berg einzel 2 DM. Tageskarte gibt es nicht! Nur Punktekarten. Eine unsinnige Situation! – Wartezeit sonntags bis 25 Minuten am Hauptlift. – Pistenpflege mittel.

CHARAKTER Diese auf ihre Art einzigartige kleine Skistation liegt in einem herrlich umwaldeten Sonnenkessel, direkt dem Hochgebirg von Göll, Watzmann und Hochkalter gegenüber. Die kleinen Lifte mit Ost- bzw. Westflanken bieten alle leichte lustige Pisten, ganz zweifelsfrei für Zugereiste ohne Training bestimmt, für faule Städter, vornehme Skifamilien und Ästheten auf Skiern. Empfehlenswert auch für vergammelte Schwabinger!

BILD Man sieht den Hochboden über der Ramsau, von dem aus 7 Skilifte nach allen Seiten schwirren, um leichte Pisten zu bieten. Darüber das Kolossalgemälde von Göll, Schneibstein, Kahlersberg.

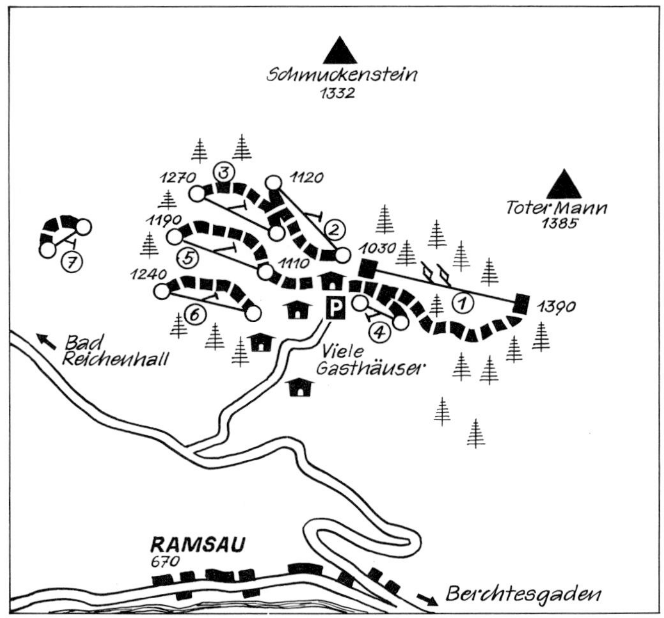

85 Vom Königssee ins Watzmannkar

und am andern Tag auf den Hohen Göll

Alpine Skitour 160 km 1620 m HU Nord Bis Ende Mai

Wer ein langes Wochenende vor sich hat und am Freitagabend nach Berchtesgaden fahren kann – die Autobahn macht's bequem möglich im späten Frühjahr! – der kann eigentlich nur auf fünf besonders lohnende Skitouren zielen. Alle fünf sind hochalpin und verlangen erfahrene und konditionsstarke Skibergsteiger, die einen Riecher für lawinöse Steilhänge und einen zweiten für die richtige Anlage ihrer Spur besitzen. Die Ziele heißen: 1. Watzmannkar bis aufs Dritte Kind, 2165 Meter, mögliche 1620 Meter Höhenunterschied, – 2. Hoher Göll durchs Alpeltal, 2522 Meter, möglicher Höhenunterschied 1492 Meter (bis Vorderbrand), – 3. Hocheisspitze, 2523 Meter, mit 1500 Meter Höhenunterschied bis zur Bindalm unterm Hirschbichlpaß, – 4. Seehorn und Loferer Seilergraben, 2320 Meter, bei 1000 Meter Höhenunterschied bis Wimbachgrießhütte, und 1320 Meter bis Wimbachschloß, – und 5. Die »Große Reibn« ab Jenner-Bergstation (2-Tage-Tour) Schneibstein – Windschartenkopf – Eisgrabenscharte – Vordere Wildalm – Niederbrunnsulzenscharte – Funtensee –, oder Kärlingerhaus usw. bis Wimbachscharte (siehe »Große Skistationen« – Pause, Band II, Österreich/Bayern, Seite 217) ... Von allen diesen Zielen ist das Watzmannkar das in viereinhalb bis fünf Stunden am leichtesten erreichbare und – hier ist das Wort am Platze – das attraktivste: Das Luftbild zeigt schon die ungewöhnliche Hochgebirgskulisse um dieses wilde Hochkar, das der Bürgermeister sogerne dem Profit der »Erholungsindustrie« erschließen will. Wir gehen nur bei sicheren Schneeverhältnissen los, wenn der Wetterbericht stimmt. Dann kann man vom Königssee, erst der neuen Rodelbahn entlang, dann am alten Steig, zur Kührointalm steigen, 605 bis 1420 Meter = zweieinhalb Stunden! Hierher kommt man auch in etwa gleicher Zeit von der Wimbachbrücke über die Schapbachalm, und von Oberschönau (etwas kürzer). Ab Kührointalm, wo man vielleicht etwas rasten sollte, beginnt das entscheidende Ereignis, der Anstieg ins Kar: nochmals gute zwei Stunden, vielleicht auch zweieinhalb Stunden. Niemand braucht sich schämen, wenn er drei Stunden und mehr braucht, bis er – recht sauer bei den steilen letzten 50 Schritten! – endlich auf dem exponierten Gipfelchen des Dritten Watzmannkindes steht. Aber jedem, sag' ich, druckt es dort die Augen heraus! 1600 Meter tiefer liegt die Eiskapelle, und dazwischen steigt die Watzmann-Ostwand in einer ungeheuren Treppe zum Gipfel, die fünf »Bänder« mit Schneezügen beladen, abfahrbereit zum Königssee hinab ... In der Südwand des Kleinen Watzmann zündelt die Sonne, und vor dem Tiefblick ins Watzmannkar hinunter graust einem genauso wie vielleicht am nächsten Tag, wenn man vom Hocheisgipfel starten soll, oder gar vom Ofentalhörndl – Astronaut müßt' man sein! ... Es geht aber immer alles ganz gut aus, wer in den Schnee glangt, ärgere sich nicht, die anderen sind viel zu sehr mit sich selber beschäftigt. Nach den pfundigen Steilhängen aus den Scharten (auch das Fünfte Kind ist möglich, wenn eine vernünftige Spur hinaufführt!) kommen die Karwellen, etwas sanfter, aber immer noch schnell, wunderbar weitläufig Mulde um Mulde, bis die ersten Lärchen auftauchen und der lichte Bergwald. Und schon ist die Kührointalm da ... Der Ziehweg nach Königssee kann lustig, er kann aber auch hübsch vereist sein.

TALORTE Berchtesgaden, 571 m (1370 Betten, im Land 9500 Betten, Hallenschwimmbad). Königssee, 605 m. – Ramsau-Wimbachbrücke.

CHARAKTER Eine bei 5stündigem Aufstieg anstrengende, aber selten eindrucksvolle hochalpine Skitour mit einer kaum mittelschweren Tiefschneeabfahrt. Diese reine Nordflanke, oben inmitten der von allen Watzmanngipfeln gestellten hochdramatischen Kulisse, sollte möglichst nur nach schneereichen Wintern im späteren Frühjahr gemacht werden. Bei akuter Lawinengefahr unmöglich! Meist Aufstiegsspur und Abfahrtsspur vorhanden. Wegen der längeren Anfahrt (auf relativ schneller Autobahn) möglichst an einem vollen Wochenende! Im Tal (Ramsau) Quartier machen, am 1. Tag in das Watzmannkar und auf eines der Kinder, am 2. Tag durchs Alpeltal auf den Hohen Göll, oder (ab Mitte April) auf die Hocheisspitze, oder aufs Ofenhörndl der Hochkaltergruppe! – Am Watzmann kann zeitweilig Quartier auf der Kührointalm genommen werden.

BILD Das Watzmannkar von Norden. Links Kleiner Watzmann und die fünf Watzmannkinder – das Dritte unser Ziel – rechts der Watzmann mit dem Hocheck als vorderem Gipfel. Darunter auf dem Falzköpfl das Watzmannhaus (im Winter gesperrt). Links unterm Falzköpfl Falzalm und, tiefer, die Mitterkaseralm. Die Skispuren oben führen nach links hinab zur Kührointalm. Im Hintergrund Großglockner (links), Hocheiser und Kitzsteinhorn (rechts vom Viertem Kind).

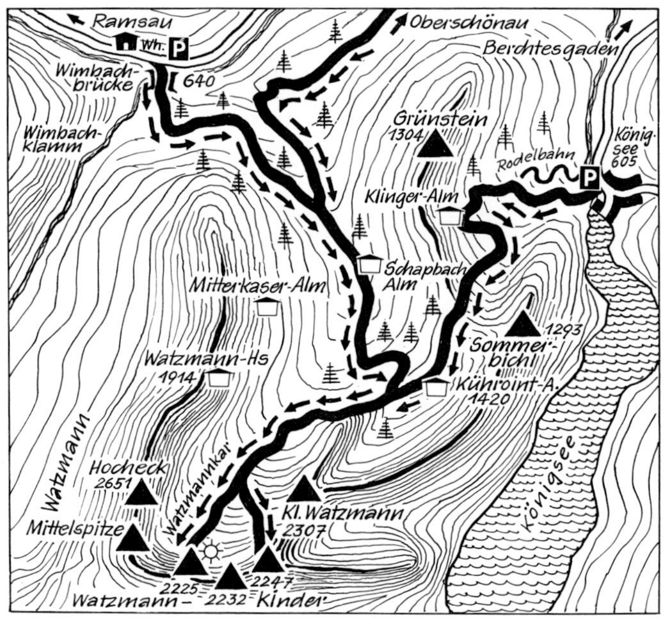

86 Am Jenner über dem Königssee

»Jennerwiesen« und »Kleine Reibn«

Piste+TA 158 km 1170 m HU Nord/Nordwest Bis Mitte April

Natürlich ist es weit nach Berchtesgaden, aber die 158 Kilometer Distanz Stachus–Königssee werden mit jedem Jahr kürzer... Und natürlich liegt die Talstation der Jennergondelbahn nur 630 Meter hoch, aber dafür befördert uns diese Bahn in hochalpine Gefilde, wie wir sie bestenfalls unter Alpspitze und Westlicher Karwendelspitze ahnen. Hoher Göll, Watzmann und Hochkalter sind halt keine freundlichen Vorberge mehr, sondern wildes bis schreckliches Hochgebirge. Die Jennerpisten sind nicht ganz leicht, im »Spinnergraben« sogar sehr schwierig. Die Normalabfahrt über den Mitterkaser bringt uns nach dem lustigen Auftakt über einen schnellen, aber viel zu engen Ziehweg (im Bild, schattig) zu den großen freien Jennerwiesen, die gut hergerichtet werden und mit einem leidlich ergiebigen Lift einen feinen Paternosterbetrieb erlauben. Die weitere Abfahrt zum Königssee ist bei guten Abfahrern in hohem Ansehen, bei den ewig Fortgeschrittenen aber nicht. Sie hat schon Rasse! Ärgerlich, daß sie schon ab Ende März von unten her ausapert. Dann gibt es aber auch noch die ganz reizende Familienabfahrt, die über Vorderbrand höchst gemütlich zur Königsseestraße dicht vor den Ort Berchtesgaden zieht und im Hochwinter eine Mordsgaudi einbringt... Wer unser Luftbild genauer anschaut, sieht von der Mitterkaseralm einen Schlepper steil nach links oben ziehen, das ist der Mitterkaserlift mit seinen 250 Meter Höhenunterschied: er erlaubt also schon im obersten Bereich einen feinen Schaukelbetrieb, Piste ab, Lift auf, und so fort... Wer das Pistenwesen bis zum Mittag satt hat, der hat noch die Chance, eine der feinsten Skitouren zu machen, die man am ganzen nördlichen Alpenrand kennt: die »Kleine Reibn«, die mit dem eineinhalb stündigen Aufstieg vom Torrener Joch (Schneibsteinhaus, ganzjährig bewirtschaftet) beginnt. Zeit vier Stunden insgesamt! Also Start oben am Mitterkaserlift, 1750 Meter – kurze Querung zum Torrener Joch, 1728 Meter – Aufstieg Schneibsteingipfel, 2275 Meter (mit Fellen) – dann lange Tiefschneeabfahrt (meist eingefahren) auf und ab über Windscharte, 2093 Meter, Seeleinsee, 1697 Meter, Priesbergalm, 1460 Meter, Königsbachalm, 1251 Meter. Dann gibt es zwei Möglichkeiten: 1. zur etwa gleichhohen Mittelstation der Jennerbahn zu queren, oder 2. direkt nach Königssee, 610 Meter, abzufahren (Ziehweg). – Man sieht auf unserem Bild links oben das letzte Stück vom Schneibsteinrücken, von dem aus wir hinter dem Reinersberg (links oben) abfahrend die Windscharte erreichen. Dann geht es weiter zwischen den beiden (schwer beschatteten) Felsbergen durch, hinten Kahlersberg, vorne Fagstein... Diese »Kleine Reibn«, durchaus akzeptabel für jede Münchner Skifamilie mit alpiner Spürnase, macht alles am Jenner gut, was Grantler auszusetzen haben. Die lange Reise zum Königssee zahlt sich also immer aus, wenn sicheres Wetter zugesagt! – Im übrigen sind die Sessel der Jennerbahn kalt, für die wärmeren Gondeln zahlt man 50 Pfennig mehr. – Die Jennerpisten präsentieren sich als die am besten beschilderte bayerische Skiabfahrt. – Die 1170-Meter-Höhenunterschied-Abfahrt ist im ganzen anstrengend, aber schön. Die beiden Engstellen werden wohl noch verbreitert werden! Wenn viel Betrieb, nur die oberen Lifte benützen und mittags mehrfach hinauffahren.

TALORTE Berchtesgaden, 571 m (1670 Betten, Hallenbad, Kindergarten). – Dorf Königssee, 605 m. – Zufahrt Autobahn – Reichenhall bzw. Queralpenstraße. – Großer Parkplatz an der Talstation!

BAHNEN/LIFTE (siehe Skizze): ① Jennerbahn-Gondeln, 1170 m HU/480 Pers./Std. – ② Jennerwiesenlift, 180 m HU/550 Pers./Std. – ③ Mitterkaserlift, 250 m HU/600 Pers./Std. – GÜNSTIGSTE PREISE: Berg Einzel 6 DM. Tageskarte 12 DM. 6-Tage-Karte 36 DM. 10 Teilstreckenkarten 20 DM. – Sonntagswartezeiten an der Jennerbahn bis 1½ Std. – Werktags kaum Wartezeiten!

PISTENSTRUKTUR in der großen Jennerabfahrt über den Mitterkaser mittelschwer, die Direktabfahrt im »Spinnergraben« mit heikler Einfahrt sehr schwer! Nicht zu unterschätzen. Pistenpflege gut, Hinweistafeln an Gefahrenstellen. Pisten nur teilweise bucklig, nie allzu große Buckel. Länge 5000 m. Morgens schattig, nachmittags sonnig. Oft stellenweise vereist, im Frühjahr nachmittags ideal weich.

BILD Im Vordergrund die obere Jenner-Nordflanke mit dem Gipfel, 1874 m, rechts, links darunter am besonnten Grat die Bergstation, 1800 m. Rechts neben der Schattenpyramide im Mittelgrund der schwierige »Spinnergraben« zu den Jennerwiesen (rechts).

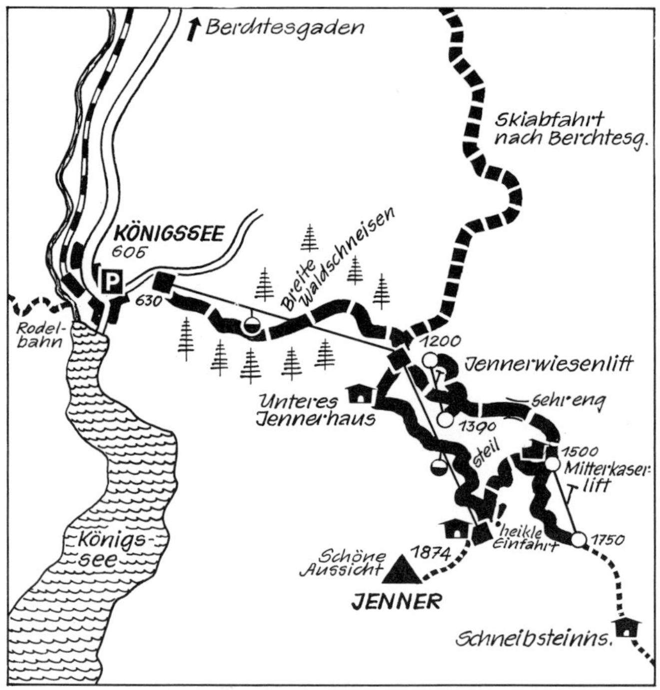

Schule der Berge

In diesem Buche der »Münchner Skiberge« mischen sich etwa 45 Pistenberge mit 33 reinen Skitouren. Zu den letzteren wären das Halbdutzend Tiefschnee-, also Tourenabfahrten zu zählen. Da es heute noch viel mehr Pistenfahrer als Skitourenfahrer gibt, die sympathische »Gefahr« eines Überwechselns vom Pisten- auf das Tourenfahren aber immer akuter wird, empfehle ich das Studium der hier folgenden »10 Gebote für richtiges Verhalten im winterlichen Hochgebirge«: es wird immer Gutes wirken, selbst beim Nurpistenfahrer! Denn ein Unfall auf der verlassenen Piste, oder dicht abseits der Piste im Tiefschnee, auch in vielbesuchten Pistengebieten wie an Wallberg, Rotwand, Laber, Alpspitze, Glungezer, Hoher Salve, Rauschberg oder Hochfelln – kann blitzschnell in Situationen führen, in denen das Wissen um die Gefahr, ihre Verhütung, um Hilfe und Versorgung bzw. Rettung alles entscheidet. Auch der Münchner Skifahrer an Brauneck, Sudelfeld, im Griesner Kar, am Gilfert, auf der Hochplatte oder am Brechhorn denkt heute gern an die höheren und größeren Ziele in den Zentralalpen: da kann ihm gar nichts Besseres beikommen als die hier gebotene Einsicht in die Gefahren der winterlichen Alpen. Sie multiplizieren sich mit der Höhe, in 4000 m Höhe am Monte Rosa kann dieselbe Gefahr drohen wie in Nebel und Schneesturm am Lisenser Fernerkogel, aber sie hat sich nun verdreifacht. Man kann nie genug wissen – eines Tages zahlt sich das Wissen um die Gefahr und um Hilfe in der Gefahr immer aus!

Im übrigen haben wir für das Heer der Nurpistenfahrer ein Verzeichnis der international gültigen Verkehrszeichen auf Skipisten angehängt. Auch das sollte jeder Leser dieses Skibuches gut studieren!

10 Gebote für richtiges Verhalten im winterlichen Hochgebirge

Mehr noch als das sommerliche Hochgebirge sind die winterlichen Alpen eine extreme Landschaft, dem Menschen – der sie Jahrtausende mied und erst seit vierzig Jahren überschwemmt – noch fremd, noch reichlich unbekannt, oft gefährlich. Innerhalb einer Menschengeneration sind die verschneiten Alpen zum attraktiven Ferienparadies luft- und sonnetrunkener Großstädter geworden. Alle Welt will dem alpinen Skilauf huldigen, aber nur sehr wenige Skiläufer kennen den Ernst der großen Gefahren in den verschneiten und vereisten Hochalpen. Immer noch fallen jedes Jahr viele Dutzende fröhlicher Skiläufer dem Lawinen- und dem Kältetod zum Opfer, weil sie Warnungen unbeachtet ließen, weil ihnen jegliche Ahnung vom richtigen Verhalten in der Gefahr fehlte.

Jeder gesunde junge Mensch, gleich ob er zum Pistenfahrer neigt oder zum größeren Erlebnis des Skibergsteigens, sollte immer in die klassische Lehr- und Lebensschule einer Sektion der Alpenvereine gehen. Dort kann er im Kreise erfahrener Bergsteiger durch regelmäßige Unterrichtung, durch Führungstouren, Lehrgänge, Vorträge und durch die Lektüre alpiner Literatur alles erfahren, was er über die alpine Gefahr wissen muß.

Du mußt vor der ersten Skitour wissen, was dir bevorsteht

Die verschneiten Hochalpen sind eine strenge Landschaft. Kälte, wie sie die Ebene niemals kennt, verbunden mit Erschöpfung, wie sie in großer Höhe überraschend eintreten kann, haben schon sehr vielen begeisterten Bergfreunden das Leben gekostet. Nicht zu reden von der furchtbaren Lawinengefahr, vom Nebel, von den zahllosen Möglichkeiten, sich in abgelegener Ferne einen Knochen zu brechen und dann hilflos liegen zu bleiben. Wer in die winterlichen Berge geht, muß an Körper und Geist gesund sein; kräftig, zäh, widerstandsfähig, mutig, besonnen und hellwach. Begeisterung und der Rausch der Freude müssen sich, koste es, was es wolle, mit Geistesgegenwart und Schläue paaren. Man muß seine Instinkte auf die alpine Welt ausrichten und diesen Instinkten dann gehorchen. Bevor man auf eine neue Skitour geht, sollte man deren Gelände und Charakter schon theoretisch kennen: aus Büchern, Schilderungen, aus Karten. Es gibt eine reiche Skiführer-Literatur, vorbildlich in der Schweiz, aber auch in Deutschland und Österreich schon gut. Das großartige Lawinenbuch von Walther Flaig ist eine ebenso dramatische wie belehrende Lektüre, jeder Skifahrer sollte es kennen. Weiß man über die Landschaft und ihr Wesen Bescheid, dann wird man sich richtig ausrüsten und nicht leichtsinnig sein, wird im Verlaufe der Unternehmung als Herr der Situation und nicht als Knecht der Zufälle auftreten.

Du mußt stets mit den schlechtesten Umständen rechnen

Dieses Buch stellt keinen Skiführer dar, sondern ein anregendes Ski-Feuilleton über 86 verschiedene Variationen eines großen Themas. Ich habe dabei an die Zukunft des Skilaufes gedacht. Ich richte mich bei der nachfolgenden Beschreibung der richtigen Kleidung und Ausrüstung deshalb auch vornehmlich an den Skibergsteiger, der in der Einsamkeit großer Bergfahrten das Erlebnis sucht; nichtsdestoweniger muß auch der Pistenfahrer diese Vorschriften kennen. Hauptsache: Man wählt auch im Winter die Bekleidung, die schlechtem Wetter entspricht, man rechnet stets mit einem Wetterumbruch – auch wenn man deshalb etwas mehr tragen muß. Zur richtigen Skikleidung gehören: 1. Sehr gute Skistiefel – selbstverständlich für größere Skitouren andere, leichtere Skistiefel als für Pisten! – immer aber mit Gummiprofilsohle. Für Frühjahrsgletscherfahrten eventuell mit Ski-Steigeisen der Firma Salewa (München). – 2. Eine winddichte, warme, vor allem genügend weite und in den Gelenken locker sitzende Skihose aus dem besten Wollstoff. Dazu Unterwäsche aus Wolle oder Seide. Auch für Damen sind lange Unterbeinhosen unerläßlich. – 3. Gute Wollsocken (mit einem zweiten trockenen Ersatzpaar im Rucksack), dazu möglichst Gamaschen (sind aus ästhetischen Gründen unbeliebt, doch unerläßlich für den Hochtourenfahrer). – 4. Wollpullover oder Wolljacke – keinesfalls zu kurz, möglichst mit Rollkragen. Besser zwei etwas dünnere Pullover als ein zu dicker. – 5. Einen Anorak mit Kapuze aus imprägnierten Baumwollgeweben, eventuell auch aus Perlon oder Nylon (Gewichtsersparnis, aber kälter). Für Hochtouren eventuell zusätzlich Daunenweste. – 6. Eine gute Wollmütze, die notfalls über Ohren und Augen zu ziehen ist. – 7. Wollfäustlinge mit langen Stulpen und Segeltuch- oder kombinierte Tuch-Leder-Überhandschuhe. – Dazu eine Grundregel: die normalen modischen Pistenuniformen eignen sich nur selten für Skitouren! – 8. Bei Hochtouren ein (federleichter) Biwaksack.

Keine zu steifen, keine zu langen Skier kaufen! Aber stets leichte Stöcke mit modernem leichten Teller. Unbedingt Tourenbindung! Unbedingt das modernste Schnallfell zum Aufsteigen: Auf Hochtour ist es gut, eine Ersatzspitze aus Aluminium dabei zu haben (auch als Lawinenschaufel zu benützen), eine Lawinenschnur (am besten die von Oertel mit Metereinteilung und Richtungszeichen), Sicherungsriemen am Skikabel (Fangriemen).

Du darfst nicht leichtsinnig sein im Hochgebirge

Es bedeutet, vor allem beim Skianfänger, großen Leichtsinn, allein auf eine Skitour zu gehen. Ein gebrochener Knochen, ein luxiertes Gelenk und schon liegt man in weltferner Einsamkeit und wartet umsonst auf Hilfe. Die folgende Winternacht aber ist unbarmherzig. Man schließe sich stets einem möglichst erfahrenen, möglichst guten Skiläufer an oder einer Gruppe. An allen großen Ski-Orten finden heute Skitouren-Führungen statt, eine überaus empfehlenswerte Gelegenheit, unter kundiger Leitung Skibergsteiger zu werden und dem zur Verkrampfung führenden Pisten-Fahren zu entkommen. Auch an vielbefahrenen Pisten kann man, allein abfahrend, schnell in große Not kommen, wenn die Sonne geht und die Kälte und die Dunkelheit kommen. Nicht alle Pisten werden am Tagesende von den Pistenpflegern nochmals durchgekämmt nach Verletzten und anderen Nachzüglern.

Geht man gemeinsam auf eine Skitour, dann hat sich alles nach Leistungsvermögen und Tempo des Schwächsten in der Gruppe zu richten. Wird jemand verletzt, so läßt man diesen Verletzten niemals allein, ruft Hilfe nur herbei, wenn sie schnell erreichbar ist, denkt aber zuallererst an »Selbsthilfe« (an selbständigen Abtransport auf einem improvisierten Skischlitten usw.).

Die meisten unangenehmen Erlebnisse im Winter rühren daher, daß der Skitourenfahrer (aber auch da und dort der Pistenfahrer) die Verhältnisse in der Höhe nicht berücksichtigt und sich von den Talverhältnissen verführen läßt – dann fehlt oben plötzlich der Windschutz, das trockene Ersatzpaar Handschuhe, es fehlen Notproviant, wärmere Unterwäsche, Gamaschen, Schal und dies und das. Unterwegs läßt sich kein Versäumnis mehr gutmachen!

Du mußt den objektiven Gefahren mit Besonnenheit begegnen

Die objektiven Gefahren der winterlichen Hochalpen heißen Lawinen, Kälte, Nebel, Schneesturm, Gletscherspalten und Sonnenstrahlung. Über den »Umgang mit Lawinen« spreche ich im nächsten Abschnitt. Hier sei von den anderen Gefahren die Rede. Der Kälte begegnet man durch richtige Kleidung, vor allem durch solide winddichte Überkleidung, durch Gamaschen, durch das zweite Paar trockener Handschuhe im Rucksack. Nasse Handschuhe und Stiefel sind eine schlimme Gefahrenquelle! Papier in nassen Schuhen oder zwischen Hemd und Pullover, möglichst rings um den Leib oder um die Beine, ist ein famoser Wärmeschutz im Notfall. Erfrierungen ersten und zweiten Grades kann man noch unterwegs durch Einreiben mit Frostheilsalbe begegnen. Wenn Kälte zur Unterkühlung des Körpers führt und mit Erschöpfung zusammenfällt, ist höchste Gefahr eingetreten.

Bei Nebel und Schneesturm in unbekanntem Gelände gibt es nur die sofortige Umkehr. Umkehr ist keine Feigheit – Weitermachen keine Tapferkeit, sondern Dummheit! (Dachstein-Unglück!) Auf Hochtouren in Gletschergebieten, wo bei Nebeleinfall nicht ohne weiteres Umkehr in Frage kommt, muß man a) einen Kompaß, b) eine Bussole und c) eine gute Karte haben – und d) den Umgang mit Karte und Kompaß und Bussole verstehen! Das heißt, man muß Alpinist oder zumindest in Begleitung eines erfahrenen Skibergsteigers sein, um in keine Gletscherspalte zu stürzen. Gletscherbegehungen im Winter sind meist nicht sehr gefährlich, weil Gletscher meist erst ab März befahren werden und dann gut verschneit und die Brücken fest sind. Zonen mit großen Spalten kann man ausweichen, ansonsten hilft das alpine Wissen, etwa daß man am Gletscher in den Mulden ansteigt und die runden Rücken (wo das Eis in Spalten aufspringt) meidet.

Die Gefahr von Verbrennungen durch Sonneneinwirkung ist im Winter bedeutend größer als im Sommer. In geringen und mittleren Höhen schützt man sich mit einer der üblichen Sonnenschutzsalben, aber reibt sie VOR dem ersten Schritt in die Sonne ein! In der Frühjahrssonne – März bis Mai – gibt es keine Höhengrenze, da kann die Sonne schnell zur Gefahr werden. Hier hilft, vor allem gegen Aufbrennen und (folgende) Blasen an den Lippen nur LABIOSAN, das alte gute Mittel. Auch LABIOSAN muß VOR dem Eintritt in die Sonne aufgetragen werden, nicht zu dick, aber gut eingerieben um Lippen, Nase, in großer Gletscherhöhe auch um Schläfen und Augen. Wer sich wetter- und sonnefest dünkt und dann Schmerzen, Blasen und eiternde Lippen bekommt, dem hilft LABIOSAN auch hinterher!

Du mußt Lawinenhänge erkennen und meiden

Hier können nur die wichtigsten Grundregeln über den »Umgang mit Lawinen« aufgeführt werden. Wer regelmäßig in die Hochalpen kommt, beschaffe sich das Heft »Die Lawinengefahr« der Münchner Bergwacht. Bei wem die daraus zu entnehmenden theoretischen Kenntnisse mit der eigenen Erfahrung auf regelmäßigen Skitouren zusammenfließen, der kann eines Tages jenen prächtigen Instinkt für Lawinengefahr besitzen, den jeder Bergjäger hat, jeder Forstmann, jeder Bergbauer, jede Gemse – ein kreatürlicher Instinkt, der eigentlich jedem Skibergsteiger zu eigen sein müßte.

Bevor ich einige Grund- und allgemeine Regeln nenne: Es gibt kein absolut zuverlässiges Mittel, keinen absolut sicheren Schutz gegen die Lawinengefahr. Dazu ist das Phänomen der hochalpinen Lawine viel zu weitschichtig, zu elementar, zu gewaltig. Es gibt eine Menge allgemeiner Verhaltensweisen, die einen gewissen Schutz gegen den Lawinentod bieten können. Aber jede Lawine ist anders! In den Alpen ist jeder Hang anders in seiner Steilheit, seiner Struktur, seiner Richtung zur Sonne, da hilft nur Erkennen. Und Angst: Man muß umkehren können!

Nach ergiebigen, tagelangen Neuschneefällen, und beim Ausbleiben von neuer Kälte – sind fast alle Hänge lawinengefährlich, auch minder steile. Vor allem Hänge mit glatter (Gras-)Unterlage, vor allem konvex gewölbte Hänge, die nach unten steiler werden, und Leebetten, also im Windschatten eines Grates angewehte Schneebetten. 90 Prozent aller touristischen Lawinenunfälle passieren auf »Schneebrettern« (von Wind trocken angewehten dicken Schneebetten)! Bei solchen Leebetten wie bei unverkennbar gefährlichen Hängen, wenn man sie schon passieren muß, heißt es ganz einfach: Mit dem vollen Bewußtsein der Gefährlichkeit, also mit unbedingter Vorsicht! Man versucht den Hang zunächst auf Felsrippen oder abgeblasenen Rücken zu umgehen. Ist das nicht möglich, dann schnalle man die Skier ab und steige senkrecht zu Fuß gerade hinauf, vermeide also das gefährliche Anschneiden, vermeide den durch den Ski vervielfachten Druck. Ist beides nicht möglich, dann schneide man den Hang ganz oben an, passiere ihn und lasse die Kameraden in großen Abständen und unter sehr genauer Beobachtung ihres jeweiligen Standortes folgen. Selbstverständlich fessele man sich nicht mit den Handschlaufen an die Stöcke, damit man im Ernstfalle sofort frei von ihnen ist.

Die Grundregeln lauten: 1. Nach Neuschneefällen warte man bei nachfolgenden Sonnentagen ein bis zwei Tage, bei bedecktem Himmel drei Tage, ehe man zu großen Touren aufbricht. 2. Man erkundige sich bei Hüttenwirten, Bergführern, Skilehrern oder Jägern, wie es um Wetter und Schneebeschaffenheit steht. 3. Man mache niemals allein eine größere Skitour in den Hochalpen. 4. Man unternehme keine Hochalpentour ohne angelegte Lawinenschnur, die dann lose nachschleift, niemanden behindert, dafür aber den so wichtigen Abstand von Mann zu Mann regelt und letztlich das einzige Mittel ist, Verschüttete schnell aufzufinden.

Du darfst im Ernstfalle niemals den Kopf verlieren!

Geht wider Erwarten doch eine Lawine ab, so darf man unter keinen Umständen den Kopf verlieren. Jede Festschnee-Lawine gibt ein Alarmzeichen beim Abriß: einen dumpfen Knall. Hört man den, dann gibt es nur folgende Möglichkeiten, dem Schlimmsten entgegenzuwirken: 1. Man bleibe kühl und fahre blitzschnell aus dem Hang heraus, eventuell umspringen und abfahrend zurückstreben. — 2. Ist das Herausfahren unmöglich geworden, dann befreie man sich möglichst schnell von Stöcken und Skiern und versuche, der Lawine Widerstand zu leisten, entweder durch Schutz hinter Felsen oder Bäumen oder durch kräftige Schwimmbewegungen, bei denen man sich federleicht machen muß, um in jedem Falle oben zu bleiben! Nicht die Beine in die Tiefe ziehen lassen, Mund festgeschlossen halten, bei Staublawine Arme vor Mund, Augen und Nase pressen, eventuell Anorak oder Pullover vor das Gesicht ziehen. — 3. Ist die Lawine zum Stillstand gekommen und hat sie einen Mann oder mehrere Menschen verschüttet, so muß man als Überlebender folgendes beachten: 1. Man stellt fest, ob eine Nachlawine droht, bevor man das Lawinengebiet betritt. 2. Man markiert den beobachteten oder vermuteten Verschüttungspunkt des Vermißten mit Stöcken oder Zweigen und den vermutbaren Ruhepunkt (bei Mulden und Gräben meist dort). Nur zwischen diesen beiden Markierungspunkten suchen! — 3. Nur wenn die eigenen Mittel (Ski-Ersatzspitze aus Aluminium, Stöcke, Hände) offensichtlich ausreichen, einen Verschütteten zu finden oder zu bergen, an Ort und Stelle bleiben, sonst so rasch wie möglich zur Hütte fahren und Hilfsmannschaften herbeibitten. — 4. Bei der Suche selbst, die bei Beteiligung mehrerer Personen systematisch durch Sondieren und evtl. Gräbenziehen erfolgt, nicht ermüden und erlahmen. Viele Verschüttete sind nach Stunden, nach Tagen noch lebend geborgen worden. — 5. Sehr wichtig: die bei bewußtlos Geborgenen — soweit sie unverletzt sind und scheinbar leblos — mögliche künstliche Atmung muß nicht nur minuten-, sie muß stundenlang angewendet werden!

Du mußt Respekt vor Wächten haben

Schneewächten sind etwas absolut Unberechenbares im Hochgebirge. Weder kann man berechnen, wie weit eine Wächte trägt, noch kann man meist nicht einsehen, wo sie beginnt, vom Felsgrund ins Bodenlose zu wachsen. Auch hier gibt es nur die Mahnung: Absolute Besonnenheit, keinen falschen Mut! Deshalb: 1. Nur angeseilt und gesichert eine Wächte betreten! — 2. Große Abstände von Mann zu Mann halten! 3. Man versuche, vor Betreten der Wächte vom Grat, vom Nebengipfel aus Einsicht in den Unterbau der Wächte zu gewinnen: wie weit ist sie Balkon, wie weit ist sie feste Schneeauflage! 4. Man berechne stets, daß eine abbrechende Wächte nicht haargenau über ihrem letzten Felsgrund abbricht, sondern meist Teile der entgegengesetzten Hangdecke mitreißt.

Du mußt das alpine Notsignal kennen

Das offizielle alpine Notsignal, in allen Alpenländern bekannt und eingeführt, ist der SOS-Ruf des Bergsteigers in Gefahr. Wer sich verstiegen hat, wer verletzt und hilflos abseits begangener Wege und Strecken liegt, gibt das Notsignal, wenn er sich nicht mehr allein aus eigener Kraft retten kann bzw. wenn er den verletzten oder erkrankten Kameraden nicht mehr aus eigener Kraft bergen kann. Man darf das alpine Notsignal nur in großer Not geben, aber auch nicht zu spät. Das Signal besteht aus sichtbaren oder hörbaren Zeichen, je nach Sicht, Witterung und Örtlichkeit. Man ruft, schreit, pfeift, winkt sechsmal in der Minute in regelmäßigen Abständen (also alle zehn Sekunden, mitzählen!), dann wartet man eine Minute, wiederholt, und so weiter. Man kann dergestalt auch mit Blinkzeichen signalisieren, mit einem Feuerbrand, man kann mit einem Tuch, mit dem Hemd winken — fest ist nur die strenge Regel: sechsmal in einer Minute als Rufzeichen, dann eine Minute Pause, und so fort.

Die Antwort, bestehend aus drei regelmäßigen Zeichen binnen einer Minute, soll dem Verirrten oder Verunglückten zeigen, daß seine Rufe verstanden worden sind und daß Hilfe naht.

Du mußt wissen, wie man zulänglich Erste Hilfe leistet

Oft werden Skifahrer in großer Höhe bergkrank. Mangelnde Sauerstoffzufuhr führt zu Atemnot, zu Kopfschmerzen, Brechreiz und plötzlicher starker Erschöpfung. Die Erste Hilfe: Sofortige Inruhestellung, viel Getränke, aber keinen Alkohol, sofortiger Abstieg oder Abfahrt nach erster Besserung. — Gegen Erschöpfungszustände, wie sie bei untrainierten Skibergsteigern oft, ja beinahe regelmäßig bei der ersten Hochtour nach langer Pause eintreten, hilft nur sofortige richtige Nahrungsaufnahme — Schokolade, Traubenzucker — und nach Erholung pedantisch langsames Weitersteigen bzw. -fahren. — Schweren Sonnenschäden kann nur mit Lebertransalbe und Puder begegnet werden. Niemals Brandblasen öffnen, sondern austrocknen. Gegen Hitzschlag, der in großen Höhen im März und April oft genug vorkommt, hilft nur schnelles Abkühlen, Schatten, Wind mittels ausgezogener Kleidungsstücke. Auch hier keinen Alkohol!

Erfrierungen, die man leider meist erst merkt, wenn sie bereits eingetreten sind, werden nur mit Frostheilsalbe bekämpft, niemals durch Einreiben mit Schnee! Hat man Frostheilsalbe, dann werden die angefrorenen Glieder mit ihr lange massiert. Im übrigen ist die Auskühlung des ganzen Körpers (Unterkühlung) bedeutend gefährlicher im Hochgebirge als eine örtliche Erfrierung. Erfrierungen örtlicher Art werden durch langsame Erwärmung geheilt, Aus- und Unterkühlung durch schnelle Erwärmung.

Bei Knochenbrüchen im Gelände, erkennbar gegebenenfalls durch Schwellung, großen Schmerz bei geringster Bewegung und heftigen, auf eine Stelle begrenzten Druckschmerz, evtl. widernatürliche Lage eines Gliedes, sofort Ruhigstellung des Beines oder Armes, evtl. mit eigenen Kleidungsstücken gepolsterten vorläufigen Stützverband unter Einbeziehung beider der Bruchstelle benachbarter Gelenke. Zur behelfsmäßigen Schienung können Skistöcke, Latten, evtl. ein gebrochener Ski dienen. Evtl. den verletzten Arm am Rumpf, das verletzte Bein am gesunden Bein festbinden. Wichtig, den im Schnee liegenden Verletzten nicht nebenbei noch erfrieren lassen!

Du mußt selber ein Stück Bergnatur werden

Du mußt die Gefahren der winterlichen Alpen nicht fürchten, sondern respektieren. Solange du ihnen nicht gewachsen bist, mußt du ihnen ausweichen. Du sollst aber auch wissen, daß es kein schöneres Bewußtsein gibt als das des bergerfahrenen Menschen, der die Gefahren meistert, so wie sie ankommen. Stille, die großen Formen der Urlandschaft, der Knalleffekt der Rückkehr aus gleißender Firnenflur in die rührende Idylle des Bergfrühlings, das alles ist schön, das salbt Herz und Seele — den Kampf aber aufzunehmen gegen die Fährnisse der großen Urlandschaft und gegen die eigene Schwäche, das erst führt auf die höchsten Gipfel aller Bergfreude.

Erklärung der Zeichen und Abkürzungen

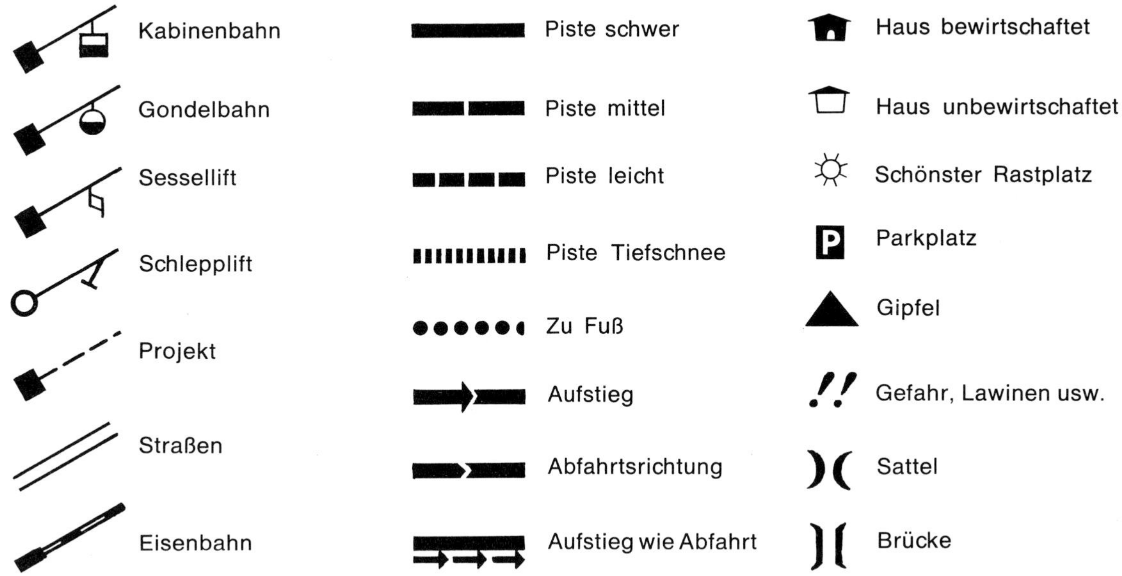

Internationale Skipisten-Markierungen

1. Skipisten dürfen nur mit Skiern oder ähnlichen Wintersportgeräten, nicht jedoch mit Schlitten und dergleichen benutzt werden.
2. Fußgänger, die nicht am Skilauf teilnehmen, dürfen eine Piste nur im Notfall – etwa zur Bergung eines Verletzten – betreten.
3. Tiere sind von Skipisten fernzuhalten.
4. Gesperrte Routen dürfen von niemandem befahren werden.
5. Den Weisungen des Pisten- und Rettungsdienstes ist Folge zu leisten.
6. Im Pistenbereich aufgestellte Warn- und Signaltafeln sind zu beachten.
7. Die Ausrüstung des Skiläufers muß verkehrssicher sein. Sicherheitsbindungen sind mit einem Fangriemen zu versehen.

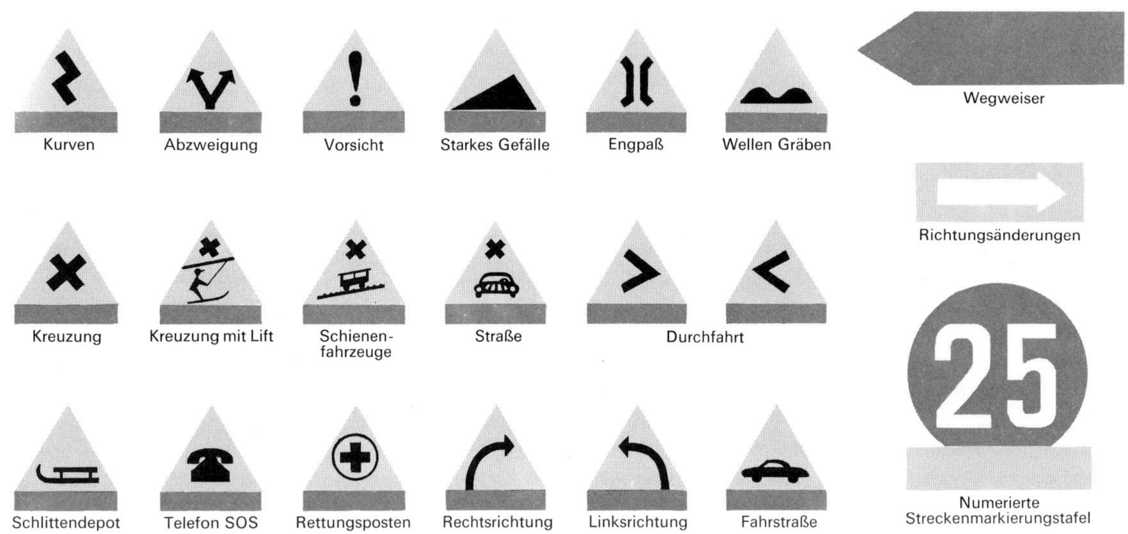

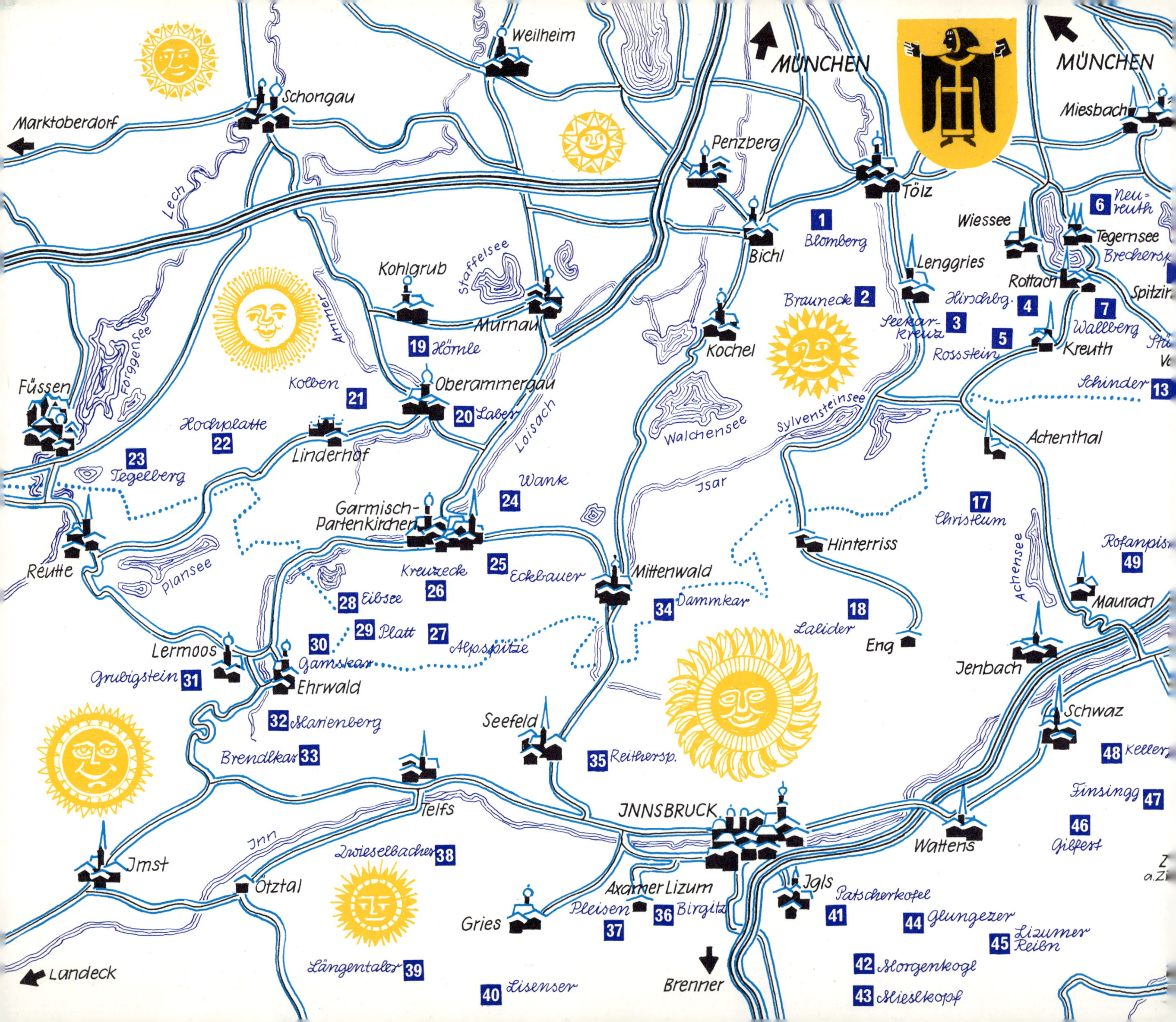

Weilheim
MÜNCHEN
MÜNCHEN
Schongau
Marktoberdorf
Miesbach
Penzberg
Tölz
Lech
Neureuth
6
Wiessee
Tegernsee
1
Blomberg
Bichl
Staffelsee
Kohlgrub
Lenggries
Rottach
Murnau
Brauneck
2
Hirschbg.
4
7
Seekar-Kreuz
3
Wallberg
Kochel
5
Rossstein
Kreuth
Forggensee
Ammer
19
Hörnle
Kolben
21
Oberammergau
Schinder
13
Füssen
20
Laber
Loisach
Sylvensteinsee
Hochplatte
22
Walchensee
Achenthal
23
Linderhof
Tegelberg
Wank
Isar
24
17
Christlum
Garmisch-Partenkirchen
Hinterriss
Achensee
49
Reutte
Kreuzeck
25
Eckbauer
Mittenwald
Plansee
26
28
Eibsee
34
Dammkar
18
Maurach
29
Platt
27
Lalider
Eng
Lermoos
30
Alpspitze
Jenbach
Gamskar
Grubigstein
31
Ehrwald
32
Marienberg
Schwaz
Seefeld
Brendlkar
33
35
Reithersp.
48
Finsingg
47
Telfs
JNNSBRUCK
46
Wattens
Gilfert
Inn
Zwieselbacher
38
Jmst
Ötztal
Axamer Lizum
Jgls
Patscherkofel
Pleisen
36
Birgitz
41
Gries
37
44
Glungezer
45
Lizumer Reibn
42
Morgenkogl
Längentaler
39
Landeck
40
Lisenser
Brenner
43
Mieslkopf